Collected from
the History of the Fields

Reports of Shaanxi
Historical and Cultural
Investigation

采撷自田野的历史
——陕西历史文化社会考察报告选集

赵万峰 主　编
白立超 副主编

中国社会科学出版社

图书在版编目（CIP）数据

采撷自田野的历史：陕西历史文化社会考察报告选集／赵万峰主编；白立超副主编．—北京：中国社会科学出版社，2021.11
ISBN 978-7-5203-8851-1

Ⅰ.①采⋯　Ⅱ.①赵⋯②白⋯　Ⅲ.①文化史—研究报告—陕西　Ⅳ.①K294.1

中国版本图书馆 CIP 数据核字（2021）第 158620 号

出 版 人	赵剑英
责任编辑	宋燕鹏
责任校对	赵雪姣
责任印制	李寡寡
出　　版	中国社会科学出版社
社　　址	北京鼓楼西大街甲 158 号
邮　　编	100720
网　　址	http://www.csspw.cn
发 行 部	010-84083685
门 市 部	010-84029450
经　　销	新华书店及其他书店
印刷装订	北京君升印刷有限公司
版　　次	2021 年 11 月第 1 版
印　　次	2021 年 11 月第 1 次印刷
开　　本	710×1000　1/16
印　　张	19.5
插　　页	2
字　　数	290 千字
定　　价	108.00 元

凡购买中国社会科学出版社图书，如有质量问题请与本社营销中心联系调换
电话：010-84083683
版权所有　侵权必究

序　　言

　　陕西是中华民族的重要发祥地和华夏文化的摇篮。早在人类社会早期，这里就生活着半坡人、蓝田人等。进入文明时期，西周、秦、汉、隋、唐等十三个朝代均在陕西建都，这在中国都城史是绝无仅有的。陕西的省会西安也是丝绸之路的起点，在古代中西文化交流中具有非常重要的地位。正是因为陕西长期作为中国历史上政治、经济、文化的中心，所以陕西境内遍布着非常丰富的历史文化遗产，被誉为"天然历史博物馆"。这些文化遗产，既是中华民族传统文化的凝结，也是世界人民的宝贵财富。因此了解陕西历史文化，认识陕西历史文化作为中国历史文化源头及核心的重要地位，是我们所有陕西人守护历史文化、讲好陕西故事的第一步。

　　陕西历史文化资源非常丰富，但也正因为如此，在这些历史遗迹的保护以及开发中存在非常大的难度，除了黄帝陵、兵马俑以及一些重要的帝王陵得到了较为有效的保护和利用，很多重要的历史文化遗迹由于种种原因并未得到有效的保护、开发和利用。西北大学地处周秦汉唐文明的故地，历史学也是西北大学的传统优势学科。鉴于此，西北大学历史学院的教师和学子勇于担当，在学校以及学院的支持下，在历史学实践教学方面进行了有益的探索，工作非常突出，取得了一定成绩，也获得社会的关注和肯定。这些调查对文物遗迹的保护提出了很多建设性的意见，我认为这些是实实在在地为传承中国历史文化、将陕西建设成为西部文化强省而做出的非常具体的努力。我希望西北大学历史学院在这方面的工作可以再深入一些，再大胆一些，工作再细致一些,范围再扩大一些。

真诚希望西北大学历史学院的师生能够继续通过这样的实践,提高文化修养,增强文化自信,为陕西历史文化遗迹保护和陕西历史文化的传播贡献更大的力量。

陕西省政府副省长　方光华

二〇二〇年十一月

目　　录

第一章　陕西石峁遗址现状及现实价值考察 ……………… （1）
　　一　石峁遗址总体概况 ………………………………… （3）
　　二　石峁遗址目前保护情况调查 ……………………… （8）
　　三　遗址保护存在的问题及建议 ……………………… （14）
　　四　有关石峁遗址的社会调查情况 …………………… （17）
　　五　考察结论与收获 …………………………………… （22）

第二章　农耕部落的"长征"
　　　　——陕西周人迁徙路线调查与研究报告 ………… （24）
　　一　绪论 ………………………………………………… （26）
　　二　调查过程与发现 …………………………………… （30）
　　三　周人迁徙路线复原及其现实经济文化价值 ……… （53）
　　四　附录 ………………………………………………… （63）

第三章　秦人迁都路线考察与研究 ……………………… （69）
　　一　绪论 ………………………………………………… （71）
　　二　秦人都邑的考察情况 ……………………………… （73）
　　三　关于秦人都邑的新认识 …………………………… （96）

第四章　秦岭古道的历史研究与现状考察
　　　　——以商於古道为例 ………………………………（103）
　　一　绪论 …………………………………………………（104）

二　古道名称与路线范围概述 …………………………………（106）
　　三　古道历史演进与文化内涵 …………………………………（113）
　　四　古道遗址保护情况 …………………………………………（120）
　　五　古道文化景区开发现状 ……………………………………（126）
　　六　展望与建议 …………………………………………………（128）
　　七　结语 …………………………………………………………（131）

第五章　刘邦入关相关遗址现状调研 ……………………………（132）
　　一　调研背景及意义 ……………………………………………（134）
　　二　鸿门宴博物馆调研 …………………………………………（136）
　　三　阿房宫遗址调研 ……………………………………………（139）
　　四　汉长安城未央宫遗址调研 …………………………………（144）
　　五　秦二世陵遗址公园调研 ……………………………………（148）
　　六　咸阳博物院调研 ……………………………………………（156）
　　七　调研结论和相关建议 ………………………………………（159）
　　八　附录 …………………………………………………………（161）

第六章　陇山以东丝绸之路遗址调查研究 ………………………（174）
　　一　寻找古丝绸之路在特殊区段的新魅力 ……………………（176）
　　二　调查范围内的丝路遗迹及相关内容 ………………………（177）
　　三　围绕丝路主题的调查选点和实际进度 ……………………（179）
　　四　意料之中的收获与意料之外的惊喜 ………………………（183）
　　五　结束语 ………………………………………………………（193）

第七章　西安明秦王墓考察 ………………………………………（195）
　　一　绪论 …………………………………………………………（197）
　　二　学术成果回顾 ………………………………………………（198）
　　三　明代藩王体制及秦王世系 …………………………………（201）
　　四　明秦王墓遗迹调查情况 ……………………………………（207）
　　五　周边村落的社会调查情况 …………………………………（220）

  六　秦王墓的身份再考证 …………………………………… (224)
  七　结论与收获 …………………………………………… (240)

第八章　三原县古代书院遗址现状考察 ……………………… (242)
  一　三原古代书院遗址考察的背景与意义 ……………… (244)
  二　三原古代书院遗址现状考察内容 …………………… (245)
  三　三原古代书院遗址现状考察报告 …………………… (249)
  四　考察总结及建议 ……………………………………… (264)
  五　附录 …………………………………………………… (267)

附录一　这里的历史不容错过
    ——西北大学"陕西历史与中国文化"特色课程
     建设的思考 ………… 赵万峰　刘　蓉　白立超 (287)

附录二　纸上得来终觉浅　绝知此事要躬行
    ——关于西北大学"陕西历史与中国文化"课程
     社会田野考察的思考 ………………… 赵万峰 (294)

后　记 ………………………………………………………… (303)

第一章

陕西石峁遗址现状及现实价值考察

2018年7月21日至24日,在王军营副教授、阮明套博士的指导下,由王军营副教授带队,历史学院"石峁遗址考察队"全体成员从西安出发,兴致勃勃地登乘前往陕北神木的硬座火车,经历了十多个小时的旅程,抵达陕西与内蒙古交界的榆林神木市。整个调查中,大家时常顶着陕北高原的炎炎烈日,下沟爬坡,翻山越岭,对高家堡镇的"石峁遗址"进行了为期四天的学术考察与实践活动,并形成了《陕西石峁遗址现状及现实价值考察报告》。

1. 考察团队

(1) 学生团队:郑兰星(2016国学 队长)、李育桐(2016国学)、谢君鹭(2016国学)、张东雁(2016国学)、聂开媛(2016世界史)、白洪岗(2017国学)、李敏慧(2017基地)、谢雷雷(2017国学)

(2) 报告撰写:全体考察队员

(3) 报告修订:郑兰星

(4) 图片作者:李敏慧、白洪岗

2. 考察目的

(1) 结合所学,直观地领略中国早期文明城址建筑的先进技术,了解石峁遗址的保存现状及当地居民的文化保护意识,对其保护、开发和利用提出合理的建议。

（2）实习最终形成调研报告，报告对石峁遗址的发掘过程、建筑布局、保护状况等进行了解，并根据实习过程，结合学科专业知识进行必要的说明。

（3）石峁遗址尚处于考古发掘、发现过程中，希望考察结果可以帮助历史学者或历史学爱好者增进对石峁遗址的了解，能够更多地宣传，以促进当地历史文化旅游的协同长远发展。

3. 行程规划

（1）7月21日，神木高家堡镇。到达目的地，具体安排行程，并联系相关单位负责人。

（2）7月22日，石峁遗址。向石峁遗址相关负责人了解目前发展目标、存在问题、保护措施等内容，考察皇城台遗址、池苑等重要组成部分。

（3）7月23日，神木高家堡镇。对石峁遗址附近村民进行问卷调查；对高家堡镇各类工作者进行问卷调查；考察高家堡古城。

（4）7月24日，神木市博物馆。参观神木市博物馆，在市区内进行问卷调查。

4. 考察收获

（1）通过近距离接触石峁遗址，直观感受到其城墙建筑、器物打造等技术的高超，更加惊叹先民们的智慧。

（2）了解大遗址保护的相关举措以及存在的技术困难与现实问题，并结合专业知识为石峁遗址的保护与开发提出参考意见。

（3）形成了有考察实录、思索感悟、现实关照的考察报告。

5. 改进建议

（1）提前联系住宿地点、专车等，做好准备工作，并对考察地点天气、相关部门作息时间等进行查询，确保考察顺利进行。

（2）应提前充分地查找方志等文献资料，并联系相关部门，以便获得更多有效资料。

一　石峁遗址总体概况

（一）遗址基本情况

石峁遗址是中国已发现的龙山晚期到早夏时期规模最大的城址，位于陕西省榆林市神木市高家堡镇石峁村的秃尾河北侧山峁上，地处陕北黄土高原北部边缘。学者初步判断其文化命名为石峁类型，属新石器时代晚期至夏代早期遗存。遗址距今约4000年，面积约425万平方米。根据清理出的年代特征明显的陶器和玉器，并结合地层关系，专家初步认定石峁遗址中修建最早的一处是皇城台，并判断石峁遗址大致修建于龙山中期或略晚（距今4300年左右），兴盛于龙山晚期，夏时毁弃，使用时间超过300年，属于中国北方地区一个超大型中心聚落。2006年，石峁遗址被列为全国重点文物保护单位。石峁遗址还曾以"中国文明的前夜"的重要地位入选"2012年十大考古新发现""世界十大田野考古发现"以及"二十一世纪世界重大考古发现"。

据目前发掘情况来看，石峁遗址主要由皇城台、内城、外城三座基本完整并相对独立的石构城址组成，其规模远大于年代相近的良渚遗址、陶寺遗址等，被喻为"中华第一城"。皇城台是石峁遗址的主体部分，位于内城偏西的中心部位，是一座四面包砌护坡石墙的台城，大致呈方形，台顶面积8万多平方米。目前保存最好的石墙位于东北角，总长度约200米，高3—7米。皇城台没有明显石墙，系堑山砌筑的护坡墙体。据称，20世纪70年代以前，皇城台东北侧还可见7级石墙，本次调查发现部分墙体多有3—5级结构。内城将皇城台包围其中，依山势而建，形状大致呈东北—西南向的椭圆形。城墙大部分位于山脊之上，为高出地面的石砌城墙，现存长度5700余米，宽约2.5米，保存最好处高出现今地表1米有余。外城利用内城东南部墙体，向东南方向继续扩筑的一道弧形石墙，绝大部分墙体高出地面。

近年来石峁遗址的考古工作以保护性发掘为主，尤其是皇城台城门遗址内外瓮城、墩台、角楼的修复工作取得了突破性进展，这对于研究我国早期都城城防设施和城门的规划结构具有一定的开创意义（图1）。

图1 考古队老师现场讲解

（二）发掘过程

早在晚清时期，石峁遗址就因为其中遗物流散四处而逐渐为人所知。1929年，科隆远东美术馆代表萨尔蒙尼收藏了石峁玉器42件，其中最大的一件是53.4厘米的墨玉质"刀形端刃器"。

石峁遗址的考古发掘主要经历了两次。一次是20世纪七八十年代，是石峁遗址发掘工作的探索尝试期，由于技术等方面的限制，工作进程较为简单，主要是通过一些便于发掘的遗迹遗物和征集来的玉器等来判定石峁遗址的年代。1976年，陕西省考古研究所戴应新对此进行调查，征集了一大批玉器与陶器。玉器的年代尚不确定，陶器表明石峁与客省庄二期文化关系密切。1988年陕西考古研究所戴应新再次复查时认为石峁遗址应为龙山文化遗址。1981年，西安半坡博物馆对石峁遗址进行了考古试掘，发现了石棺葬、房址、灰坑等遗迹，出土了一些有明确地层关系的遗物。这是对石峁遗址的首次科学发掘。1986年4月，陕西省考古研究所石智荣进行了野外踏查，征集40余件遗物。这是此时期较为重要的几次发掘与发现。

另一次是21世纪初至今，是石峁遗址发掘工作的发展期，尤其是在2010年以后，最为兴盛。石峁遗址展现出来的重要意义使其得到了广泛关注，不仅有人才、技术等的支持，更有政府的重视，因此取得了突破性进展。出土文物数量及种类不断增加，发掘范围不断扩大，对石峁遗址的研究也进入了更深层次。此次发掘工作体现了"先系统调查、后重点发掘"的工作理念，在系统调查后根据科研目标与实际情况对不同地点展开重点发掘和研究，科学分析和综合研究始终贯彻于此次石峁遗址考古工作过程之中。

2011年7月至9月，联合考古队（陕西省考古研究院和榆林市、神木县组成联合考古队）进行系统区域考古调查，发现并首次确认了石峁城址。2012年，在复查中再次确认石峁城址由皇城台、内城、外城3个部分组成，城内面积逾400万平方米，城外还分布有数座人工修筑的"哨所"类建筑遗迹。2012年至2017年，考古队先后重点发掘了外城东门址、韩家圪旦墓地、樊庄子"哨所"、皇城台等重要地点，取得了重要成果。

2013年，在外城东门两侧城墙区域发掘了一套包括城墙、马面、角台在内的完整防御体系，雄伟壮观、气势恢宏。加之樊庄子祭坛、祭祀遗迹以及皇城台夯土基址、池苑遗址的发现，石峁遗址性质得到了进一步探讨。

2014年，考古人员对石城墙的构筑方式进行了成功"解剖"，揭开了4000多年前城防建筑初始阶段的构筑技术与方法。"解剖"发现，石砌城墙是由石块和草拌泥构筑而成。城墙因地势开地槽筑基，尤其是靠向城外方向的基槽要向下深挖一米左右，需砌上一米左右深的石块之后，再与面向城内的地面找平，向上继续砌筑城墙。这种地基既防止了城墙向外坍塌，又确保了城墙坚固耐用。这充分体现了先民建筑技术的高超。其间考古队还对石峁城址内的居住区和贵族墓葬区——后阳湾、呼家洼、韩家圪旦等地进行挖掘，发现了众多动物骨骸，其中有鳄鱼骨板，反映了石峁遗址的等级制度，为探索高等级墓葬与房址提供了线索。

2015年，石峁遗址的考古工作进入转型期。在完成了外城东门遗址和韩家圪旦贵族墓葬区的发掘工作之后，考虑到遗址保护与学术研究之间的现实情况，考古队积极调整工作思路，有意控制工作进度，发掘地点仅选择了樊庄子祭坛，而将更多的精力投入到了遗址内部功能区划的重点复查和前期资料的整理上。此次发掘发现了一座上中部为石砌方围、一侧下方有弧形石堆的"高台式"建筑，根据上部方围内壁均匀分布的壁柱槽判断，可能为一处哨所类建筑，与城外其他几处类似建筑共同构成石峁城外的"预警"体系。

2016年和2017年，考古队重点发掘皇城台门址及东护墙北段上部，厘清皇城台东部结构，目前仅见的一座门址位于皇城台东部偏南，扼守皇城台通往外界的"咽喉要道"，皇城台门址基本结构与外城东门相似，主体由内外瓮城和南北墩台构成，但结构更复杂，尤其是在外瓮城之外还增加了面积超过2000平方米的"广场"类建筑。东护墙北段上部的发掘揭示了皇城台四周石砌护墙的一般结构，自下而上逐阶内收，使皇城台整体呈现出"阶梯状金字塔"结构。出土的遗物也极为丰富，包括陶、骨、石、玉、铜等各类遗物及漆皮、布片等有机质遗物，其中骨器数量巨大，仅骨针就超过1万件。

（三）出土文物

文物	出土时间（年）	出土地点	用途	意义	发掘个人或单位
石棺、房址及灰坑	1981	石峁遗址	居住、倾倒生活垃圾	明确地层关系，确认为龙山文化	西安半坡博物馆
遗物发现（40余件）	1986	石峁遗址			石智荣进行踏查
石雕或石刻人像（20余件）	2009	石峁遗址	祭祀		罗宏才考察发现

续表

文物	出土时间（年）	出土地点	用途	意义	发掘个人或单位
大量陶器、玉器、骨器	2011	遗址东门及城内	祭祀		联合考古队
4000多年前的麻织物	2012	遗址的一处房址	制作衣物	说明至少4000多年前北方就已经懂得人工纺织，而且很有可能有了内外衣之分	
城墙、马面、角台、祭坛、祭祀遗址、皇城台、池苑	2013	石峁外城	城市防御系统、祭祀活动场所	祭祀台可能为瞭望塔，这刷新了中国史前城址的军事瞭望防御体系的纪录	
动物骸骨、等级葬具	2012—2014	后阳湾、呼家洼、韩家圪旦	埋葬场所	明晰了城址的具体构筑方式，发现了等级制度与活人殉葬现象	
菱形眼纹装饰图案（三只）、玉钺、大型院落、人面石像	2015	樊庄子祭坛、北墩台、南墩台		古人对精神力量的重视与追求	
铜刀、铜镞、石范	2016	皇城台上层	军事防御	证明当时已有铜器冶炼技术	
骨制口弦琴、骨制管哨和陶制球哨	2016—2017	皇城台东护墙北段上部的"弃置堆积"	娱乐	骨制口弦琴是目前国内年代最早、数量最多的口弦乐器，并且皇城台顶部可能有骨器制作作坊	联合考古队

续表

文物	出土时间（年）	出土地点	用途	意义	发掘个人或单位
壁画	2011年至今	石峁遗址（200多块，残缺）	娱乐、祭祀	暗示中国早期壁画基本制作工艺及绘画技法早在4000多年前或更早的时期便已确立，壁画颜料的使用时间也大大提前，也暗示了石峁是中国壁画的发源地，可能在此过程中与中亚地区进行了交流	联合考古队

二 石峁遗址目前保护情况调查

（一）大遗址保护相关问题

大遗址是指大型古文化遗址，由遗存及其相关环境组成，一般是指在我国考古学文化上具有重大意义或在我国历史上具有政治、经济、文化、军事重要地位的原始聚落、古代都城、宫殿、陵墓和墓葬群、宗教遗址、水利设施遗址、交通设施遗址、军事设施遗址、手工业遗址和其他建筑遗迹。[1]

从其定义上就可看出，由于遗址面积广大，在保护上难度也更大。目前我国大遗址保护尚在探索改进阶段，面临的问题主要是两类：一是技术问题，在保护中缺乏有效的技术支持，方法措施仍然较原始；二是经济问题，主要涉及遗址范围内土地问题与保护中缺乏充足的资金支持。

许多研究者也就大遗址保护模式进行过相关探讨。李海燕在其

---

[1] 陆建松：《中国大遗址保护的现状、问题及政策思考》，《复旦学报》（社会科学版）2005年第6期。

《大遗址价值评价体系与保护利用模式研究》[①]一文中总结了我国大遗址保护的四种整体模式,分别是遗址公园、旅游景区、森林公园、遗址历史文化农业区;还提出了露天保护展示、覆盖保护、场馆保护、砌护保护这四种局部模式。蔡晴在《基于地域的文化景观保护》[②]一文中认为在我国当前大遗址保护的实践中逐渐形成了两种模式:一是遗址公园模式;二是遗址保护区模式。樊海强等则在《大遗址保护与利用互动发展新模式:汉长安城保护与利用总体规划》[③]中提出了以"遗址保护区+建设控制区+文化产业园区"为特征的新模式。而在这些模式中,"遗址公园"是最普遍的保护方法。

关于大遗址保护的原则及方法,杜金鹏在《大遗址保护与考古遗址公园建设》[④]一文中认为其基本原则是"规划先行,科学论证;保护第一,适当展示;稳步推进,持续发展;解放思想,严格管理"。他认为,无论采取哪种方式,一切都应把遗址保护放在首位,保护才是最终目的。因此,在建设遗址公园时要有全局观念,稳步落实,树立可持续发展的理念。

(二)石峁遗址保护措施

1. 制度性措施

(1)2017年,陕西省人民代表大会常务委员会颁布了《陕西省石峁遗址保护条例》(以下简称《条例》),《条例》为石峁遗址的保护与管理提供了法律保障。《条例》中明确提出"石峁遗址保护规划应当纳入当地城乡建设发展规划,并与土地利用总体规划等相衔接","神木市人民政府根据石峁遗址保护、管理及利用工作需要,依照相

[①] 李海燕:《大遗址价值评价体系与保护利用模式研究》,硕士学位论文,西北大学城市与环境学院,2005年。
[②] 蔡晴:《基于地域的文化景观保护》,博士学位论文,东南大学建筑学院,2006年。
[③] 樊海强、袁寒:《大遗址保护与利用互动发展新模式:汉长安城保护与利用总体规划》,《规划师》2008年第2期。
[④] 杜金鹏:《大遗址保护与考古遗址公园建设》,《东南文化》2010年第1期。

关法律，可以对石峁遗址保护区划内的集体土地实施征收，实行区域保护"。同时《条例》鼓励"利用石峁遗址出土文物及其研究成果，宣传遗址独特的历史文化价值"。

（2）已出台的《石峁遗址保护规划（2016—2030）》也明确规定要加强石峁遗址的保护和环境政治工作。此次规划将遗址范围设定为东至雷家堎、西至李洞川西侧第一道山脊、西南至神王路东侧、北至牛沙堎1120.4米高处，规划范围面积约1057.06平方米。规划未来石峁遗址将建设绿色生态保护区，在河流的交汇处划定湿地生态保护区，在北部、东部沿河及峁坡建设防护林，在山峁种草、沟壑造林。在保持原有景观风貌的同时，完成绿地建设，恢复河流湿地，有效改善区域生态环境。在遗址展示上，遵循全面保护、体现格局、重点展示的原则，力求实现遗址展示和景观展示相结合、单体遗存展示与整体规格展示相结合，充分展示石峁遗址丰厚的文化内涵。

（3）设立石峁遗址管理处。随着石峁遗址考古发掘工作的逐步进行，榆林市成立了石峁遗址管理处具体负责遗址的发掘、保护和开发工作。神木市石峁遗址管理处成立于2015年11月，暂为市政府管理的事业单位，经费财政全额预算，核定编制30名，内设办公室、文物保护科、规划建设科、宣传教育科、文化研究室、公共事务科。办公地点位于高家堡镇高家堡村。其主要职能是为石峁遗址的保护和管理提供服务，严格按照《石峁遗址保护规划》对石峁遗址进行发掘保护、规划建设管理以及开发利用。

2. 具体措施

（1）场馆保护

目前，遗址管理处正在石峁城东门遗址处修建场棚，旨在将东门遗址主体部分全部覆盖在内。这一措施在一定程度上避免了遗址长期暴露在外，保护了遗址不受雨雪等自然状况的强烈剥蚀影响，但也稍有问题，不便于遗址后期对外展示，而且场棚搭建高度不够，不利于清晰地了解城东门布局（图2）。

第一章　陕西石峁遗址现状及现实价值考察　/　11

图 2　正在搭建的城东门场棚

（2）覆盖保护

在城东门和皇城台遗址处，覆盖保护得到了大量运用。由于皇城台面积过大，且仍在进一步发掘，整个遗址直接暴露在外。一旦遇到雨雪天气，必然会对遗址造成极大的破坏。因此，对遗址的重要部分进行覆盖是较为有效的措施。而且，陕北气候较干燥，土质较疏松，秋冬季风力较大，覆盖也可以保护一些暴露在外的遗迹如壁画、雕刻等不被侵蚀（图3、图4）。

图 3　皇城台右侧覆盖措施

图 4　皇城台加固保护措施

（3）砌护保护

考古队对皇城台内一些墙体及残留的被焚烧过的支柱进行了砌护保护，很大程度上保护了历史遗迹的完整性。同时，加固墙体亦有利于后期的研究及对外展示。

（4）划定并封闭大致遗址的范围

石峁遗址涉及范围较广，未发掘的遗址面积广大，划定大致范围不仅能减少周围居民无意识破坏或者盗掘现象，还有利于与遗址范围涉及的居民协商问题，也方便居民日常生活生产。但就目前而言，封闭遗址大致范围的措施较为简陋，且监管亦需加强。

（三）保护计划

1. 石峁遗址管理处

石峁遗址仍处于开发阶段，其大致占地4万平方米，而现在开发的皇城台和外城墙东门仅占其整体面积的二十分之一。因此，目前石峁遗址的主要工作还是发掘与保护，开发利用工作还未全面实施，但已进行初步的对外宣传，如相关纪录片、手册、广告投放等。

关于遗址的发展计划，石峁遗址管理处提出了三个目标：①标杆目标："南追良渚，东超陶寺"；②近期目标："进入中国世界文化遗产预备名单""通过国家考古遗址公园立项""启动文化产业建设"；③远期目标："石峁遗址申遗成功""石峁遗址完成国家考古遗址公园建设""石峁遗址创建国家5A级景区成功"[①]。而他们下一步的工作就是修建石峁遗址博物馆和遗址保护公园。这一工作不仅能发挥保护古迹和文物的作用，同时能促进石峁文化的推广，创造更好的条件让大众了解石峁遗址、了解中华早期文明形态，也有利于提升大众文化自信，对当地社会文化建设与文化产业发展有很大的促进作用。

2. 高家堡镇政府

当地政府围绕习总书记来陕视察时提出的追赶、超越、发展要求，按照市委关于进一步落实追赶超越工作安排部署，促进新常态下高家堡镇经济社会持续发展，结合实际，具体将打造"六大旅游亮点"，将高家堡镇打造成多位一体的旅游服务基地。而宣传推广石峁遗址、打造考古追梦探源文明旅游亮点，就是其中的重点工作之一。因此，当地政府对石峁遗址的政策是以开发其旅游价值为主。同时，相关政府工作人员亦表示，作为扶贫片区负责人，更加希望将石峁遗址开发与当地古堡古镇等旅游景点相联系，形成互相促进的旅游产业链，并进行相关文创产品的开发，以促进当地扶贫工作。他认为，这样不仅能增加经济效益，还能提供更多的就业岗位，帮助年轻人回乡

---

① 此内容摘录于石峁遗址管理处工作宣传栏，特此说明。

就业，一定程度上解决空巢老人和留守儿童问题。

3. 神木市博物馆

神木市博物馆是神木市文化惠民基础设施建设的重点项目，向公众展示了神木及陕北地区历史文物的丰富文化内涵，展现了农耕文化和草原文化交融共进、层叠兴替的发展历程。随着神木市石峁遗址的发掘，其丰富深厚的历史文化内涵逐渐显现出来，神木市博物馆也开辟了一个特色展厅用于保存和展示石峁遗址部分出土文物，包括大量玉器和生活所用陶器、骨针、石像等。博物馆作为典藏、陈列、研究人类文化遗产的场所和为公众提供知识、教育、欣赏的文化机构，具有为社会公众服务的职能。神木市博物馆石峁特色展厅的设置是对石峁出土文物的保护、研究，更是向社会公众宣传石峁遗址的重要手段，有利于增进大众对于石峁文化和中华早期文明的了解，提升当地居民文化自信，促进当地精神文明建设。

三 遗址保护存在的问题及建议

(一) 存在的问题

1. 遗址保护与当地经济发展

这一问题普遍存在于各大文化遗址保护与开发上。从专业角度看，由于有限的遗址保护技术手段以及遗址范围较广等现实问题，专业人员根据发掘进程、预期目标，希望在尚未较深程度发掘遗址前，以保护为主，减少对外开放。而从当地经济发展角度看，当地政府对于遗址的发展理念是以开发其旅游价值、带动当地经济发展为主。这样，在石峁遗址开发与保护的进程中就出现一个时间差，需要适当予以协调，并以保护为主。

2. 遗址保护与居民意识

石峁遗址所涉及的几个村子地理位置较为偏僻，村民及周围其他居民整体文化水平不高。因此，在《石峁遗址保护条例》出台之前，石峁遗址文物盗掘现象十分严重，也存在当地居民无意识地破坏遗址的现象（如当地居民拆城墙石块建房、开垦荒地种田等）。近些年在政府的严格管控下，情况有所好转，但还存在破坏现象，甚至是有目的地盗掘。

3. 遗址保护与交通问题

由于石峁遗址位置较为偏僻，交通闭塞，无论是宣传文物保护观念，还是运输一些保护机械、材料或是必要物资，都存在较大的不便。在考察过程中可以发现，当地政府正在整修道路，相信这一问题会逐步得到解决。

4. 遗址保护与宣传问题

一是加强对本地人宣传文物保护观念的力度，二是加强对外来游客宣传石峁遗址以及高家堡镇其他旅游景点，以提高石峁遗址乃至本地的知名度，吸引更多游客。需要注意的是，对外宣传应放在石峁遗址发掘工作即将结束之际。这样，该地逐步建成博物馆与遗址公园，启动文化产业园建设，才能起到最大的作用。根据我们对各个工作岗位、生活阶层的采访调查显示，人们对石峁遗址了解甚少，大多数人表示只听过石峁遗址"中华第一城"的名号，对其具体情况仍并不知晓。

5. 遗址保护与土地问题

石峁遗址占地面积甚广，且多为耕作地。在遗址开发过程中，当地村民曾多次因为土地的使用权与遗址管理处发生争执，甚至发生村民故意种植深根植被和私拆城墙石块用于自建住房等破坏遗址的行为。

6. 遗址保护措施问题

就目前而言，一些设备仍较为简陋，保护效果不佳。文物开发和保护部门与地方政府有必要仔细思考探索，斟酌衡量，集思广益，充分吸取各方经验，积极进行研究，科学地选取一些能够充分结合当地自然环境的最佳遗址保护的方案和措施。

（二）建议

（1）政府和考古专业人士应做好充分的交流，更好地进行保护性开发。保护好遗址是后续所有工作得以开展的前提和基础，神木市石峁文化如何同当地经济发展相协调、如何进行保护性开发，这是政府应当慎重考虑的问题。

（2）加大宣传，增强村民文物保护意识，避免遗址进一步遭到破坏。与周围村落村委会协商，构成"专业人士＋热心人士"的打击盗掘小组，进行不定期巡逻。并向村民展示石峁遗址长远性经济效益。

（3）加大文物保护力度，加强对盗掘行为的监管和打击，依据文物保护法和相关法律法规打击遗址破坏和盗掘行为。同时，建立较为合理的奖励制度，对于积极举报盗掘现象的居民给予一定奖励，提高居民的文物保护意识。

（4）完善乡村道路交通，加强当地基础设施建设（图5）。

图5　正在修建通往石峁遗址的主要道路

（5）在宣传过程中应该做到系统化、特色化和主题化。高家堡古城历史悠久，特色鲜明，古建筑保存也较为完整。近年来，中央电视台、八一电影制片厂、陕西电视台、万里长城考察组先后前来考察，对提高当地知名度意义重大，众多游客慕名而来。将高家堡古镇与石峁遗址的宣传关联化，充分利用有效资源，对于石峁遗址的宣传意义重大。

(6)遗址管理处应当同当地村民多沟通、多协调，制定出完善的管理条例，使石峁遗址的管理规范化、法制化。

(7)借鉴国内外较为成熟的大遗址保护模式，如国内的良渚遗址、大明宫遗址和国外的雅典卫城等。但在借鉴时应注意石峁遗址的独特性，而不要生搬硬套。

(8)大力征集散失的石峁玉器，更加完整地呈现石峁遗址的历史文化魅力。可以先开设展品陈列馆，对一些征集来的文物或者基础性的文物进行初步展示，满足民众的文化需求。也可以增强民众对石峁遗址的认识，扩大遗址影响力（图6）。

图6　小组考察神木市博物馆内石峁遗址相关展示

(9)积极鼓励成立保护遗址的非政府组织，发挥民众在遗址保护中的作用。如可以学习借鉴英格兰遗产和英格兰皇家历史遗迹委员会、国民信托、国家遗产纪念基金会等在遗址保护中好的经验。

四　有关石峁遗址的社会调查情况

在此次对石峁遗址的实地考察活动中，小组除考察石峁遗址发掘现场外，还调查走访了石峁遗址管理处、高家堡政府和神木市博物馆三地，对石峁遗址的管理工作和开发计划进行深入的了解。同时，在高家堡镇针对"大众对于石峁遗址的认识程度""对于石峁遗址保护和开发的建议"等问题随机采访了数位具有不同社会身份的人员，以此了解石峁遗址发掘以来所产生的社会影响，进一步探索社会文化和经济发展的关系（图7、图8、图9）。此处选取个别人物予以展示：

社会职业	文化程度	对石峁遗址的认识	了解途径	遗址开发影响	对石峁开发的态度	对石峁开发的建议
宾馆工作人员	高中以下	不太了解	周围人介绍	游客增多，收入提高	赞成，但路太远，交通不方便	完善道路交通
环卫工人	高中以下	不了解	周围人介绍、但无人宣传	游客增多带来更多垃圾	不赞成	控制游客数量，加强游客环保意识，完善道路交通
公安局警察	本科及以上	不太了解	其他途径		一般	关于遗址盗掘问题：以前不注重保护，现在政府利用法律打击盗掘现象，情况有所好转
景区商店工作人员	高中以下	一般	周围人介绍	游客增多，收入提高	赞成	无
外地游客	本科及以上	不了解	通过公路沿线广告牌"中华第一城"	石峁作为旅游景点的打造并无系统宣传，主题特色不明确，保护力度不够		应加强石峁遗址的宣传力度，在保存本色的基础上，突出其历史人文特色

第一章　陕西石峁遗址现状及现实价值考察 / 19

续表

社会职业	文化程度	对石峁遗址的认识	了解途径	遗址开发影响	对石峁开发的态度	对石峁开发的建议
政府工作人员	本科以上	很了解：1. 石峁遗址为双向管理机制，遗址具体工作由石峁遗址管理处管理，高家堡镇政府和遗址管理处工作是相分开的，但由政府书记总理工作 2. 认为当地老百姓对石峁遗址的了解程度并不高，这主要是因为他们对历史文化不了解，也不感兴趣	工作涉及	利于当地经济的发展	赞成	开发石峁旅游价值，打造"高家堡古镇"和"遗址公园"一体化旅游基地
当地学生	本科	一般	周围人介绍，电视媒体	利于本地经济发展和精神文明建设	积极赞成并参与	鼓励政府举办非物质文化活动，并加大宣传，完善乡村道路
石峁遗址管理处工作人员		很了解：石峁遗址现阶段的工作是以发掘和保护为主，而关于遗址开发利用的工作还未开展（这也是遗址不为大众所了解的原因），但目前也有一些宣传工作	工作涉及	有益于当地文化建设	赞成	无

续表

社会职业	文化程度	对石峁遗址的认识	了解途径	遗址开发影响	对石峁开发的态度	对石峁开发的建议
考古队工作人员	博士	很了解	工作涉及	游客增多，不利于遗址的保护	赞成	遗址开发应以保护为基础，发掘石峁遗址的历史文化价值
雷家塔村村长	高中及以下	很了解	政府宣传、周围人介绍	改善本村道路状况	赞成	详细划定石峁遗址具体范围
雷家塔村民	本科及以上	一般	政府宣传、周围人介绍	改善本村道路状况	赞成	加大宣传力度
雷家塔村民	小学及以下	一般	政府宣传、周围人介绍	影响正常农作，但知道遗址发掘的好处	赞成	解决与农民土地问题

图7　小组与石峁遗址管理处工作人员交流

第一章 陕西石峁遗址现状及现实价值考察 / 21

图 8 小组采访高家堡镇居民

图 9 小组采访外来游客

从问卷调查结果分析来看，当地政府对于石峁遗址的发展理念以开发为主，即通过发掘石峁的旅游价值，联动当地文化产业共同发展，打造神木文化旅游名片，提高地方经济收入，同时扩大其城市声誉。遗址考古队则主张以保护性发掘为主。通过对高家堡镇居民的采访，调查组可以了解到，大部分人对石峁遗址了解程度并不高，大都只是听说过这样一个文化名词，并不清楚其具体情况，关注点多集中于石峁遗址自发掘以来所带来的现实经济效益。我们发现，产生此种现象的原因有两个方面：一是部分人本身文化程度不高，对历史文化遗址不感兴趣；二是石峁遗址的宣传工作不到位，且未结合本地居民实际文化水平情况，进行更多积极有效的宣传，大部分人对此根本不了解。

五　考察结论与收获

神木石峁遗址被誉为 21 世纪中国最重要的史前考古发现之一，是迄今所见国内形制完备、结构清晰、保存良好的史前文明早期的最大城址，在中华史前文化向国家演进过程中具有不可替代的特殊价值和意义。

石峁城址属于龙山时期中国北方地区一个超大型的中心聚落，使用时间超过 300 年。城址发掘中发现的头骨、壁画、陶器、棺葬等都颇具特色，为考察龙山时期社会结构、宗教习俗等提供了重要的线索。而且，石峁遗址筑城工艺显示出当时的石峁人已有极高的工程技术水平，内城皇城台是以大型宫殿及高等级建筑基址为核心的宫城区，多达九级的堑山而砌的护坡石墙将其包裹，局部墙体以巨型石雕的菱形眼纹或石雕人头像装饰，底大顶小，呈金字塔状，高超的筑城技术体现了先民因地制宜的建筑理念。同时，石峁遗址还出土了大量精美的玉器、骨器、壁画、雕像等，具有较强的艺术性、观赏性，展现了先民们的审美情趣及高超技艺，也有利于了解当时人们的娱乐活动。有些器具带有明显的宗教色彩，可以借此窥探当时人们的精神活动。

石峁遗址的开发以文物资源为龙头，以文化产业为载体，能为当地带来丰厚的经济效益。文化产业除了其本身所具有的真实价值，可通过相关的服务及艺术品来延伸产业链条，提高经济价值。如石峁遗址凭借其震惊中外的历史文化价值，可充分地吸引游客，从而获得大量的旅游经济收益，最终使其成为神木市乃至陕北地区的一种区域象征，使石峁的品牌效应渗透到社会各个层面。石峁遗址重要的历史意义，也可以逐渐增强当地乃至中华民族的文化自信。

通过对石峁遗址的考察，我们不仅将课堂中所学的有关石峁遗址的知识与实际相结合，将其具象化，而且更加深入地了解到大遗址保护的相关举措以及存在的困难，尤其是了解到其与地区性经济发展、土地使用之间的矛盾，从而更加深刻地掌握大遗址保护的相关知识。通过考察中所获取的一手资料，结合所学知识及专业人士的建议，小组针对石峁遗址在保护与开发之间的矛盾提出了一些建设性的意见，希望能引起有关部门对文物保护的重视，同时亦希望在全社会发出倡议号召，提高人们的文物保护意识，一定程度上减少文物盗窃现象，帮助相关部门进行文物的追回与征集。

小组中大多数同学都是第一次进行距离较远的课程考察项目，虽然经验不足，出现了许多未曾料想的意外，即使大家都是活动"新手"，但也都集思广益，力求使本次活动圆满完成。虽然石峁遗址及雷家墕村较为偏僻，道路崎岖，活动期间神木天气持续高温，但是同学们仍然能够克服困难、积极参与其中。此次考察使同学们能亲密接触考古现场，将所学知识与实际运用进一步融会贯通，也使得同学们更加尊重历史，热爱历史。同时，此次考察活动增强了同学们团队合作的意识，增进了彼此之间的友谊，是一次难得而珍贵的经历！

第二章

农耕部落的"长征"

——陕西周人迁徙路线调查与研究报告

2018年7月18日至21日,由赵万峰副研究员和阮明套博士指导的历史学院"陕西周人迁徙路线调查队"在陕西武功、彬州、旬邑、周原等地进行了学术考察活动。调查队考察了当地遗址遗迹发掘、保护和利用状况,根据文献及考察认识,尝试复原了先周时期周人在陕西境内的迁徙路线,对地方政府的文物保护工作提出了一些建议,最终完成考察报告——《农耕部落的"长征"——陕西周人迁徙路线调查与研究报告》。

1. 考察团队

(1)学生团队:余义丰(2016国学 队长)、王婧怡(2016国学)、王顺(2017国学)、张璐(2016世界史)、郭成云(2016考古学)、张榕(2017国学)、王薇薇(2017国学)

(2)报告撰写:全体考察队员

(3)报告修订:余义丰

(4)图片作者:全体考察队员

2. 考察目的

(1)此次考察以文献记载为基础,实地考察周人定都丰镐之前的发展史,探寻先周时期周人在陕西境内的迁徙历程。

(2)此次考察走访了先周时期的考古遗址和文物古迹,全面了解了当地文物保护现状,以期推动地方历史文化资源的保护、开发与利用。

(3) 此次考察旨在拓宽学生视野、增进学识、增强文物保护意识，增进学生对祖国壮美河山和中华民族悠久历史的了解。

3. 行程规划

(1) 7月18日，调查队前往武功县郑家坡古邰地遗址，调查郑家坡遗址现存情况和保护状况，采访当地居民对郑家坡遗址的看法及对本地历史文化的认知。

(2) 7月19日，调查队前往彬州市档案馆查找古豳地文化资料，随后前往市旅游文物局咨询郴州市先周文化保存状况。

(3) 7月20日，调查队前往旬邑县古豳地考古工地，实地考察旬邑先周文化考古发掘具体情况，随后走访当地居民，了解有关周人的历史文化传说。

(4) 7月21日，调查队前往周原遗址和周原博物馆考察周原遗址发掘与保护状况，随后参观周原博物馆，实地感受周人创造出的辉煌灿烂的物质文明。

4. 考察收获

(1) 调查队根据实地调查和文献记载复原了先周时期周人迁徙路线图。

(2) 调查队从考察所得民俗学材料研究了周人的迁徙过程及周文化的传播情况。

(3) 调查队深入了解了当地考古遗址和文物古迹保护现状并提出改进建议。

5. 改进建议

(1) 此次调查前期资料准备不够充分，影响了实地考察效果。因而，资料收集和研究工作需要进一步加强。

(2) 调查小组成员专业知识储备不足，调查报告论证不够充分，还需要进一步修改完善。

6. 相关获奖

(1) 考察报告荣获西北大学第九届"挑战杯"大学生课外学术科技作品竞赛二等奖。

(2) 考察报告荣获第十二届西安高新"挑战杯"陕西省大学生

课外学术科技作品竞赛一等奖。

一 绪论

（一）调查背景

"文化是民族的血脉，是人民的精神家园。文化自信是更基本、更深层、更持久的力量。中华文化独一无二的理念、智慧、气度、神韵，增添了中国人民和中华民族内心深处的自信和自豪。"[①] 随着中国综合国力的增强，中国传统文化日益受到重视，文化传承与创新发展日益成为事关国计民生的重要推动力。文物遗产的保护与利用日益受到政府和社会的重视，据统计，"2017 年全国各类文物机构共举办陈列展览 26045 个，比上年增加 1424 个。其中，基本陈列 13025 个，比上年增加 823 个；临时展览 13020 个，比上年增加 601 个。接待观众 114773 万人次，比上年增长 13.3%……博物馆接待观众 97172 万人次，增长 14.2%，占文物机构接待观众总数的 84.7%。"[②] 陕西境内文物古迹众多、文化资源丰富，周秦汉唐时期为大宗，周王朝又是陕西境内建立最早的王朝国家，留下了众多的历史文化遗产和遗迹，这包括了周人发展早期阶段的先周文化。

先周文化是周文化的重要组成部分。考古学家邹衡最早提出了"先周文化"的概念。1979 年 4 月，在西安召开的全国考古学会成立大会上，邹衡宣读了他的《论先周文化》一文摘要，正式提出了"先周文化"这一考古学文化。[③] 他认为"先周文化"是指"文王克商以前周人的早期文化"。邹衡强调的是"考古学文化"概念，"先周文化有其特定的年代和分布区域，故而有其显著的文化特征"。学界对先周文化有较多的探讨，主要围绕"弧裆鬲"与"高领袋足鬲"

[①] 中共中央办公厅 国务院办公厅：《关于实施中华优秀传统文化传承发展工程的意见》，2017 年 1 月 25 日，http://www.gov.cn/zhengce/2017-01/25/content_5163472.html。

[②] 《中华人民共和国文化和旅游部 2017 年文化发展统计公报》。http://zwgk.mct.gov.cn/auto255/201805/W020180531619385990505.pdf。

[③] 张天恩：《邹衡先生先周文化研究的贡献与影响》，载北京大学考古文博学院、北京大学中国考古学研究中心编《考古学研究》（8），科学出版社 2011 年版，第 107 页。

所代表的考古学文化展开,"先周文化的年代,大约相当于商代祖甲以后,直到商纣的灭亡。……先周文化分布的地域,主要是陕西、甘肃的泾渭地区"①。随着先周时期考古遗址的发掘,"先周文化"的内涵越来越丰富,学者站在不同的角度给出了许多不同的定义,至今尚未达成共识。但是,无论是将之认同为"历史学文化"还是"考古学文化",先周文化都是以分布在泾渭流域的先周时期遗址作为基本研究对象。② 陕西是先周文化分布的重要地区,自1933年宝鸡斗鸡台遗址发掘以来,陕西境内发现了大量的先周文化遗迹,成为陕西考古重要的领域,具体分布如图1所示。

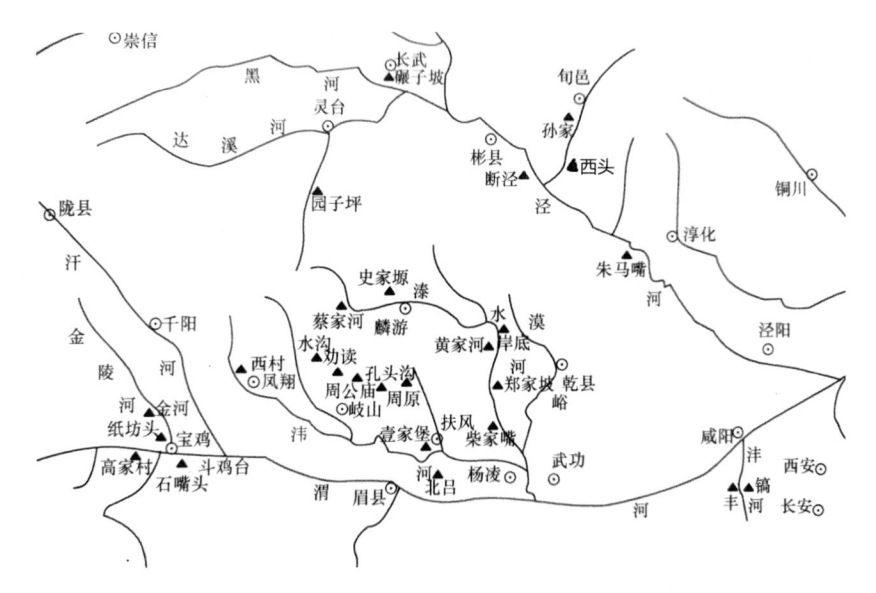

图1 关中地区商周时期典型遗址位置示意图③

从陕西省文化资源整体量和已开发量来看,先周文化及其遗址的

---

① 邹衡:《论先周文化》,载《夏商周考古学论文集》,文物出版社1980年版,第352—353页。
② 宋江宁:《关于"先周文化"的几点思考》,载中国社会科学院考古研究所夏商周考古研究室编《三代考古》(3),科学出版社2009年版,第117页。
③ 雷兴山:《先周文化探索》,科学出版社2010年版,第39页。

保护在规模和深度上都是不够的。以先周文化为主题的研究可以增强我们对历史文化研究的参与度，为文化政策提供参考。基于"构建中华优秀传统文化传承体系，实现传统文化创造性转化和创新性发展"的宗旨，本项目选取武功县郑家坡遗址、旬邑县西头古豳地遗址和扶风县周原遗址进行实地调研。①

（二）研究现状

周族起源问题是学界研究的重点，它与周人迁徙相关。先秦秦汉时期已经有学者关注该问题，先秦时期周族史诗《诗经·大雅·公刘》篇记载："笃公刘，于豳斯馆。涉渭为乱，取厉取锻，止基乃理。爰众爰有，夹其皇涧，溯其过涧。止旅乃密，芮鞫之即。"②《诗经·大雅·绵》篇亦载："古公亶父，来朝走马。率西水浒，至于岐下。爰及姜女，聿来胥宇。周原膴膴，堇荼如饴。"③司马迁在《史记》中写道："周后稷，名弃。其母有邰氏女，曰姜原。……后稷卒，子不窋立。不窋末年，夏后氏政衰，去稷不务，不窋以失其官而奔戎狄之间。……公刘虽在戎狄之间，复修后稷之业，务耕种，行地宜，自漆、沮度渭。……公刘卒，子庆节立，国于豳。……（古公亶父）乃与私属遂去豳，度漆、沮，逾梁山，止于岐下。"④ 这些记载表明周族是在陕西起源并发展壮大起来的。

在很长时间段内学界对《史记》的记载都没有疑义。清代学者崔述作《丰镐考信录》，他利用传世文献详细考证了包括后稷、不窋、公刘、太王在内的早期周人历史，并明确指出："于时复生妄人，伪造《古文尚书经传》《孔子家语》，以惑当世。二帝、三王、孔门之事于是大失其实。学者专已守残，沿讹踵谬，习为固然，不之怪也。

---

① 旬邑县西头古豳地遗址由西北大学文化遗产学院与陕西考古研究院、旬邑县文物旅游局联合发掘，考古成果目前尚未公布。
② （汉）毛亨传、郑玄笺、（唐）孔颖达疏：《毛诗正义》卷十七，（清）阮元校刻《十三经注疏》，中华书局1980年版，第543页。
③ （汉）毛亨传、郑玄笺、（唐）孔颖达疏：《毛诗正义》卷十六，（清）阮元校刻《十三经注疏》，中华书局1980年版，第510页。
④ 《史记》卷四《周本纪》，中华书局2013年版，第145—148页。

虽间有一二有识之士摘其疵谬者，然特太仓稊米，而亦罕行于世。直至于宋，名儒迭起，后先相望，而又其时印本盛行，传布既多，稽覈最易，始多有抉摘前人之误者，或为文以辨之。"① 此后，古史辨派继承崔述疑古精神，推动了先周历史的研究。②

20世纪30年代，钱穆提出了周族起源于今晋南汾水流域的观点，此说得到一些学者的支持，主要有陈梦家、吕思勉、邹衡、李仲立等学者。③ 同时，大部分学者仍坚持"周族起源于关中说"，主要有谭戒甫、任周芳等学者。④ 21世纪初，尹盛平亦支持"周族起源于关中说"，并绘制了一幅周人迁徙路线图（图12）。⑤ 本书认同"周族起源于关中说"，近年来在泾河流域发现了越来越多的先周文化遗址，其中有些遗址能够与周人联系起来，这在一定程度上支持了该说。

（三）研究意义

周人创造的礼乐文化是中国传统文化的重要组成部分，对中国传统文化的形成产生了巨大的影响。周人以重视礼乐著称，在周原遗址和周公庙遗址就曾发现过有关礼乐的遗物，但是目前史学界较少关注周人迁徙过程中是否有礼乐文化的发展这个问题。因此，该考察对于寻找先周礼乐文化起源具有非常重要的意义。

咸阳武功县郑家坡古邰地遗址、旬邑古豳地遗址及宝鸡市岐山县周原遗址是探寻周代文明起源和发展的重要地点，它们是周族不同发展阶段的见证。调查组通过实践调查，以期对学界存疑的问题作出判断。这对探究陕西早期的文明起源和上古文化、探寻中华文明早期历

---

① 崔述：《考信录提要》，载顾颉刚编定《崔东壁遗书》，上海古籍出版社1983年版，第2页。
② 宋江宁：《关于"先周文化"的几点思考》，载中国社会科学院考古研究所夏商周考古研究室编《三代考古》（3），第114—115页。
③ 牛世山：《周族起源与先周文化研究的回顾与思考》，载中国社会科学院考古研究所夏商周考古研究室编《三代考古》（7），科学出版社2017年版，第451—452页。
④ 牛世山：《周族起源与先周文化研究的回顾与思考》，载中国社会科学院考古研究所夏商周考古研究室编《三代考古》（7），第452页。
⑤ 尹盛平：《商周——神权变革一千年》，上海辞书出版社2001年版，第88页。

史发展大有裨益。

通过对相关遗址的调研，调查组了解了各地政府对这些遗址的认知程度和保护状况。调查组结合古墓和考古遗址联合型旅游基地的案例，提出整合古豳地遗址及周原遗址附近地区的历史文化因素，因地制宜，为当地旅游业发展提出合理的设计方案，促进当地旅游文化的发展和经济的进步。根据周人迁徙的具体路线，联通先周和周代历史遗址遗迹，打造一条周人迁徙历史文化旅游线路，将关中地区相关区县联合起来，促进周文化的旅游开发和利用，同时提高民众对先周文化历史的认识，创建地方旅游与文化名片。

从文物保护方面来看，调查队对武功县郑家坡遗址、旬邑古豳地遗址、扶风县周原遗址进行深入考察，了解这些遗址的发掘与保存现状，对其保护和利用提出建议，同时提高当地群众和政府更强烈的文物保护意识，将遗址保护与利用更好地结合起来。

二　调查过程与发现

（一）先周文化遗址调研——以武功、旬邑和扶风三处遗址为例

1. 武功县郑家坡遗址

郑家坡遗址位于陕西省武功县武功镇（武功老县城）以东0.5公里的漆水河东岸塬上，塬下漆水自北而南流十余公里汇入渭河（图2）。该遗址位于渭河流域中段，是先周文化遗址典型区域。1980年冬季，该地发现了青铜器，1981年宝鸡市考古工作队开始进行挖掘。[①] 1997年，作为夏商周断代工程项目，陕西省考古研究所又在此进行了发掘，并取得了一定的成果。[②]

武功县是古代典籍记载的有邰国（駘国、邰国）所在地，有邰国是后稷之母姜嫄所在的部落，为姜姓部落，因此人们很容易将郑家坡

---

① 宝鸡市考古工作队：《陕西武功先周郑家坡遗址发掘简报》，《文物》1984年第7期。

② 雷兴山：《先周文化探索》，第100页。按：第二次发掘结果至今尚未刊布，这部分内容引自雷兴山著作。

图 2　武功县郑家坡位置图①

遗址与周人联系起来。《说文解字》记载："姜，神农居姜水，以为姓。"②《史记正义》云："邰，天来反，亦作'斄'，同。《说文》云：'邰，炎帝之后，姜姓，封邰，周弃外家。'"③《史记集解》引徐广之言曰："今斄乡，在扶风。"④《史记正义》引《括地志》云："故斄城一名武功城，在雍州武功县西南二十二里，古邰国，后稷所封也。有后稷及姜嫄祠。"⑤《左传》亦记载："我自夏以后，魏、骀、芮、岐、毕，吾西土也。"杨伯峻认为："骀即邰……盖后稷始封地，今陕西武功县西南。"⑥可见，汉唐时期学者都认可古邰国或故斄城在今武功县境内。但是，这些记载距先周时期已经过去数千年之久，因此仅仅凭

---

① 星球地图出版社编：《陕西省地图册》，星球地图出版社2006年版，第70页。
② 段玉裁：《说文解字注》，上海古籍出版社1981年版，第1077页。
③《史记》卷四《周本纪》，第145页。
④《史记》卷四《周本纪》，第146页。
⑤《史记》卷四《周本纪》，第146页。
⑥ 杨伯峻：《春秋左传注》，中华书局2016年版，第1307—1308页。

借汉唐时期的文献记载尚不足以说明今武功县即为周族始祖后稷曾经生活过的有邰国,还需要郑家坡遗址考古资料的进一步证实。

1943年,石璋如到陕西实地考察,他在武功县发现两处遗址,并发现丰富的彩陶遗存。石璋如于1948年发表了《传说中周都的实地考察》一文,文中指出,虽然尚不能将这些遗址与有邰遗迹联系起来,但确实是一件值得注意的事情。① 随着郑家坡遗址的发现,考古资料愈加丰富,这对解决有邰国所在地具有重要的作用。

郑家坡遗址位于武功县漆水河下游左岸的二级台塬上,遗址沿漆水河岸呈条状分布,东西约500米、南北约3000米。1980年,遗址区曾出土鼎、甗及单耳觚、铜泡等铜器。1981—1983年,第一次发掘发现一条壕沟从遗址西部的塬边向东延伸,已知长度100余米。此次发掘简报指出:T76西壁第四层为先周文化层,有大量的灰烬和先周中期的陶片;T52西壁第二层即为先周文化层,同样有大量的灰烬和先周中期的陶片。此外,本次还发掘了房址、陶窑、窖穴、灰坑等遗迹。后来又在壕沟附近发掘了墓葬区。陶器有鬲(主要是联裆鬲,分裆袋足鬲较少)、联裆甗、盆、豆、簋、折肩罐、瓮等,居址有地穴式、半地穴式、地面建筑等形式。墓葬为小型土坑竖穴墓。随葬陶器以联裆鬲、折肩罐、圆肩罐最为常见,每墓或仅鬲一种,或以鬲、罐为基本组合。②

在第一次发掘简报中,作者将郑家坡遗址的时代分为三个分期:早期相当于二里头文化晚期至二里岗下层,中期约在太王迁岐前后,晚期约在文王作丰时期。③ 参照学界关于二里头文化的分期,晚期大抵在公元前16世纪中后期,④ 是传统文献记载的夏代晚期,据《史

---

① 石璋如:《传说中周都的实地考察》,载《中央研究院历史语言研究所集刊》(第20本下册),商务印书馆1949年版,第97—98页。
② 宝鸡市考古工作队:《陕西武功先周郑家坡遗址发掘简报》,《文物》1984年第7期。
③ 宝鸡市考古工作队:《陕西武功先周郑家坡遗址发掘简报》,《文物》1984年第7期。
④ 张雪莲等:《新砦——二里头——二里岗文化考古年代序列的建立与完善》,《考古》2007年第8期。

记·周本纪》记载的周先公先王世系，此时为不窋时期。① 简报作者指出郑家坡遗址发掘的重要意义："据文献记载，周人早期活动在漆水下游一带，郑家坡遗址正处在这一范围内。发掘获得的器物群，对研究先周文化渊源和周族的起源极为重要，使我们改变了以前将高领乳状袋足分裆鬲作为先周文化典型器物的观点。"②

1984年郑家坡遗址考古资料公布的同时，刘家遗址与碾子坡遗址的考古资料也于当年公布，这对先周文化研究来说意义重大。然而，随着考古资料日益增多，关于文化定型和时代分期的争论也随之而来。③ 尹盛平、任周芳认为："通过对郑家坡和刘家两种考古学文化的对比，我们可以清楚地看出宝鸡地区曾经存在着两种完全不同的青铜文化。一种是以联裆鬲为代表的先周文化，一种是以高领乳状袋足分裆鬲为代表的姜戎文化。它们有不同的文化内涵，属于不同的谱系、不同的部族。"④ 胡谦盈则认为只有以碾子坡遗址、刘家墓葬为代表的遗存才是先周文化，而郑家坡遗址主体为西周遗存，只有个别出土高领袋足鬲（分裆袋足鬲）的单位早于西周、属于先周文化。⑤ 双方对于郑家坡文化是否属于先周文化存在根本分歧。

分歧的关键是郑家坡遗址的时代分期问题。第一次发掘简报的作者认为早期上限早于二里头文化晚期，此后许多学者都认为郑家坡遗址上限不早于殷墟二期。⑥ 雷长胜将以郑家坡遗址为主的郑家坡文化

---

① 《史记》卷四《周本纪》，第147页。按：《史记》记载："后稷卒，子不窋立，夏后氏政衰，去稷不务，不窋以失其官而奔于戎狄之间。"学者对周先公先王世系问题已经有了很好的研究。
② 宝鸡市考古工作队：《陕西武功先周郑家坡遗址发掘简报》，《文物》1984年第7期。
③ 牛世山：《周族起源与先周文化研究的回顾与思考》，载中国社会科学院考古研究所夏商周考古研究室编《三代考古》（7），第457页。
④ 尹盛平、任周芳：《先周文化的初步研究》，《文物》1984年第7期。
⑤ 胡谦盈：《南邠碾子坡先周墓葬和西周墓葬——周人早期葬俗探讨之一》，载中国社会科学院考古研究所编著《中国考古学研究论丛——中国社会科学院考古研究所建所40年纪念论文集》，科学出版社1993年版；胡谦盈：《南邠碾子坡先周文化居住址和墓葬发掘的学术意义》，载《周秦文化研究》，陕西人民出版社1998年版。
⑥ 牛世山：《周族起源与先周文化研究的回顾与思考》，载中国社会科学院考古研究所夏商周考古研究室编《三代考古》（7），第457页。

分为六段，并认为第一段对应着殷墟一期。① 不过，不论学者认为郑家坡遗址的上限是什么时期，西周文化是以郑家坡遗址为代表的郑家坡文化发展而来的观点则是大多数学者的共识。② 因此，不管郑家坡文化早期能否早到二里头文化晚期，或是大抵在殷墟一二期乃至西周时期，我们都可以确定目前所发掘的郑家坡遗址并非周人始祖后稷生活的有邰国。不过正如石璋如所说，武功所在地位于文献记载的有邰国范围内，此地与文王作丰前的周人祖先应该有着密切联系，这对于研究周族起源有着重要意义。

2. 旬邑县西头遗址及相关遗址分析

离开武功县郑家坡遗址，考察组由武功县北上经乾县，沿今西平铁路西北方向抵达位于泾河流域的彬州市，走访了当地的档案局、文化馆、文物旅游局等单位，随后前往位于泾河支流三水河西侧的旬邑县西头遗址进行考察。

西头遗址位于旬邑县原底乡西头村，于2018年开始由西北大学文化遗产学院、陕西省考古研究院、旬邑县文物旅游局联合组成的古豳地考古队负责发掘，目前还没有考古资料的刊布。本文主要通过古豳地考古队员的介绍并结合旬邑、彬州市相关考古遗址发掘情况，对传统文献记载的古豳地历史文化进行分析。

根据古豳地考古队员介绍，刚开始的时候西头遗址发掘范围较小，约15万平方米，进一步勘探后发现整个遗址文化占地面积很广，沿三水河一带面积可达100万平方米以上。如果进一步扩大该遗址发掘范围，势必对研究先周文化面貌、古豳地地望提供重要的考古遗存证据。③ 考古队员指出，根据对西头遗址地层关系的判断及对出土遗物的类型学分析，断定该遗址主体文化遗存为仰韶文化和商周文化，也有一部分秦汉文化层的发现。④ 可见，西头遗址跨越的时代较长。考古队员还介绍，他们在原底发现了一个历经千年仍未枯竭的泉眼，

---

① 雷长胜：《郑家坡文化研究》，硕士学位论文，吉林大学，2015年。
② 曹斌：《先周文化研究述论》，《江汉考古》2007年第3期。
③ 旬邑西头遗址古豳地考古队员介绍，见"附录四 采访二"。
④ 旬邑西头遗址古豳地考古队员介绍，见"附录四 采访二"。

该泉眼至今仍为当地居民提供水资源。取水点的发现对于遗址的勘测起了很重要的作用。考古队在以取水点为中心的台地进行了取点勘测，最终在泾水周边发现了大量生活遗迹。该区域地形反映了该地带比较适合早期人类生产活动（图3）。①

图3　旬邑原底乡西头古豳地遗址及周边遗址分布图②

西头遗址的重要发现有墓葬和灰坑遗址。考古队员表示，他们在该遗址灰坑中发现了一具不完整遗骸，遗骸下腰腹部有三枚海贝，有身份地位的死者死后葬于灰坑，贵重物品却并未受到夺取，其死因不明。遗址中周人及先周墓葬均呈现出腰坑的典型墓葬形式，墓葬区和生活区并存，遗址中很多灰坑遭到不同程度破坏。从灰坑中出土的王莽时代的铜钱来看，它曾为秦汉人生活遗迹。值得注意的是，遗址中发掘到了具有浓厚戎人风格的陶具，表明该地很有可能曾被戎狄攻

---

① 旬邑西头遗址古豳地考古队员介绍，见"附录四　采访二"。
② 北京大学考古文博院：《陕西彬县、淳化等县商时期遗址调查》，《考古》2001年第9期。

占，也可能是周族与戎人文化交流、融合的见证。西头遗址的发掘现在迈出了重要一步，其发掘工作很有可能为先周文化研究提供大量实物依据。不过，西头遗址的更多资料尚未刊布，有关西头遗址的研究需要史学界和考古学界联合进行（图4）。

图4 考察组拍摄的旬邑西头遗址考古现场

在西头遗址之前，古豳地发掘的第一个重要遗址是碾子坡遗址。碾子坡遗址位于长武县东南的泾河西侧，1980—1986年曾多次发掘，资料主要见于发掘参与者的论著中。[1] 胡谦盈的观点已见前引。2007年碾子坡遗址的发掘报告《南邠州·碾子坡》一书出版。报告指出，碾子坡遗址的文化层从新石器时代的仰韶文化到春秋时代共六个时期，其中先周文化层是文化堆积中的主要内涵。这与以往的观点一致。[2] 1995年中国社会科学院考古所在彬州东南发掘了断泾遗址，发

---

[1] 雷兴山：《先周文化探索》，第89页；牛世山：《周族起源与先周文化研究的回顾与思考》，载中国社会科学院考古研究所夏商周考古研究室编《三代考古》（7），第455页。

[2] 中国社会科学院考古研究所编：《南邠州·碾子坡》，世界图书出版公司2007年版，第278—279页。

现有商代堆积层，出土陶片有斜直高领颈带状附加堆纹的鬲、厚唇的甗、宽平沿大口罐、口部带花边状附加堆纹的鬲和甗、斜平沿簋、豆、大口弦纹罐等器形。① 简报认为："断泾商代一期遗存与碾子坡先周文化早期的陶器有较多共同之处……不过，断泾一期遗存与碾子坡先周文化早期遗存也有某些差异……我们推测，断泾一期遗存的年代或会略早于碾子坡先周文化早期遗存。如果将碾子坡先周早期遗存的年代定在与殷墟二期相当较为合适的话，那么断泾一期遗存的年代似可估定在殷墟一期左右。"② 张天恩亦指出："彬县境内以断泾、下雷等遗址为代表的遗存，文化面貌大体与武功郑家坡遗址所见的先周文化相似，但也有其独特之处……这些差别是时间关系，还是地域原因造成的，目前尚不清楚。这类遗存的一部分因素曾在碾子坡早期遗存中出现……可见这两种文化不完全相同，但相互之间的交流也是存在的。"③ 此前，陕西省考古研究所还发掘了孙家遗址。孙家遗址位于旬邑县西南10千米，与西头遗址相距不远。孙家遗址尚无考古报告发表，根据雷兴山《先周文化探索》一书所引，我们可以大致了解其出土器物状况。④ 张天恩指出："旬邑的枣林、孙家等遗址所出遗物与彬县断泾等遗址的内涵相似。"⑤

综合来看，碾子坡遗址、断泾遗址、孙家遗址等的联系是学界所共知的，断泾遗址与郑家坡遗址也存在密切联系。虽然学界对郑家坡遗址分期还存在争论，但是均认可其大体的范围与碾子坡遗址相差不远。旬邑西头遗址目前尚无考古报告发表，我们无法确定遗址的分期，但西头遗址与孙家遗址相距不远，又同属于泾河支流三水河流域，西头遗址也存在先周文化层，我们推测它与孙家遗址、断泾遗址

---

① 中国社会科学院考古研究所泾渭工作队：《陕西彬县断泾遗址发掘报告》，《考古学报》1999年第1期。
② 中国社会科学院考古研究所泾渭工作队：《陕西彬县断泾遗址发掘报告》，《考古学报》1999年第1期。
③ 张天恩：《陕西彬县、淳化等县商时期遗址调查》，《考古》2001年第9期。
④ 雷兴山：《先周文化探索》，第82—83页。
⑤ 张天恩：《陕西彬县、淳化等县商时期遗址调查》，《考古》2001年第9期。

等中的先周文化层（商代堆积层）属于同一种文化类型。

彬州、旬邑境内发现的许多先周文化遗址，一定程度上印证了传统文献记载的古豳地地望所在。《史记集解》引徐广曰"新平漆县之东北有豳亭"，《史记索隐》亦曰："豳即邠也，古今字异耳。"《史记正义》引《括地志》云："豳州新平县即汉漆县，《诗》豳国，公刘所邑之地也。"① 唐代豳州即今彬州、旬邑一带，是断泾遗存分布较为密集的区域，其年代又处于殷墟一二期，因此我们推断这些遗址可能与周人在此地活动有关。殷墟一期大约为商代中期，按照《史记·周本纪》所记周先公先王世系，则此时不应是公刘时期，而在其后，但是亦未至古公时期。② 但囿于资料，目前无法做出推断。

目前，虽然无法证明彬县、旬邑所发现的遗址即是公刘迁豳时代居址，但其中的姜戎文化因素，或许可以与传统文献记载的"不窋奔于戎狄之间"和公刘迁豳相印证。有学者认为碾子坡文化为先周文化，也有学者认为应该是姜戎文化，刘军社则采取调和态度，认为其应该是姜戎文化色彩比较浓厚的先周文化。③ 我们认为，碾子坡遗址应该还是属于带有姜戎文化因素的先周文化，无论是断泾遗址发掘报告，还是张天恩的《陕西彬县、淳化等县商时期遗址调查》中均提到碾子坡遗址与先周文化之间的联系。但是碾子坡遗址中的姜戎文化因素则无法忽视，其可能与文献记载的不窋、公刘时期周族所在的戎狄部落有关联。

3. 周原遗址先周文化遗存的考察

离开旬邑，考察组前往周原遗址。周原遗址位于扶风县北 15 千米的法门镇（图6）。根据传统文献记载，周原是公亶父迁岐后周人

---

① 《史记》卷四《周本纪》，第 148 页。
② 《史记》所载周先公先王世系在周建立以前有 15 代，根据夏商周断代工程公布的《夏商周年表》，夏朝建立到商朝灭亡已经有千余年，若平均来算，则周先公先王每代约 67 年，公刘为第 4 代，则应当处在夏中期，断不会在商代中期。古公亶父为文王祖父，大约在商代晚期。周先公先王世系当有缺失，司马贞已有质疑。
③ 刘军社：《论碾子坡文化》，载《远望集》，陕西人民美术出版社 1998 年版，第 228—229 页。

的居所。《诗经·大雅·绵》记载："古公亶父，来朝走马。率西水浒，至于岐下。爰及姜女，聿来胥宇。周原膴膴，堇荼如饴。"① 《孟子·梁惠王下》篇亦曰："去邠，踰梁山，邑于岐山之下居焉。"② 《史记·周本纪》记载："（公亶父）乃与私属遂去豳，渡漆沮踰梁山，止于岐下。"《史记集解》引徐广注曰："山在扶风美阳西北，其南有周原。"③ 北宋程大昌在《雍录》中指出："邠州在岐州西北二百五十余里，而邠南一百三十里是为奉天县，有梁山焉。秦始皇之梁山宫正在其地，即太王去邠所踰之梁山也，非禹贡治梁及岐之梁山矣。渭水在梁山之南，循水之西而上可以达岐，故诗谓'率西水浒，至于岐下'也。"④

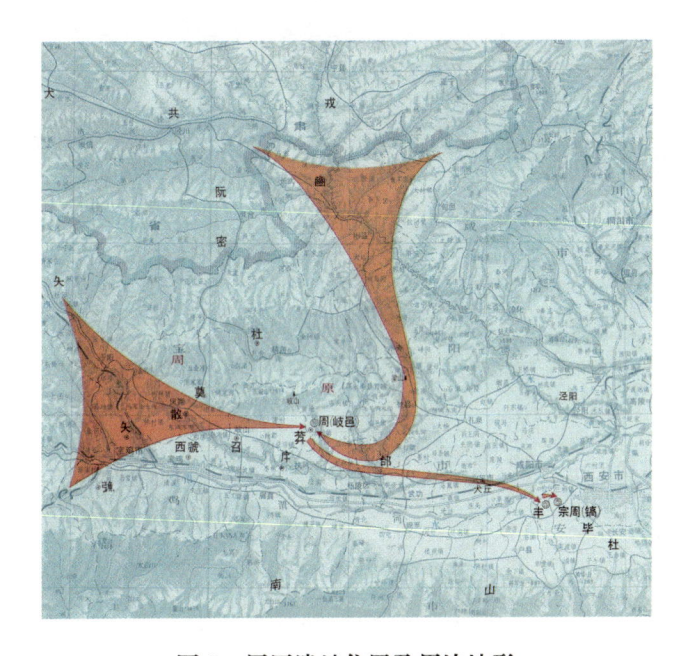

图 5　周原遗址位置及周边地形

（来源：http：//shaanxi tianditu. gov. cn/zhfwl）

---

① （汉）毛亨传、郑玄笺、（唐）孔颖达疏：《毛诗正义》卷十六，（清）阮元校刻《十三经注疏》，第 510 页。
② （汉）赵岐注、（宋）孙奭疏：《孟子注疏》卷二《梁惠王下》，（清）阮元校刻《十三经注疏》，第 2682 页。
③ 《史记》卷四《周本纪》，第 149 页。
④ 程大昌：《雍录》，中华书局 2002 年版，第 9 页。

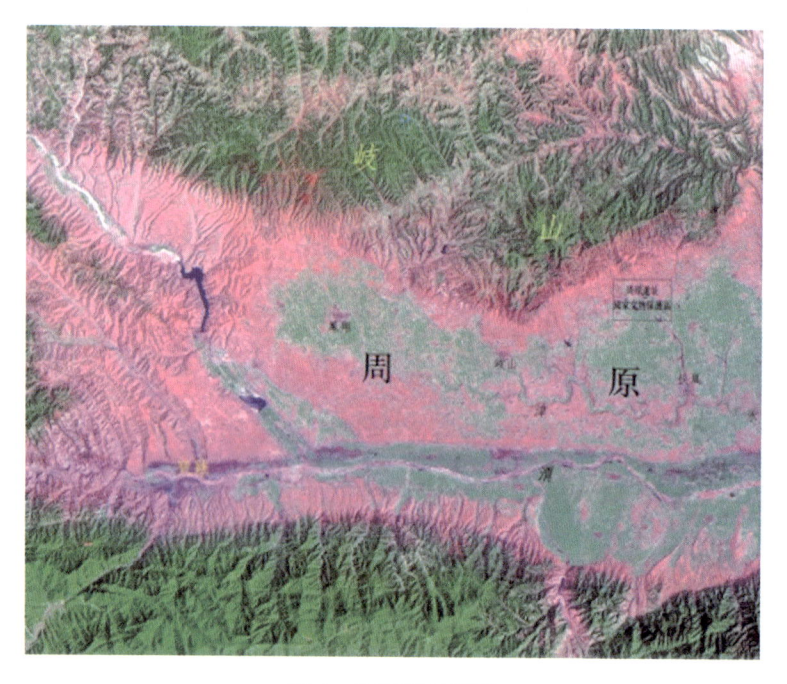

图 6　周原遗址图①

随着考古学的兴起，周原一带经过几十年的不断发掘，先周遗迹的考察取得了长足进步。最早展开考古工作的是前"中央研究院"历史语言研究所的石璋如。1943年，石璋如在邠、豳、岐、丰、镐等地做实地考察，探访的地点包括了今天扶风的任家、岐山的岐阳堡、宫里、车头坡、下湾、王庙、周公庙等地。② 中华人民共和国成立后周原一带进行了大规模的调查和发掘，考古人员对周文化遗存进行了全面发掘并取得了丰硕的成果。陕西岐山和扶风一带是周文明的发祥地，扶风县庄白大队③、岐山县京当公社贺家村及其周围地区④是周代岐邑所在范围，周人的中心区域在岐山县京当公社与扶风县黄堆公

---

① 尹盛平：《周原文化与西周文明》，凤凰出版社2004年版，第249页。
② 石璋如：《传说中周都的实地考察》，第107—111页。
③ 史言：《扶风庄白大队出土的一批西周青铜器》，《文物》1972年第6期。
④ 长水：《岐山贺家村出土的西周铜器》，《文物》1972年第6期。

社和法门公社之间。① 周原的位置得到了确认。

周原遗址的发掘持续几十年，发现了大量先周文化和商时期考古学文化遗存。雷兴山指出周原遗址商时期考古学文化分期研究的历程大致分为三个阶段：第一阶段为 20 世纪 60 年代至 80 年代。这一阶段周原遗址的资料还处在初步积累当中，先周文化研究在 20 世纪 70 年代兴起，年代分期也就自此开始。第二阶段为 1984 年至 1995 年。这一时期学界对周原遗址刘家墓地的性质存在较大分歧，而在周原遗址之外也发现了许多先周文化遗址，年代分期研究也越来越深入。第三阶段为 1995 年至今。这一阶段随着夏商周断代工程的启动，考古工作者对周原遗址王家嘴等地进行了发掘，获得大量考古学资料并进行了系统的分期。② 雷兴山将周原遗址商时期考古资料分为两期六段，总体上，其上限为殷墟一期或稍早，下限不晚于商周之际，这与王占奎等学者的分期不同。③ 1998 年，张天恩将周原遗址分为四期六段，与雷兴山、王占奎等亦不相同。④ 不过，三种分法亦有共同点，它们都是将周原遗址商时期资料分为了六段，雷兴山亦认为张天恩的分期"基本正确"，只是更细致，且二人对商时期考古资料上下限的年代推测也基本一致。⑤ 因此，学者对于周原遗址商时期资料的分期基本没有太大分歧，也认可周原遗址为公亶父迁岐所在地。⑥

随着考古发掘工作的开展和考古资料的不断丰富，学界曾一度出现了质疑周原遗址为公亶父迁岐遗存的观点。"按汉唐文献记载，周原为公亶父（一般认为所处时代相对于殷墟三期）所迁的岐下（周）所在，但这里在殷墟三期只有刘家文化遗存（研究者普遍认为族属为羌而非周），之后才是郑家坡文化遗存（研究者普遍认为是先周文

---

① 史念海：《周原的变迁》，《陕西师范大学学报》1976 年第 3 期。
② 雷兴山：《先周文化探索》，第 39—40 页。
③ 雷兴山：《先周文化探索》，第 62 页。
④ 张天恩：《周原遗址殷商时期文化遗存试析》，《中原文物》1998 年第 1 期。
⑤ 张天恩：《周原遗址殷商时期文化遗存试析》，《中原文物》1998 年第 1 期。
⑥ 张天恩：《周原早期聚落变迁及周人岐邑的认识》，《文博》2018 年第 2 期。

化),明显要晚于公亶父迁岐的年代。"① 对此,张天恩认为:"由于过去的发掘地点多有随机性,往往位置偏离了前期早期聚落的主要区域,所获资料均偏晚故导致了疑义丛生。"随后,他分析了王家嘴遗址的发掘材料,确信已有公亶父迁岐时代资料的发现,从而认定周原遗址不会晚于公亶父以后。②

学术界虽然曾出现过周原遗址是否有公亶父迁岐时代遗存的质疑,依然有学者坚持前说。本文认为,周原遗址存在公亶父迁岐时代的遗存的观点是成立的。周原遗址先周文化遗存的不断发掘早已证明周原遗址在先周时期已经是周人聚居地,这与传统文献记载吻合,其地理位置也与历代记载基本一致。总之,周原遗址存在公亶父迁岐时代遗存的观点是比较可靠的。

(二)民间传说中反映的周人活动——以彬州为例

周人先祖的传说在彬州流传颇广。《山海经》记载:"有西周之国,姬姓,食谷。有人方耕,名曰叔均。帝俊生后稷,稷降以百谷。"③ 根据彬州市文化馆工作人员介绍,帝喾元妃姜嫄于城南郊外履巨人足迹而孕后稷,后稷出生在隘巷的元贞观中,姜嫄认定此子不祥,弃之隘巷,"马牛过而避之不践",又弃之林中,"适逢会山林人多,迁之",弃于水渠中冰上,飞鸟用翅膀遮盖,姜嫄颇感神奇,遂将其捡回并取名为"弃"。弃生而不同于常人,"弃为儿时,屹如巨人之志",他不喜欢其他事情,唯独愿从姜嫄学习农事,成年后被帝尧封为稷官,以邰为国,教民稼穑,树艺五谷,号为"后稷",被尊为农业始祖。据说彬县十二景观中的履坪春草为姜嫄踏巨人迹之地,而隘巷朝烟和豳山仪凤则分别是姜嫄弃后稷的隘巷和山林所在。④ 周人始祖后稷及其母亲姜嫄的事迹出现在有邰一带,彬州市出现的周人先祖传说可能是周人带过去的。

---

① 牛世山:《周族起源与先周文化研究的回顾与思考》,载中国社会科学院考古研究所夏商周考古研究室编:《三代考古》(7),第460页。
② 张天恩:《周原早期聚落变迁及周人岐邑的认识》,《文博》2018年第2期。
③ 袁珂:《山海经校注》,上海古籍出版社1980年版,第392页。
④ 引自彬州市文化馆宣传资料。

彬州市有关姜嫄生于城南、后稷耕于豳地的传说有些令人疑惑，因为在传统文献中没有出现过有邰在今彬州的记载，历代文献多认为有邰为今武功县。目前将后稷归于彬州的史料主要为清代刊印的明朝嘉靖年间所著《邠州志》①，该书卷一记载有彬州姜嫄墓："在州东十里山谷中。见《一统志》。"还有姜嫄祠："在太王（古公亶父——引注）祠右，唐节度使张宪甫所建。"②《大明一统志》记载邠州和山西闻喜县均有姜嫄墓，均未记载出现时间。③ 因未见明以前史料记载，我们推测该说出现时间当不早于明代。唐节度使张宪甫亦不见明以前文献记载，是否有此人尚难定论。因此，我们认为所谓彬州的姜嫄墓、姜嫄祠均是明人所修。明代为何会出现这种情况，囿于史料，目前难以确认。笔者揣测此乃是根据公刘迁豳的记载向前追溯，目的是延长本地的历史。

彬州在明代开始出现姜嫄墓，姜嫄与后稷诞生在彬州的传说从此流传开来并为当地人所信从。彬州市乡贤也都直接将姜嫄与后稷的诞生地记在彬州。近年来，彬州市大力利用先周文化资源发展旅游业，姜嫄也在宣传之列。这些说明，彬州市政府与社会一直非常重视本地的先周文化历史，虽然姜嫄和后稷的传说显系附会之辞。

不仅是姜嫄和后稷的传说，彬州市还流传着公刘的传说并设有多处昭示其功德的公刘祠。相传泾河有黑龙，暴虐成性，骚扰两岸居民，迫使他们长期上供，百姓深受其苦。后逢公刘避桀居豳，降伏黑龙，遂使豳地风调雨顺，百姓安定。然而黑龙内心不服，伺机报复。及公刘逝世入葬，黑龙便发动洪水意欲淹没公刘墓，幸有上游伏龙山

---

① 《邠州志》最早为明代姚本所修，中国国家图书馆中华古籍资源库著录有清代刊印的明朝嘉靖年间的《邠州志》，通过书中将"清"称为"国朝"可知，实际已是清朝在嘉靖版的基础上续修的。中国基本古籍库著录则为清代顺治年间所著《邠州志》。2018 年 7 月，考察组在彬州市档案局找到一本彬州市（当时尚为彬县）政府主持刊印的清代嘉靖年间所著《邠州志》（香港：中华古籍出版社），据序言所记，该书来自台北故宫博物院所藏，与大陆此前收录的清代顺治年间所著《邠州志》不同，为目前保存最早的《邠州志》。

② 姚本：《邠州志》，中华古籍出版社 2017 年版，第 99 页。

③ 李贤：《大明一统志》，三秦出版社 1990 年版。按：邠州姜嫄墓载于第 564 页，山西闻喜姜嫄墓载于第 312 页。

阻挡水势,得保全公刘墓。公刘在世时致力于农桑的事迹感动了上苍,为保其墓冢,天庭派龟、蛇、牛头马面等各路神仙下凡,化作山岭保护长眠于此的公刘,由此而生龟蛇山、牛头马面山、蝎子山等,它们在泾河两岸依次排开,曲折交错,黑龙再也不能引泾水淹及公刘墓。位于龙高镇富仁村泾河岸边的彬州景点龟蛇山便是由此而来,从北边塬面俯瞰,两道山梁奔入泾河,酷似龟、蛇。①

彬州本地附会了一些后稷与姜嫄的传说,但是关于公刘居豳的记述却是有根据的,当然去除黑龙害民的传说,总体上反映了公刘居豳的作为与功绩。《诗经·公刘》记载:"度其夕阳,豳居允荒。笃公刘,于豳斯馆。涉渭为乱,取厉取锻,止基廼理。爰众爰有,夹其皇涧。溯其过涧。止旅廼密,芮鞫之即。"《史记》也记载:"公刘虽在戎狄之间,复修后稷之业,务耕种,行地宜,自漆、沮度渭,取材用,行者有资,居者有畜积,民赖其庆……公刘卒,子庆节立,国于豳。"② 二者都记述了公刘迁豳的事实,并且指出了公刘曾经渡过渭河这一事实。《史记·周本纪》记载:"周道之兴自此始,故诗人歌乐思其德。"③ 这是太史公对公刘居豳的认可和赞誉。

调查过程中考察组发现,彬州人常用"彬岐不分"来形容彬州市和岐山县在饮食和方言等民风民俗上的相似性,这引起了考察组的注意。彬州市文化馆工作人员强调了这一特点并列举了两个典型例子,一为御面,二为方言中称呼奶奶为"拔"。工作人员指出,彬州和岐山在方言与饮食方面存在很大的相似性甚至相同性,这一点在陕西较为罕见。④ 饮食方面,彬州市与岐山县都有一种特色面食——御面,相传御面是当年周太王古公亶父居豳时其夫人姜女所发明。姜女善烹调,在随古公亶父由豳迁岐时将制作御面的技艺也带到了现在的乾县、岐山一带,这道菜后来成为宫廷食品,故名为"御面"。经过三

---

① http://www.snbinzhou.gov.cn/info/iList.jsp? tm_id=449&cat_id=13298&info_id=53955。
② 《史记》卷四《周本纪》,第147页。
③ 《史记》卷四《周本纪》,第147页。
④ 见"附录四 采访三"。

千多年的演变，如今御面的制作工艺据传依然按照姜女时的做法，彬州市与岐山县御面的做法和口味也很相似。彬岐的相似面食除御面外还有臊子面。有关臊子面的一个说法是，周人由豳迁岐，在渭河、北原一带遇恶龙为祸，大旱三年，民不聊生。周族人为了守护家园，奋起反抗，恶战七天将其杀死，并将龙肉切下来与面同食以示庆祝。在之后的庆典中，人们便以猪肉代替龙肉和面一起食用，并把这一饮食扩展至其他节日和祭祀中，臊子面也就由此流传开来。当然，这些都是当地人的一种传说，能否直接证明豳岐之间的相似性与古公亶父迁岐有关说法还存在疑问（图7）。

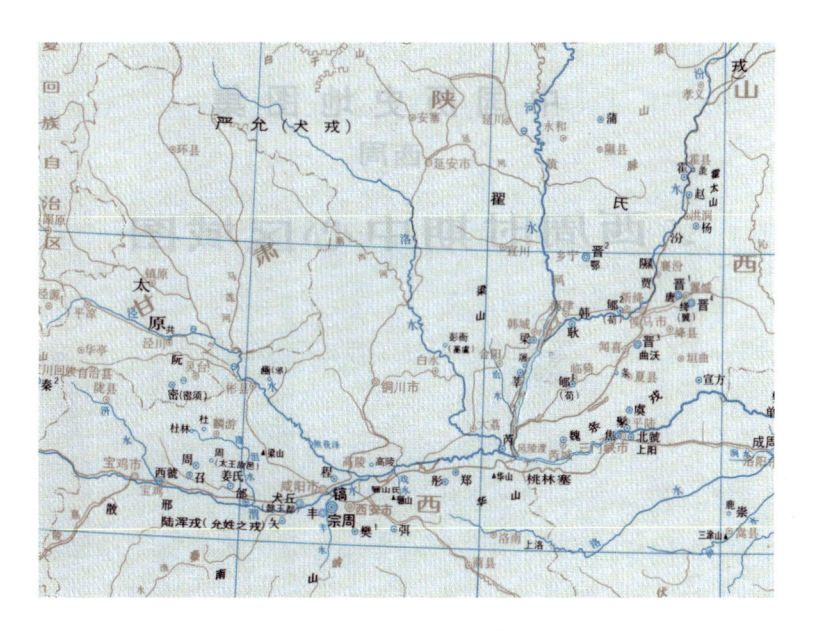

图7　豳岐位置图①

在方言上，彬州市与岐山县都有将奶奶称呼为"拔"的习惯。现代陕西方言中"拔"即爸爸的意思。为什么彬州市与岐山县的人们要将奶奶称呼为爸爸呢？我们通过调查走访得知：两地人们将奶奶称呼

---

① 谭其骧：《中国历史地图集》（第一册），中国地图出版社1982年版，第17—18页。

为爸爸有可能是与当时周人大量迁徙有关。当时青壮年劳动力与老弱妇孺分离，家中男子常年在外①，幼童在追问奶奶"爸爸"的去向时，常对着奶奶叫"爸爸"，久而久之，孩子便直接称呼奶奶为"拔"了。这两地对奶奶的特殊称呼在一定程度上反映了两地文化上的紧密联系。我们通过追查这一称呼的分布地区与趋势，发现其中的特殊联系，是本次考察的重要收获。

由于年代久远，单从当地的一些记述与传说很难确定彬州和岐山在饮食和方言上存在的部分相似性就是源于周人的迁徙，这其中的一些传说也很难保证没有附会之言。自汉代以来"豳岐"或者"邠岐"就已经成为一个习语。东汉诗人王逸作《九思·疾世》时就写道"志欣乐兮反征，就周文兮邠岐"，② 韦昭注《国语·周语》也称"邠岐之所近也"③，这从侧面反映了自古以来人们对于邠岐两地联系的看法。

彬州市与岐山县在民风民俗上存在的诸多相似之处虽然也有后代的发展迁徙演变的因素，但在古公亶父时期，周人迁徙对这两地及周边地区所造成的影响必然具有基础性与长远性，因此，我们通过"彬岐不分"问题的研究与考察，为研究周人迁徙问题提供了一个新的思路与角度。

（三）先周遗址的保护与开发利用

1. 作为周人故地的遗址现状和保护问题

在为期四天的实践过程中，考察小组首先调查的是位于武功县的郑家坡遗址。作为先周时期一处重要的古代遗存，郑家坡遗址在20世纪90年代就作为夏商周断代工程研究的一部分而被列入陕西省重点文物保护单位，2013年又被评选为全国重点文物保护单位（第七批）。根据《中华人民共和国文物保护法》（以下简称《文保

---

① 《史记·周本纪》中亦言："（古公亶父）乃与私属遂去豳……豳人举国扶老携弱，尽复归古公于岐下。"这就表明，古公亶父离开豳地迁往岐下时只带了少部分人，老弱是其定居后才过去的，这也为彬州市文化馆工作人员的说法提供了一个旁证。

② 王泗源：《楚辞校释》，人民教育出版社1990年版，第450页。

③ 徐元诰撰，王树民、沈长云点校：《国语集解》，中华书局2002年版，第26页。

法》）第二章第十三条规定："国务院文物行政部门在省级、市、县级文物保护单位中，选择具有重大历史、艺术、科学价值的确定为全国重点文物保护单位，或者直接确定为全国重点文物保护单位，报国务院核定公布。"① 郑家坡遗址作为先周时期的文化遗存从而具有重大的历史价值。不过，郑家坡遗址在今日却没有得到应有的保护，遗址范围变成了当地村民的宅基地和庄稼地，对遗址造成了不可修复的破坏（图8）。

图8　考察组拍摄郑家坡遗址碑，周边已成为村民居住地

国家文物局先后公布了七批全国重点文物保护单位，自1961年第一批到2013年第七批，共有1001处古代遗址入选，占总入选数（4296处）的23.3%②，且每批古代遗址数呈现一个递增趋势，至2006年占比有所下降，到2013年又重新上升，如表1所示。

---

① 《中华人民共和国文物保护法》，法律出版社2015年版。
② http://www.sach.gov.cn/col/col1644/index.html.

表1　　　　　　　古代遗址占遗址总数比例表①

	公布总数（处）	古代遗址数（处）	占比（%）
1961年第一批	180	26	14.4
1982年第二批	62	10	16.1
1988年第三批	258	49	19.0
1996年第四批	250	56	22.4
2001年第五批	518	144	27.8
2006年第六批	1080	220	20.4
2013年第七批	1944	516	27.0

这种趋势既是改革开放后我国考古取得重大成就的反映，更体现了国家与社会对古代遗址的重视日趋加强。在该背景下，郑家坡遗址入选2013年第七批全国重点文物保护单位。但是，调查组在郑家坡遗址走访时，当地村民包括当年多次参与郑家坡遗址发掘工作的老人表示，郑家坡遗址的发掘先后由宝鸡市文物考古队和咸阳市文物考古队主持，②每次都是取出地下东西后转而就进行了回填（老乡们可能不理解：考古回填本是正常的保护性措施）。据老乡们说，当地早在2013年以前就没有划定遗址范围，这是遗址区变成了农田和宅基地的根本原因。文物部门是如何将郑家坡遗址确定为全国重点文物保护单位的？这一点让我们颇感困惑。

《文保法》规定："文物保护单位的保护范围内不得进行其他建设工程或者爆破、钻探、挖掘等作业。但是，因特殊情况需要在文物保护单位的保护范围内进行其他建设工程或者爆破、钻探、挖掘等作业的，必须保证文物保护单位的安全，并经核定公布该文物保护单位的人民政府批准，在批准前应当征得上一级人民政府文物行政部门同意；在全国重点文物保护单位的保护范围内进行其他建设

---

① http://www.sach.gov.cn/col/col1644/index.html. 表格为笔者根据国家文物局公布数据整理所得。

② 实际上第二次考古发掘单位为陕西省考古研究院，但第二次发掘至今没有成果公布。

工程或者爆破、钻探、挖掘等作业的，必须经省、自治区、直辖市人民政府批准，在批准前应当征得国务院文物行政部门同意。"① 当地的农田耕作和村民宅基地建设虽然不属于大的建设工程，但是在挖掘、钻探的过程中势必会破坏遗址的文化层，尤其是郑家坡遗址还发现了一些窑址②，农田耕作与宅院建设对遗址尤其是窑洞的破坏是显而易见的。

郑家坡遗址的保护现状令人惋惜。某种程度上，考古遗址回填是考古发掘的一个惯例，著名的二里头遗址的大部分基坑都被回填。这也是无奈之举，因为遗址面积大，空置占用种植区和宅基地损害了村民的实际利益，对他们来说选择回填更为实际。郑家坡遗址位于漆水河东岸，是典型的平原地形，亦是一处天然的农业种植区域。不过，郑家坡遗址面积约2000平方米，仅相当于3亩地的范围，不能算是很大的遗存，而二里头遗址约3平方千米，是郑家坡遗址的1500倍，所以，郑家坡遗址保护不力很大程度上是人为造成的。

2. 地方政府对于先周文化的开发利用——以彬州市为例

武功县没有很好地利用郑家坡遗址来开发先周文化，多少有一些令人惋惜。但是，同样是周人文化发展的一个重要地点，彬州市却在大力宣扬公刘迁豳的历史价值，创新性地开发了先周文化。

国家为了提升经济社会发展层次提出了建设社会主义文化强国的发展战略。这要求地方党政部门将文化建设和经济建设结合起来，寓经济于文化、着力于地方优秀文化的开发利用。陕西是周族的发祥地，邰地、豳地、周原在周族发展壮大中都起了重要的作用。周人创造了丰富灿烂的文化，是中华民族传统文化的重要组成部分，在文化强国建设中也是重要的名片。为了打开文化旅游的潜在市场，地方政府对先周文化核心区这块金字招牌的开发利用便成为关键。为了引起

---

① 《中华人民共和国文物保护法》，法律出版社2015年版，第二章第十七条。
② 任周芳、刘军社：《陕西武功先周郑家坡遗址发掘简报》，《文物》1984年第7期。按：当地村民亦表示当时挖掘出不少窑址。

社会对先周文化保护开发利用的关注，调查组以彬州市为例研究地方政府对于先周文化的开发利用情况，分析总结经验教训，以期提升先周文化开发的广度、深度和知名度。

彬州地处渭北高原西部，位于泾河中下游，被誉为"公刘故里""诗经之乡""西部佛都""休闲胜地"。彬州曾获全省县域经济社会发展"十强县"、全省旅游创新奖。当我们以研究者的身份来看彬州市打造旅游文化的成功经验时，我们认为彬州市在旅游开发方面的成功是必然的。

历史上的彬州市之于周族是一个获得新生和积蓄力量的地方，古豳地的先周文化之于当今彬州人也是经济文化发展的重要增长点。两千多年前周族在此进行农业活动，当今的彬州人仍然在培育着日渐壮大的先周农耕文化产业。彬州市旧称"邠州""豳州"。从地名延续来看，"豳"和"彬"同音；从考古研究来看，学界普遍认为古豳地位于今天的渭北高原即旬邑县、彬州市一带；从口头传说来看，公刘死后葬在位于彬县龙高镇土陵村泾河北岸的山谷之间。① 这些证据说明现代彬州市就是古豳中心区域，彬州市在先周文化的开发利用谱系中具有明显的竞争优势。

彬州市已着手开发公刘墓旅游景区、周祖文化游乐园、诗经文化风情园等先周文化旅游项目。其中，周祖文化游乐园总投资约3亿元，占地面积74.29亩，"园区建设集游玩、餐饮、娱乐、健身、文化为一体，共设了16个游玩项目、1个主题餐厅，是咸阳地区北五县最大的游乐园。"该项目计划辐射陕甘、服务咸阳市辖各县，能够增加当地400余人就业，这对于年GDP不足300亿元的转型县来说，投资和收入都是非常可观的。

诗经文化风情园中矗立着周族最杰出的三位代表人物——后稷、公刘和古公亶父群雕，调查组对文化体育局办公室负责人进行采访时，他讲述了彬州市当地人把这三位先贤当作古豳的灵魂人物，这组雕像被称为"彬州之魂"。为了向人们传播这种艰苦奋斗的古豳精神，

---

① 由于该公刘墓的墓圹不符合先周丧葬形制，至今其真实性也有很大争议。

彬州市著名的庆节广场就采用了下沉式设计以追思古豳削山筑城的壮举，主题雕塑也取庆节建国之意。如今的庆节广场可容纳上万人聚会活动，是豳风景观的中心。诗经文化风情园中最引人注目的是分布在豳雅桥两边的古豳人物雕像柱和古豳文化浮雕墙区，该雕塑区域结合古豳的文化风情，刻画了许多周祖人物及其活动情景，体现了彬州市作为先周故地的历史地位。

彬州先周文化旅游项目中还有一个重头戏即公刘墓旅游景区。彬州市文化旅游局在开发时以公刘墓为依托，并参照设计公司意见对公刘墓旅游景区进行打造。公刘墓是陕西省重点文物保护单位，位于龙高乡土陵村泾河北岸的山谷之间，距离城区有50多千米的路程。开发前路况糟糕且水电等基础设施都不甚完善，在招商引资过程中这些问题逐渐得到解决。2017年，公刘墓景区已建成公刘祭祀大殿、祭祀广场和停车场。水、电、路等基础设施也已建成。"该项目主要围绕农耕文化建设一座连接公刘墓到永寿县的吊桥，使外省及西安咸阳的游客减少了百公里路程；建设小型商务别墅住宅区，依山建设仿古式窑洞、农家小院、大型游钓中心、陶艺馆、购物中心，使游客在休闲度假的同时，亲身体验农耕生活。"① 在规划中，魅力无穷的农耕文化作为景区亮点一旦实现，将极大优化景区环境，提高景点知名度和社会影响力；景区在实现自身收入增长的同时将带动周边群众生产农特产品，增加经济收入，实现开发接力与合力。从彬州市政府对公刘墓遗址和公刘祠的重视可以看出②，从政府牵头进行投资项目到实现市场旅游经济发展，以公刘、古公亶父等周祖为中心的先周文化保护和传承势必会越办越好。

彬州市将自己打造为古豳中心，不仅体现在旅游文化方面，在日常生活中也是如此。彬州市以公刘、豳命名的地名和服务设施随处可见。彬州市最繁华的区域是公刘街道，附近学校为公刘中学。在诗经

---

① 参见http：//www.snbinxian.gov.cn."投资项目公刘墓旅游景区开发建设项目"，来源：彬州市人民政府门户网站。

② 从2007年至2018年，公刘墓遗址和公刘祠在彬州市政府发布的各种时间段工作报告中出现频率颇高，达70余次。

文化风情园中出现的弧形景观大桥被命名为豳雅桥，辖区内最大的游乐园叫作周祖文化游乐园。彬州市文广局也出版了《彬县文史旅游知识200问》①《彬县方言》②《豳风流芳》③《图说彬县诗经文化风情园》④等有关彬县文化旅游的通俗普及类书籍，这些行为对增强地方文化软实力有着重要的推动作用。

彬州市在发展先周文化旅游方面有着得天独厚的优势，旅游资源的数量非常可观，但仍有提升的空间。彬州市现在的文化旅游对经济贡献率仍然较低，2018年上半年中第三产业（服务业）增加值15.26亿元，增长10.7%⑤，这显然和彬州市的资源占有量不成比例。我们认为，彬州市发展先周文化旅游存在的问题包括以下四个方面：首先，公刘墓旅游景区与周祖文化游乐园等景区之间距离较远，交通不便；其次，公刘墓旅游景区和周祖文化游乐园等景区人造景点占绝大多数，内容雷同，不具有持久的吸引力和服务力；再次，彬州市秋冬季节雾霾严重，不适宜户外活动。在泾河水滨距周祖文化游乐园不足一千米处有一个很大的废气排放点，秋冬季节为取暖而燃烧大量的煤炭，这势必会增大环境压力，进而影响旅游生态。彬州市的城市环卫现状让人担忧；最后，公刘墓的真假至今是一个谜，尚未被考古发掘所证实，吸引力仅仅限于彬州市周边。这些问题在很长一段时期内仍然会持续存在，成为彬州市先周文化旅游的阻碍。

调查组在评估彬州市当地开发市场之后，结合当今遗迹保护开发中存在的问题提出了改善建议。第一，彬州市对先周文化的开发利用应该与古豳研究和考古发掘结合起来，与时俱进地将古豳研究最新成果运用在旅游资源开发上，增加旅游资源的文化内涵。文广局等政府

---

① 李忠堂编：《彬县文史旅游知识200问》，三秦出版社2012年版。
② 黄金来、张振元：《彬县方言》，2008年。按：该书属于印刷品，没有正式出版。
③ 杨忠敏：《豳风流芳》，天马图书有限公司1998年版。
④ 彬县文学艺术界联合会：《图说彬县诗经文化风情园》。按：该书没有查到其出版信息。
⑤ 索引号：bxzf11-2018-000550，"彬州市2018年上半年经济运行简析"，来源：彬州市人民政府门户网，2018年7月20日。

机构应该密切关注学术前沿，充分利用学术研究宣传彬州市先周文化，以提高知名度和社会关注度。第二，彬州市政府对空气质量的重视程度已经有了很大提升，对废水、生活垃圾的处理要求也要有实质性提升。彬州市在发展文化旅游时也应该关注自身城市的承载能力，在1路、2路公交车的基础上增加城区内公共交通服务设施。第三，在利用土地等公共资源时，应该精细化管理，不要盲目摊大饼式建设。从经济开发模式转型和区域文化中心定位来看，彬州市应将先周文化为内核的文化型旅游作为升级着力点持续关注。彬州市在开发利用先周文化上积累了一定的经验和教训，也认识到了自己的建设与先周文化核心区的定位之间存在差距。这些问题能够解决的话，彬州市的案例便有了典型意义。

三　周人迁徙路线复原及其现实经济文化价值

（一）周人迁徙中的礼乐文化的起源、传承与价值

因为年代久远和史料匮乏，探究周人迁徙发展过程中的礼乐因素是一件非常艰难的事情，因此以往的史学家都很少关注这一问题，相关研究也不充分。但是，通过对历史文献的研究以及实地走访，我们发现礼乐因素是周人迁徙过程中一个值得重视的问题。

《史记·周本纪》记载："于是古公乃贬戎狄之俗，而营筑城郭室屋，而邑别居之，作五官有司。民皆歌乐之，颂其德。"[1] 古公亶父贬戎狄之俗发生在周人迁岐完成之后，但却反映了古公亶父迁岐的一个重要原因：即为戎狄所迫。可见，经过后稷到古公亶父的几百年间的发展，周人的文化水平已经超越了戎狄。

值得指出的是，周人先祖居住的古邰地与西北少数民族——羌族有着密切联系。《史记·周本纪》载："周后稷，名弃。其母有邰氏女，曰姜原。姜原为帝喾元妃。"[2] 周人始祖姜嫄为姜姓，"在甲骨文字中，羌从羊从人，姜从羊从女，两字相通，表示族类与地望用羌，

---

[1] 《史记》卷四《周本纪》，第148页。
[2] 《史记》卷四《周本纪》，第145页。

表示女性与姓用姜。"① 顾颉刚在《九州之戎与戎禹》中指出："姜之与羌，其字出于同源，盖彼族以羊为图腾，故在姓为姜，在种为羌。"② 周人先祖既与戎狄关系密切，现如今却"贬戎狄之俗"，足见周人文化已经发展到一定水平，超越了西北的戎狄。

古公亶父迁岐的一个原因就是为戎狄所迫，离开与戎狄接触尚近的古豳地，翻越梁山到达周原地区。古公亶父迁徙之后，"营筑城郭室屋，而邑别居之，作五官有司"。建设城邑反映出这个时期的周人文化已经有了很大的跨越。这种文化上的跨越不是一蹴而就的，而是经历了古豳地时期的发展过渡。

《史记·周本纪》记载："子公刘立。公刘虽在戎狄之间，复修后稷之业，务耕种，行地宜，自漆、沮度渭，取材用，行者有资，居者有畜积，民赖其庆。百姓怀之，多徙而保归焉。周道之兴自此始，故诗人歌乐思其德。公刘卒，子庆节立，国于豳。"由此可知，公刘之后周人就已经有了邦国形态。不过，现代在古豳地范围内发现的一些遗址诸如彬县旬邑断泾遗址、旬邑下魏洛遗址都不是大型城址，而是一些灰坑和墓葬或者房屋。③ 本次考察组到访的旬邑县古豳地西头遗址考古工地，根据考古工作人员的介绍，周文化遗存也仅仅是灰坑和墓葬，并无大型的遗址。综合这些遗址发掘情况，我们推测周人在古豳地时期文明程度并不高，是否如史籍记载还需要更多考古资料的发掘。此外，断泾遗址等周代遗址中的墓葬和下魏洛遗址中的房屋基址所呈现的水平已经是华夏文化特征。断泾遗址有许多殉葬情况，包括人殉和动物殉葬④；下魏洛遗址中的房屋基址所呈现的当地建筑水平已经复杂化和多样化，"房屋多为前后室结构，前室外一般附有院落；

---

① 王锺翰：《中国民族史》，武汉大学出版社2012年版，第75页。
② 顾颉刚：《古史辨》（第七册下），转引自王锺翰《中国民族史》，第75页。
③ 中国社会科学院考古研究所泾渭工作队：《陕西彬县断泾遗址发掘报告》，《考古学报》1999年第1期；西北大学文化遗产与考古学研究中心等：《陕西旬邑下魏洛遗址发掘简报》，《文物》2006年第9期。
④ 中国社会科学院考古研究所泾渭工作队：《陕西彬县断泾遗址发掘报告》，《考古学报》1999年第1期。

后室平面为长方形或圆形，前部内收为'凸'字形，面积一般约 8 平方米。墙壁多为在生土壁上抹草拌泥，有的在下部敷抹白灰墙裙，高者达 100 厘米，低者仅 10 厘米。地面多经过处理，有的是垫土夯实，地面坚硬平整；有的是夯实后又经烘烤，地面呈青灰色或暗红色，特别坚硬；有的是先垫土，其上抹草拌泥，再抹白灰。解剖后发现部分房屋的地面经过多次修整，甚至有两层白灰面。"①

古公亶父迁岐后开始营建城郭，周原遗址的发掘也证实了周原时期周文明已经到了一个比较高的水平。周原遗址不仅存在城郭，也发掘了一些与祭祀相关的夯土遗址，如凤雏三号。"尽管如此，三号基址已经显示出重要的学术意义。一方面，三号基址是西周时期已知规模最大的单体建筑，它'回'字形的布局在同时期建筑中属首次发现，为本已形式多样的西周建筑又增一新例。另一方面，如果判断不误，三号基址庭院中的立石和铺石遗迹分别为社主和社坛。我国古代的社祀有民间和国家两种形态，后者是国家产生后社祀被纳入政权体系的产物。三号基址整座建筑是和社祀一起统一规划建造的，其规模宏大，需有效组织大量劳力方可完成。因此，凤雏三号基址是目前所见商周时期国家形态社祀最明确的实物证据。"② 虽然凤雏三号基址的年代是先周晚期至商周之际，但显然是先周时期文化积累的成果。

调查组希望能在考察周人迁徙地的过程中发现一些礼乐文明发展变化的物证，但很遗憾，由于年代太久远，我们的考察也不够深入，除了能感受到周原时期的生活文化水平高于古豳地时期的生活水平外，我们没有找到任何可以直接支撑我们观点的佐证。

(二) 先周时期周人迁徙路线的复原

周人的迁徙自先秦以来便有记载，《史记·周本纪》记载："公刘虽在戎狄之间，复修后稷之业，务耕种，行地宜，自漆、沮渡渭……

---

① 西北大学文化遗产与考古学研究中心等：《陕西旬邑下魏洛遗址发掘简报》，《文物》2006 年第 9 期。

② 周原考古工作队：《周原遗址凤雏三号基址 2014 年挖掘简报》，《考古学研究》2015 年第 7 期。

百姓怀之，多徙而保归焉……公刘卒，子庆节立，国于豳。""（古公亶父）乃与私属遂去豳，渡漆、沮，逾梁山，止于岐下。"① 除此之外，《诗经·公刘》篇记载："笃公刘，于豳斯馆。涉渭为乱，取厉取锻。止基迺理。爰众爰有，夹其皇涧。溯其过涧。止旅迺密，芮鞫之即。"②《诗经·绵》中记载："绵绵瓜瓞，民之初生，自土沮漆。……古公亶父，来朝走马。率西水浒，止于岐下。"③ 同时，古公亶父去豳迁岐的说法还见于《孟子》《庄子》等文献记载。

传统的记载一直存在，学者却始终无法将先周时期周人迁徙路线确定下来。一方面，传统文献资料记载不够详细，地名与地域存在历史变迁；另一方面，近现代考古学成果无法完全印证传统文献所记载的迁徙路线。而武功古邰地郑家坡遗址、彬州旬邑等古豳地遗址和岐山扶风的周原遗址，虽然与文献记载的周人活动的地点相印证，但是遗址的时代分期存在争议，因此始终难以有一个明确的路线。

调查组在彬州市文化馆采访到一位工作人员，他根据当地民间流传说法及自己对豳、岐两地地貌的认识，认为古公亶父迁岐路线有三种可能：其一，由古豳地经今甘肃省灵台县南下，绕过麟游的大山；其二，径直取道麟游，经岐山到岐下；其三，由古豳地出发南下，沿泾河至今永寿翻越梁山南下过杜水河经漆水河向西，至今周原地区。④ 经灵台县南下或越梁山南下两种观点较为常见，取道麟游之说较为少见。调查组认为，麟游之说可能性较小的原因有三：一是麟游县处于群山之中，为古豳与周原之间的阻隔，麟游县处于漆水河上游，漆水河自西北流向东南，在梁山转而南下汇入渭河，途经今武功县。因此，这条路线较为曲折，比较难以翻越。二是目前所发现的先周文化

---

① 《史记》卷四《周本纪》，第147—148页。
② （汉）毛亨传、郑玄笺、（唐）孔颖达疏：《毛诗正义》卷十七，（清）阮元校刻《十三经注疏》，第543页。
③ （汉）毛亨传、郑玄笺、（唐）孔颖达疏：《毛诗正义》卷十六，（清）阮元校刻《十三经注疏》，第509—510页。
④ 见"附录四　采访三"。

遗址大多位于泾渭流域的河谷或河畔①，这说明周人行动多依河流而动。三是麟游发现的史家塬遗址位于漆水河畔，这进一步说明了周人沿河流活动的特点（图9）。

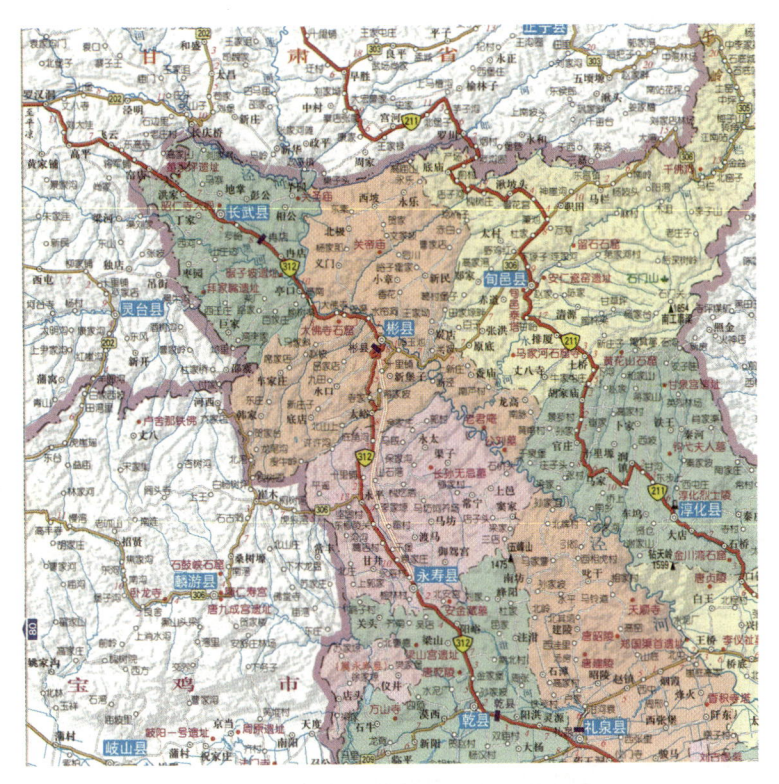

图9　麟游、彬县（彬州市）、旬邑县位置图②

古公亶父迁徙路线中比较重要的是灵台南下说和逾梁山说。调查组认为周人经由灵台南下的可能性也较小。传统文献记载"不窋奔于戎狄之间"，学界大多认为戎狄之间在今甘肃庆阳，即灵台县西北；而后公刘迁豳，其在灵台县东部、东南部。以周人沿河流活动的特点来看，周人折向上游再向南的可能性较小。因而，周人经由灵台南下一说也缺乏传统史籍的支撑。

---

① 见图1。
② 星球地图出版社编：《陕西省地图册》，星球地图出版社2013年版，第64页。

学界主流依然认可《史记·周本纪》中的记载："（古公亶父）乃与私属去豳，度漆、沮，逾梁山，止于岐下。"① 史念海在《西安历史地图集》中描绘的周人迁徙路线与《史记》大体一致。不过，史念海同时还绘制了一条从甘肃迁徙而来的路线（图10）。

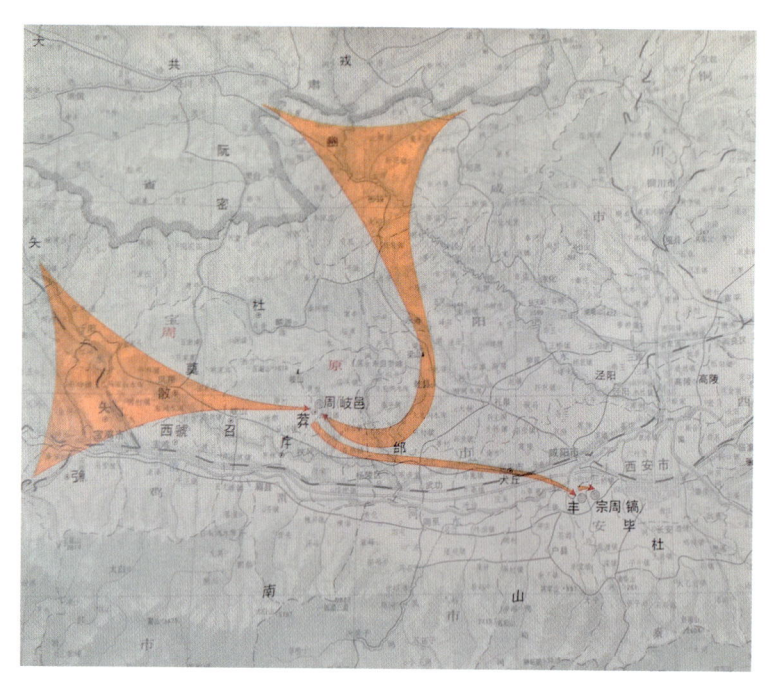

图 10　先周时期周人迁徙路线图②

杨善群经过细致的考证指出了各说的错误，尤其批评了古公亶父迁岐自山西来的说法，他依然认可司马迁记载的路线。③ 陈全方根据古代遗址和文献记载勾勒出了豳地到周原的迁徙路线：由彬县、旬邑、长武一带出发，越过永寿、乾县的梁山，过杜水河，沿今日的漆水南下，东拐至大北河再南下，西折沿漳河西上，最终定居在周原地

---

① 《史记》卷四《周本纪》，第148页。
② 史念海：《西安历史地图集》，西安地图出版社1996年版，第35页。
③ 杨善群：《周族的起源地及其迁徙路线》，《史林》1991年第3期。

区（图11）。① 陈全方所描述的路线与传统文献基本相同，反映了古公亶父迁岐的路线，因而是可信的。

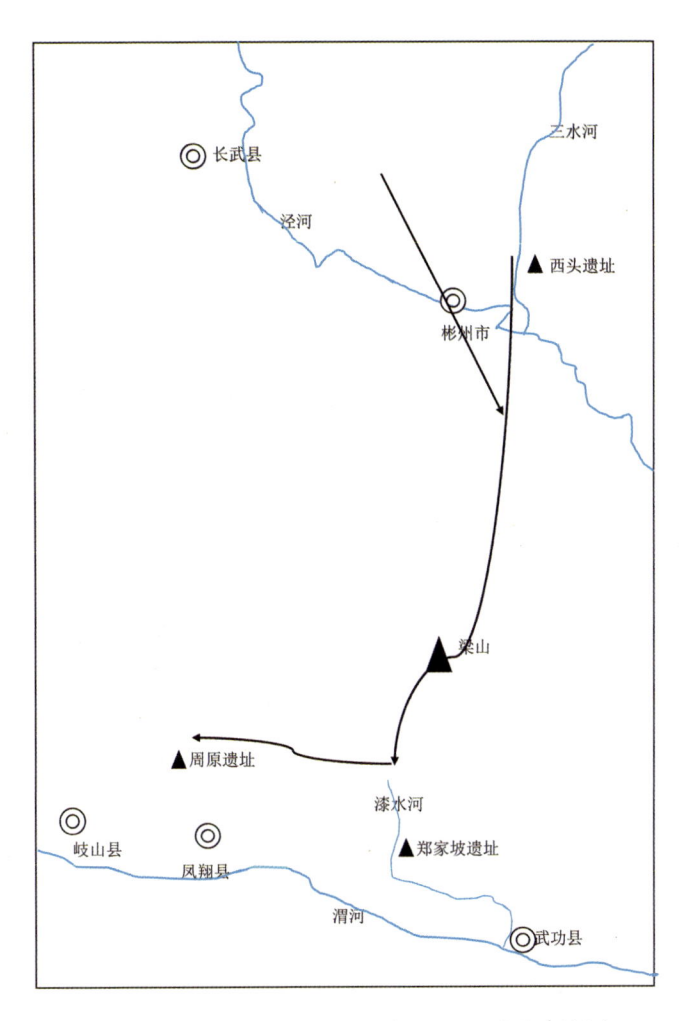

图11　根据陈全方的成果绘制的由豳迁岐路线图

古公亶父迁岐路线确定后，最大的困难是"不窋奔于戎狄之间"的路线。前引史念海绘制的迁徙图只有古公亶父迁岐以后的路线。由于史料的限制，"不窋奔于戎狄之间"的具体路线尚无法考证，只能

---

① 陈全方：《早周都城岐邑初探》，《文物》1979年第10期。

做出推测。而公刘迁豳的路线，《史记》记载："公刘虽在戎狄之间，复修后稷之业，务耕种，行地宜，自漆、沮度渭。"① 这似乎造成疑惑，因漆水河为渭河支流，自漆水河渡渭河，似乎为自北向南。《诗经·公刘》的记载，"涉渭为乱，取厉取锻，止基乃理"② 则可以解释这一问题，即司马迁错误地将周族渡过渭河"取厉取锻"理解为迁徙路线。因此，公刘迁豳的路线亦只能推测大概（图12）。调查组认为，庆阳在彬县、旬邑西北，泾河上游在甘肃境，周人应是沿着泾河河谷南下，"逝彼百泉，瞻彼溥原，乃陟南冈，乃觏于京。"③

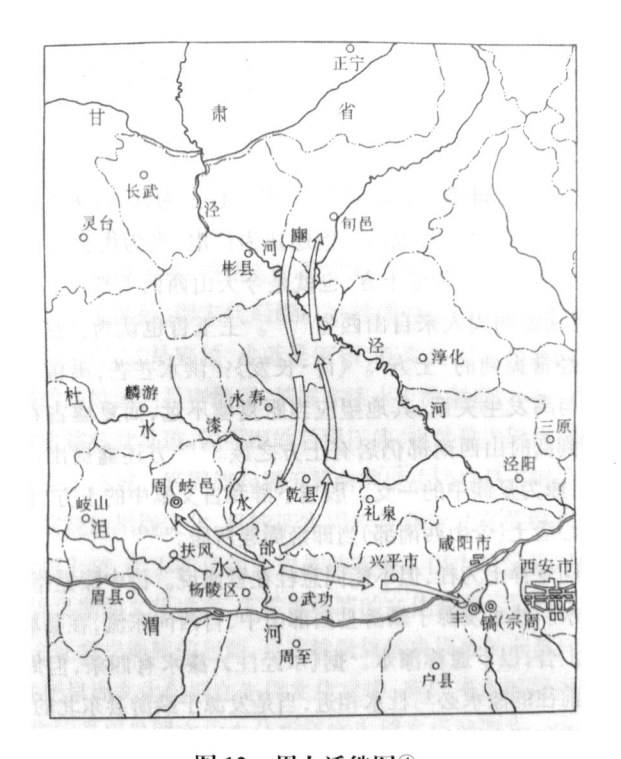

图12 周人迁徙图④

---

① 《史记》卷四《周本纪》，第147页。
② （汉）毛亨传、郑玄笺、（唐）孔颖达疏：《毛诗正义》卷十七，（清）阮元校刻《十三经注疏》，第543页。
③ 《毛诗正义》卷十七，阮元校刻：《十三经注疏》，第542页。
④ 尹盛平：《周原文化与西周文明》，凤凰出版社2004年版，第95页。

到达周原之后，周人迁徙的脚步基本稳定下来。根据学界研究成果，考察组结合实地探访尝试着勾勒出一条周人迁徙的路线图（图13）。我们认识不够深刻，考察也较为简单，汇总以往研究，认为以下几点为学界所公认：第一，自后稷开始，周族有了较大发展，但主要活动范围在今武功的漆水河沿岸一带；第二，到不窋时期，为了

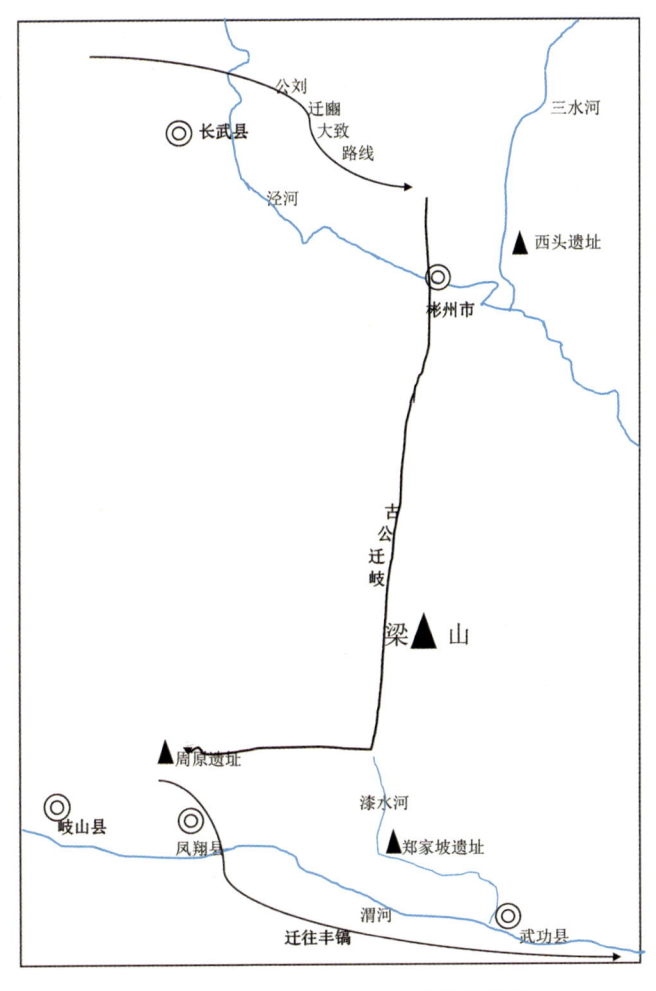

图13 陕西先周时期周人迁徙简图①

---

① 考察组绘制。因本次考察主要焦点在于陕西先周文化遗址考察，加之公刘迁豳及之前的迁徙路线难以细致确定，故简略绘制。

避夏桀乱，周人向西北迁徙，"奔于戎狄之间"；第三，公刘时期，周人"逝彼百泉，瞻彼溥原，乃陟南冈，乃觏于京"，抵达古豳；第四，古公亶父时期，为了远离戎狄的骚扰，古公亶父率队沿泾河和梁山，向西折向岐下，定居周原，从而建立了较为稳固的居址；最终，到文王和武王时期，周人为了向东扩张而将都邑迁往了今西安西南的丰镐地区，从而完成了最重要的迁徙。

（三）基于现实文化价值的周人迁徙旅游路线图

陕西拥有丰富的先周文化遗迹，如何利用好这些文化资源是值得认真思考的问题。本次调查中，调查组基本沿着周人迁徙的脚步由武功县到彬州旬邑，再到扶风，最后回到西安，整个路程非常曲折，耗费了本次考察近一半的时间，原因在于古豳地、古邰地和周原遗址处于不同地理地域，且被梁山割裂，以至于现代泾河一带的县域和渭河一带的县域联系都不紧密。武功到乾县（由武功前往彬州一般要经过乾县）没有直接的高速公路和国道，甚至连省道都没有，彬州市到扶风一带亦然，这就使得两个地域之间存在天然的屏障（图14）。

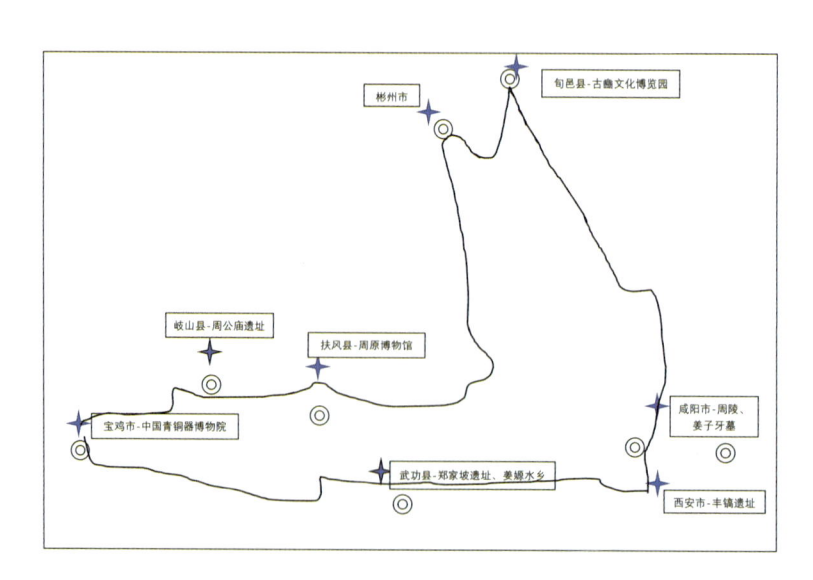

图14 陕西周文化旅游线路简图

地理屏障能够阻碍两地之间的实际联系，却不能阻断两地之间的文化交往，先周时期的文化传播便是例证。既然地理屏障无法阻断文化联系，那么我们就应该利用共同的文化因素大力发展文化旅游，以周人迁徙路线为纽带，联通武功和彬州（包括旬邑、长武）、扶风（及岐山），打造一个文化旅游路线，同时结合区域特色，发挥出文化旅游的魅力。

武功县武功镇已经围绕姜嫄墓和先周文化构建特色小镇，彬州市则重点挖掘公刘文化，扶风岐山两地的周原旅游已经具有相当规模，将这三地联通起来，加上西安的丰镐遗址，构建一个周文化深度畅游路线，既能够宣传陕西的先周文化、讲好陕西故事，又能够促进相关地区的经济发展，具有现实意义和经济价值！

四　附录

附录一：陕西周人迁徙路线复原图

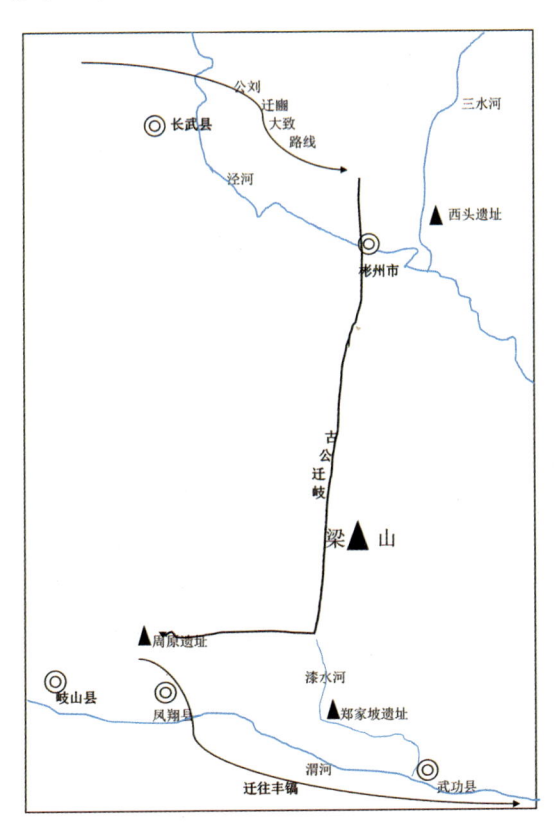

64　/　采撷自田野的历史

附录二：关中地区商周时期典型遗址位置示意图

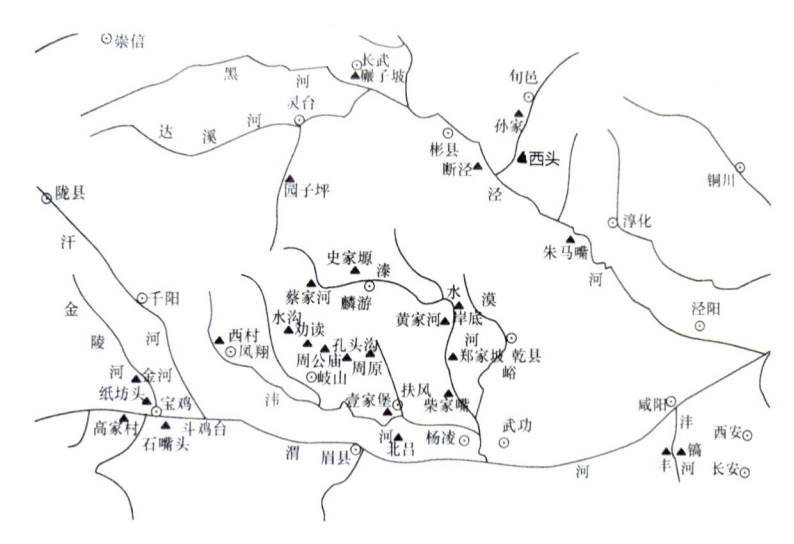

（来源：《先周文化探索》）

附录三：陕西周文化旅游线路简图

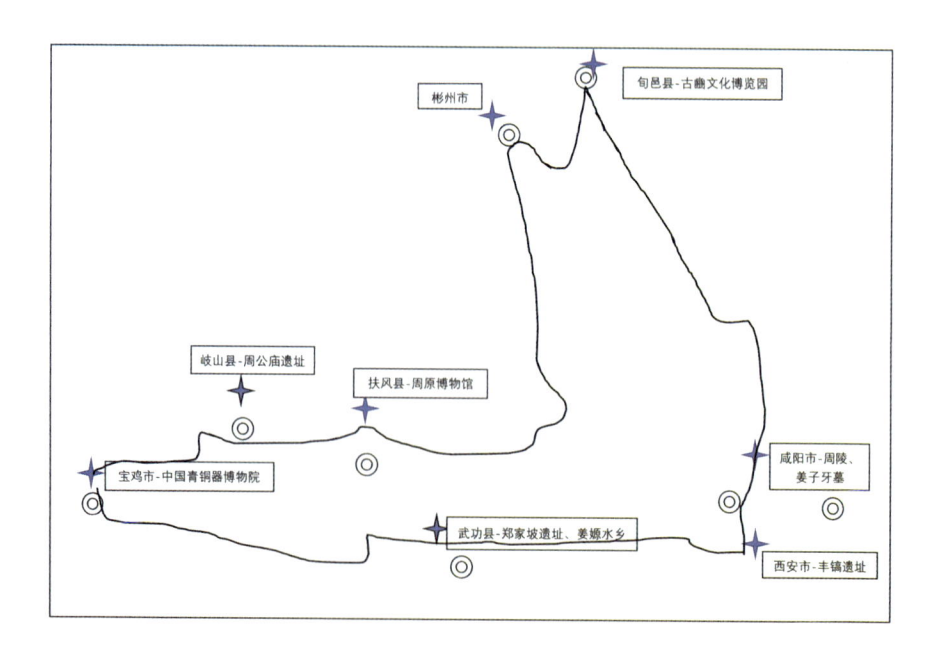

附录四：采访录音

采访一：武功郑家坡遗址访谈

考察小组成员到达郑家坡遗址后向当地村民询问以往遗址发掘情况。

【张榕】当年发掘有没有器物出土？

【参加过当年发掘工作的村民A】当时有。

【村民B】当时挖我还记得。

【张榕】当时就是挖的那片地方外面都有那种（窖藏），还是有？

【村民A】有砖、瓦。

【村民B】没有城墙，光遗址那一点点包括碗碗、罐罐。

【张榕】就是说大概一个房子那么大？

【村民B】嗯。

【村民C】没有一个房子那么大。

【王婧怡】而且圆底？

【村民C】圆底。有圆底有方底。

【村民B】原来人住的，沟可大嘞。

【王婧怡】有圆底有方底，圆的是半地穴的吗？不可能啊！

【余义丰】我看考古报告说是有陶窑。

【王婧怡】他说有窑，说是里面有瓷器。

【张榕】周原那边除了彬县那个，他们都是在房屋里面发现那个窖藏。

【王婧怡】他说那个陶窑，里面有瓷。

【村民】给五十块钱买的，对，这么大一个圆盘是他的。从地里挖出来的。

【王婧怡】早期瓷是什么样的？反正不是白瓷。

【张榕】青黑色，外面有釉，跟陶不一样。

（在小组成员是陶还是瓷进行讨论时，村民们提及他们村有人在地里发现一些文物，后上交给考古部门保存至宝鸡博物馆，部分展于陕西历史博物馆。）

【村民】有瓷罐罐、瓦罐罐。

【王婧怡】大爷，原来陶窑旁边发现的有瓷片片，是陶片片还是瓷片片？

【村民A】瓦片片。

【王婧怡】瓦片片？

（此处赵景龙老师和阮明套老师在旁补充当时应为陶片。）

【阮明套老师】现在有没有留下东西？

【村民B】有那个土砖、土堆。

【阮明套老师】土堆是现在人挖的是吧？第二次发掘完？

【村民B】不是，挖走的，挖走的，完了回土。

【村民B】我发现的，这么长的半圆形（简单比画了一下），还有几个铜镜。

【张榕】铜镜？

【村民B】当时我到跟前了，他不让你去看。

【张榕】那也是从那个里面挖出来的吗？

【村民B】嗯。

【张榕】都在那一个窑里面？

【村民B】嗯，原来掏的洞啊。最早勘探那个洞里面。

【王婧怡】可能是遗址上层。

采访二：旬邑古豳地考古工作人员介绍

旬邑西头遗址因在西头村而得名，最先发掘的遗址范围较小，约15万平方米，进一步勘探发现整个遗址占地面积很广，沿三水河一带面积可达100万平方米以上，若对该遗址进行大范围发掘，势必对研究先周文化面貌和古豳地地望提供重要的考古遗存证据支持。根据学界对西头遗址地层关系判断及对出土遗物的类型学分析，判定该遗址主体文化遗存为仰韶文化和商周文化，也有一部分秦汉文化层的发现，由于周文化在先秦时期的较为发达与其源头的不确定性，西头遗址的潜在重要性可想而知。考古队在原底发现了一个历经千年仍未枯竭的泉眼，该泉眼至今为当地居民提供水资源。取水点的发现对于遗址的勘测起了很重要的作用。考古队在以取水点为中心的台地进行了取点勘测，最终在泾水周边发现了大量生活遗迹。该区域地形也从侧面反映出该地带比较适合人类开展生产生活活动。

该遗址灰坑中发现了一个不完整遗骸，遗骸下腰腹部有三枚海贝，一个有身份地位的死者死后葬于灰坑，贵重物品却并未受到夺取，其死因尚未可知。遗址中周人及先周墓葬均呈现出腰坑的典型墓葬形式，墓葬区和生活区并存，遗址中很多灰坑遭到不同程度破坏，从灰坑中出土的王莽时代的铜钱来看，为秦汉人们生活遗迹。值得注意的是，遗址中陆陆续续发掘到了具有浓厚戎人风格的陶具，表明该地很有可能曾被戎狄攻占，这也有可能是周族与戎人文化交流、融合的见证。西头遗址的发掘现在只是迈出了重要一步，这种有目标的发掘工作很有可能为先周文化研究提供大量实物依据。其大范围和"大风格"一旦被证实，必将引起史学界巨大震动。

采访三：彬州文化馆工作人员

工作人员：我刚听同学们说想了解一下周文化发展。因为这里是文化馆，这里的一些资料啊，包括文献是关于非遗的，因为咱们是宣传非遗的，是属于地方文献，地方文献上面有图书馆。我们文化馆主要的功能是群文互动，发展群众文化活动，再就是非遗方面的东西，你看周文化这块主要是平时听人说的，掌握得也不系统，不详细。

采访人员：那你提供一些线索也好。

工作人员：线索这一块，你问，我要是知道了，就跟你们说。周人迁到旬邑、淳化这一片，再到庆阳，周文化的发祥地是在这里，再延伸，这是太王故里，周太王就出生在彬县。在靠近渠的那边，有个四五公里，有一个白子沟，在旁边的街道里还有个白子坊，现在遗址不在了，有一个矮巷，是十二景的，就在现在的城隍庙对面，有一条巷子进去，有一个周公庙，你看有这么多省市，包括岐山县靠近灵山的地方，那个周公庙依山而建，先有彬县的周公庙，才有岐山的周公庙，太王是出生在彬县的，周族人就在彬县发展生息，为了抵御外族人的入侵，就像宝鸡那一片，包括岐山，凤翔，再到甘肃，就是相当于关中平原，在战争中都是兵家必争之地，像三国时期的诸葛亮，从秦岭，到了岐山蔡家坡，所以彬县这个地方，当时太王为了抵御外敌入侵，率领他的族人，尤其是青壮劳力，从彬县，走了一条捷径。这个路线也没有考据过具体的地方，从彬县顺着西兰公路，下去是永寿，再下去是乾县，再下去是咸阳，这么下去是斜线，是丝绸之路的一段，就不是关中绕道，是斜上去的。有一条小路，从彬县上到麟游县，现在有一条12（2012）年修的旬麟二级公路，这一条线从旬邑到麟游县，途经彬县，走到现在的北王煤矿，就能到宝鸡。在中华人民共和国成立前，有顺着这条路走的，是从麟游去宝鸡的捷径，现在车辆比较少了。我们这地方在周朝，从"豳"这个字看，就是一片山林，这条路走还是没走，确实是没啥可靠的证据，也可能是走咸阳这边过去，也可能从彬县，长武，甘肃灵台，再去宝鸡。当时交通也不方便，都是青壮劳力，到底是从哪条路走的也不好说，但从口音看，肯定是把彬县的人带过去了，彬县的人叫奶奶是"拔"，旬邑和长武都不这么叫。叫"拔"就跟周王有关系了，当时周太王、王季和文王把一些青壮年劳力带走了，剩下一些年轻孩子和老人，孩子见不到爸爸了，奶奶看娃，孩子叫他爸呢，叫着叫着奶奶就答应了，就形成了我们这里的口音。

第三章

秦人迁都路线考察与研究

2019年7月14日至17日,在赵万峰副研究员、单印飞博士的指导下,历史学院七名本科生以"秦人迁都路线"为主题组成学术考察团,前往甘肃省、陕西省等地的相关遗址、博物馆进行了为期四天的实地考察。在历史现场,考察团成员实地考察秦人的生存环境、秦人的遗迹和遗物,感受秦人发展过程的艰辛与变化,思考秦文化的特点与共性。实地考察结束后,考察团成员结合传世文献、考古资料、研究成果、考察实录,运用学科专业知识形成了一份考察报告——《秦人迁都路线考察报告》。

1. 考察团队

(1) 学生团队:向祉佳(2017国学 队长)、陈若愚(2017世界史)、霍蓓蓓(2017国学)、贾淋婕(2017基地)、李华耕(2017国学)、罗壹欢(2017基地)、郑玉隆(2018考古)

(2) 报告撰写:全体考察队员

(3) 报告修订:郑玉隆

(4) 绘图作者:郑玉隆

2. 考察目的

为了配合陕西历史与中国文化的课堂教学,充分利用区域历史资源的优势,实地追踪、考察秦人迁都历程,在历史现场考察秦人的生存环境、秦人的遗迹和遗物,感受秦人发展过程的艰辛与变化,思考秦文化的贡献与特点。

3. 考察时间与行程

（1）7月14日，前往甘肃礼县考察甘肃秦文化博物馆、大堡子山遗址、圆顶山贵族墓地。

（2）7月15日，上午在甘肃清水县考察李崖遗址、清水县博物馆，中午参观甘肃张家川回族自治县博物馆，下午考察陕西陇县博物馆、边家庄遗址。

（3）7月16日，上午在陕西凤翔县考察雍城遗址、宝鸡先秦陵园博物馆、孙家南头遗址，下午在陕西宝鸡市区参观宝鸡青铜器博物院，考察太公庙秦国陵园。

（4）7月17日，上午在陕西咸阳市参观咸阳市博物馆、秦咸阳宫遗址博物馆、秦咸阳城遗址，下午在陕西西安市阎良区考察栎阳城遗址。

4. 考察收获

（1）秦人从秦起步，经过犬丘、汧、汧渭之会、平阳、雍、泾阳、栎阳，最后定都咸阳。沿着秦人迁都的足迹，身临其境地感受秦人"九都八迁"的历程，了解了秦人在每一发展阶段的生存环境及发展水平，对秦文化有了更直观、更深刻的认识。

（2）形成了有史料支撑、有考察实录、有思索感悟、有现实关照的考察报告，并对秦人迁都路线的最新进展、秦都与河流的关系、秦都与戎人的关系等问题有了一些新的认识。

5. 改进建议

（1）秦人迁都路线路程长远，虽有专车出行，但是行程过于紧凑，部分相关遗址、博物馆来不及考察，建议以后类似考察活动增加两天的考察时间。

（2）建议指导老师有一定实地考察的经验，考察队员要充分做好资料搜集工作、熟知考察对象，做好考察点、歇宿地的联系工作，在路途中及时整理、记录相关资料。

（3）进一步强化团队的分工与合作，做好各种预案。

一 绪论

（一）考察背景

为了配合陕西历史与中国文化的课堂教学，西北大学历史学院七名本科生在指导老师的带领下以"秦人迁都路线"为主题组建了考察团队。之所以选择这一主题，是基于以下几个方面的考虑：

首先，探寻秦人迁徙与发展过程中所体现出的文化现象已成为近年来学术界关注的一个热点。秦从周王朝的一块封地逐渐发展为独霸一方的方国、王国，最后发展成为大一统的帝国，它早期的发展轨迹是什么样，它的发展水平是什么样，它的发展动力又是什么等，都是目前学术界正在思考、试图解决的重要问题。

其次，近年来在考古工作者的努力下，秦人迁都过程中遗留下的居址、墓葬等遗迹和遗物被陆续地发现、发掘，这为我们考察秦人的迁都路线提供了难得的机遇，创造了良好的条件。

最后，现在越来越多的人开始寻求更为深入的文化之旅，仅仅参观几处秦人生活过的遗址、参看几件秦人使用过的遗物难以领会秦文化的丰富内涵，难以体会秦人崛起、发展、强大的成长历程。所以，考察秦人迁都路线将有助于旅游线路的开发，满足一定人群的文化需求，也有助于发挥沿线旅游资源的集聚效应。

（二）考察目的及意义

秦人建立了中国历史上第一个中央集权的统一王朝，影响了中国几千年的历史走向。那么，秦人早期发迹、壮大、强盛的历程是什么样的？秦人又是如何从陇西逐渐迁徙到关中的呢？为了明确以上问题、配合相关的课堂教学，本次考察充分利用区域历史资源的优势，实地追踪、考察秦人迁都历程，在历史现场观察秦人的生存环境、秦人的遗迹和遗物，从而感受秦人发展过程中的艰辛与变化、思考秦文化的贡献与特点。

传世文献中的零星记载和近年来的考古资料为我们粗略地勾勒出了秦人迁都的大致路线，即所谓的"九都八迁"。但是，"九都"的具体文化内涵及其最新的研究动态还有待进一步探讨和梳理,"九都"之间的共性与特性还是学术界研究的薄弱环节。① 本次考察将结合传世文献、考古资料、已有研究成果、考察实录等形成最新的秦人迁都路线图。同时,运用学科专业知识探讨秦人在不同发展阶段遗留下来的遗迹、遗物的共同特征,提出一些新的观点和认识。

希望此考察成果可以帮助无法亲临历史现场的学人和历史爱好者更加全面地认识秦人的历史和秦文化。同时,也为与秦文化相关的旅游资源开发提供相应的学术支持。

(三)考察行程

史料记载,秦人的祖先长期居住在"犬丘",至大骆时,庶子非子因养马有功,被周孝王封于"秦"。后来,居住在犬丘的嫡子成这一支被西戎所灭,而居住在秦的庄公一支在周王室的支持下,驱赶走西戎,重新回到了犬丘(史书也称"西犬丘")。西周末年,犬戎杀周幽王于骊山之下,秦襄公护送周平王东迁,被封为诸侯,受封岐山以西之地。于是,秦襄公率领部分秦人翻越陇山,在"汧"建立都邑,逐步向关中发展。秦文公沿汧河顺流而下至"汧渭之会",营建都邑。秦宪公时向东徙居至渭河沿岸的"平阳"。秦德公将都城向北迁至"雍",秦人在此长期定都,不断发展壮大,有了向东挺进的雄厚实力。秦灵公时东徙至"泾阳"。秦献公进一步东迁至"栎阳"。秦孝公时将都城迁至"咸阳",咸阳作为秦的最后一个国都一直沿用至秦帝国的灭亡。② 因此,考察团队大致沿着"秦(今甘肃清水县)—犬丘(今甘肃礼县)—汧(今陕西陇县)—汧渭之会(今陕西宝鸡)—平阳(今陕西宝鸡陈仓区)—雍(今陕西凤翔县)—泾阳(今陕西泾阳县)—栎阳(今陕西西安阎良区)—咸阳(今陕西咸阳市)"的秦人迁都路线,对秦人居住的

---

① "九都"之"都"泛指秦君所居之城邑。
② 《史记》卷五《秦本纪》,中华书局1959年版,第174—221页;《史记》卷六《秦始皇本纪》,第285—294页。

自然环境、秦人遗留下来的遗迹和遗物进行了实地考察。① 具体行程如下：

第一天：上午从西北大学出发，前往甘肃礼县。下午参观甘肃秦文化博物馆，考察大堡子山秦公陵园、圆顶山贵族墓地。晚上前往并宿于甘肃清水县。

第二天：上午在清水县考察李崖遗址，参观清水县博物馆。中午前往甘肃张家川回族自治县并参观张家川回族自治县博物馆。下午前往陕西陇县，参观陇县博物馆，考察边家庄遗址。晚上前往陕西凤翔县住宿。

第三天：上午在凤翔县考察雍城遗址、宝鸡先秦陵园博物馆、孙家南头遗址。下午前往陕西宝鸡市区参观宝鸡青铜器博物院，考察太公庙秦国陵园遗址。晚上前往并宿于陕西岐山县。

第四天：上午前往陕西咸阳市参观咸阳市博物馆、秦咸阳宫遗址博物馆，考察秦咸阳城遗址。下午前往陕西西安市阎良区考察栎阳城遗址。晚上返回学校。

二 秦人都邑的考察情况

（一）秦

据《史记·秦本纪》记载，非子为周王室养马有功，周孝王欲让非子（庶子）取代成（嫡子）作为大骆的嫡嗣，但是在申侯的劝阻下未能实现。于是，周孝王便将"秦"封赏给非子。② 可以说，非子是真正意义上的秦人祖先，秦地是秦君的最早居住地。

关于秦的地望，《史记集解》注引徐广曰"今天水陇西县秦亭也"；《史记正义》注引《括地志》云："秦州清水县本名秦，嬴姓邑。《十三州志》云秦亭，秦谷是也。"③ 李零认为真正的秦地就在非

---

① 为了提高行程效率，个别遗址、博物馆的考察顺序略有调整。
② 《史记》卷五《秦本纪》，第177页。
③ 《史记》卷五《秦本纪》，第178页。

子为周孝王养马的汧渭之会，即今天的宝鸡陈仓一带。① 徐卫民通过实地考察认为秦在今张家川回族自治县的瓦泉村一带。② 甘肃省文物考古研究所等五家单位组成的早期秦文化考古联合队曾对甘肃天水地区牛头河流域进行了考古调查，共发现各类遗址 117 处。其中，西周至春秋时期的遗存 31 处。这些周代遗存集中分布于清水县城所在的牛头河中游，其中李崖遗址规模最大，文化堆积最丰富。③ 于是，学者将寻找秦地的目光投向了这里（图1）。

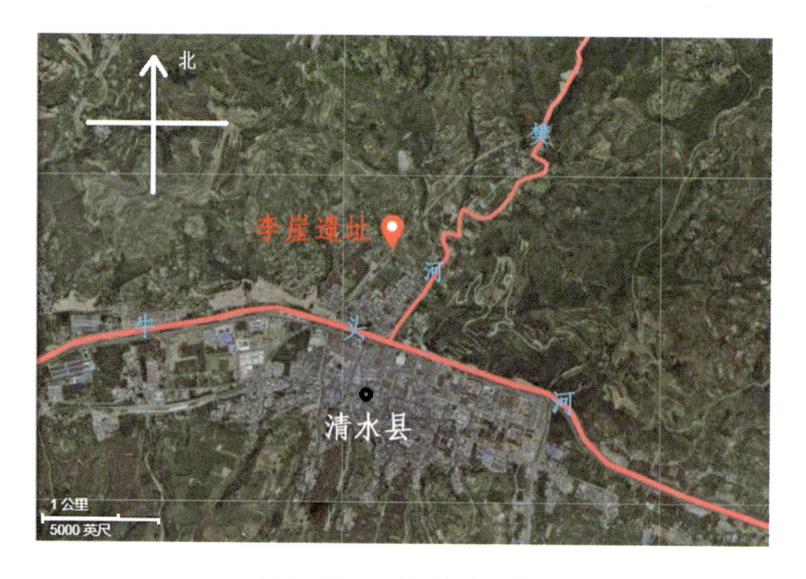

图1　李崖遗址位置示意图

李崖遗址位于甘肃清水县永清镇李家崖北侧、樊河西侧、牛头河北岸的二级台地上。该遗址背靠大山，东、南面河，地形平坦开阔，西北高、东南低，总面积在 100 万平方米以上。李崖遗址中发掘的 10 多座头向西、直肢葬、带腰坑殉狗的竖穴土坑墓，与西周晚期以及春

---

① 李零：《〈史记〉中所见秦早期都邑》，载《文史》第 20 辑，中华书局 1983 年版，第 15—23 页。
② 徐卫民：《秦都城研究》，陕西人民教育出版社 2000 年版，第 50 页。
③ 早期秦文化联合考古队：《牛头河流域考古调查》，《中国历史文物》2010 年第 3 期。

秋早期秦国高等级贵族墓葬的葬俗完全一致，所以发掘者认为这批墓很可能是早期秦人嬴姓宗族的遗存。其年代大多集中于西周中期，个别可能为西周早期偏晚或西周晚期偏早，所以这批墓是迄今所见年代最早的秦族墓葬。[1] 李崖遗址的墓葬、灰坑中很少见到春秋时期的遗迹、遗物，这与《史记·秦本纪》中西周中后期非子四代居秦，之后迁居犬丘的记载大致吻合。所以，发掘者认为李崖遗址有可能是非子所封之秦。[2] 虽然李崖遗址作为秦人始封地的可能性较大，但是目前尚未发现夯土居址，而且邻近两河交汇的遗址部分已被河流冲刷，还有部分遗址被现代村庄所压，所以李崖遗址的详情有待以后考古工作的进一步揭示。

值得注意的是，在李崖遗址中还发现了几座具有寺洼文化特征的墓葬。其中，M18（寺洼文化墓葬）与M20（秦文化墓葬）规模相当、方向一致，M19中既有寺洼文化遗物又有秦文化遗物。[3] 这为我们研究秦人与戎人的关系提供了宝贵的材料。

考察团队到清水县的李崖遗址实地考察了当地的地形、地貌以及李崖遗址与河流的关系，身临其境地感受了秦人生存的自然环境。由于近代以来清水县和张家川回族自治县多次合置、分设，许多与秦文化相关的文物分散在两县的博物馆，考察团队随后分别前往清水县博物馆、张家川回族自治县博物馆进行参观，详细观看了与秦文化相关的遗物，并针对相关问题对博物馆的工作人员进行了专访（图2）。

（二）犬丘

《史记·秦本纪》记载，秦人的祖先非子是大骆的庶子，本来居

---

[1] 早期秦文化联合考古队：《牛头河流域考古调查》，《中国历史文物》2010年第3期；早期秦文化联合考古队：《甘肃清水李崖遗址考古发掘获重大突破》，《中国文物报》2012年1月20日第8版。

[2] 早期秦文化联合考古队：《甘肃清水李崖遗址考古发掘获重大突破》，《中国文物报》2012年1月20日第8版。

[3] 早期秦文化联合考古队：《甘肃清水李崖遗址考古发掘获重大突破》，《中国文物报》2012年1月20日第8版。

图 2　李崖遗址"国保"标志

住在犬丘,由于为周王室养马有功而被周孝王封于秦。于是,非子改居于秦。西周晚期居于犬丘的一支(嫡子成的后裔)被西戎所灭,非子的后裔秦庄公在周王室的支持下驱赶走了西戎,重新回到了昔日居住的犬丘,并被周宣王封为"西垂大夫"。庄公次子秦襄公虽然生前可能曾徙都至汧,但是死后仍葬于西垂。秦文公生前早期居西垂宫,死后也和父亲襄公一样葬于西垂。①

犬丘、西犬丘、西垂这三地之间的关系,历来是学术界关注和研

---

① 《史记》卷五《秦本纪》,第177—180页;《史记》卷六《秦始皇本纪》,第285页。

究的焦点。① 目前，越来越多的学者倾向于三者是指同一个地方。②也就是说，犬丘不仅是秦人祖先非子、庄公、襄公、文公曾经居住的地方，也是襄公、文公所葬之地。至于犬丘的具体地望，长期以来一直是一个谜团。

20世纪80年代末90年代初，甘肃省礼县大堡子山上的墓葬群被疯狂盗掘，大批珍贵文物流失海外。其中，有多件带"秦公……"铭文的青铜器，即秦公所作之器。这些青铜器的器型、纹饰具有明显的春秋初期的铸造风格。由此可以推断，这批青铜器应该是从春秋初期某位秦公的墓葬中盗出的。春秋初期的秦公主要有庄公、襄公、文公、静公和宪公。其中，庄公是追封的，生前不会称秦公；静公尚未继位已卒，所以他生前也不会称秦公。那么，青铜器上的"秦公"主要集中在襄公、文公和宪公三者中间。如前所述，文献中记载襄公、文公分别"葬西垂"，而宪公"葬衙"。③ 将文献记载与秦公墓葬进行对比，大部分学者认为甘肃礼县大堡子山及周边发现的墓葬群就是春秋初期秦国的西垂陵园。换言之，西垂就是甘肃礼县大堡子山遗址附近的区域。④ 因此，文献中的"犬丘""西犬丘"就在礼县大堡子山遗址附近（图3）。

---

① 王国维提出"犬丘、西垂本一地，自庄公居犬丘号西垂大夫，后人因名西犬丘为西垂耳"。详见王国维《秦都邑考》，载《观堂集林》，中华书局1959年版，第529页。林剑鸣认为西垂泛指西部边陲，非具体城邑。参见林剑鸣《秦史稿》，上海人民出版社1981年版，第23页。何清谷认为"西垂大夫应是以今甘肃天水市一带为食邑，治所在西犬丘，所以西犬丘又名西垂"，详见何清谷《嬴秦族西迁考》，《考古与文物》1991年第5期。

② 雍继春认为学者的争论虽然见仁见智，但有一点是共同的，即犬丘、西犬丘与西垂同为一地。详见雍继春《秦人早期都邑西垂考》，《天水行政学院学报》2000年第4期。祝中熹认为"西垂在《史记》中又名犬丘或西犬丘，这是一座具体的城邑名，而不是泛指西部边陲"，详见祝中熹《再论西垂地望——兼答雍继春先生》，《丝绸之路·文论》2003年第7期。

③ 《史记》卷六《秦始皇本纪》，第285页。

④ 徐卫民认为西垂陵区就在甘肃省礼县永兴乡的大堡子山一带，其都城西垂也在此附近。详见徐卫民《秦公帝王陵园考论》，《文博》1999年第2期。祝中熹认为西山当为西垂西面之山，所指可能就是大堡子山。详见祝中熹《再论西垂地望——兼答雍继春先生》，《丝绸之路·文论》2003年第7期。焦南峰等认为大堡子山墓地应是秦人的"西山"墓地，或曰西垂陵区。详见焦南峰、孙伟刚、杜林渊《秦人的十个陵区》，《文物》2014年第6期。

图 3　大堡子山遗址位置示意图

　　大堡子山遗址位于甘肃省礼县城东 13 千米处，在永坪河与西汉水交汇处的高地上。1994 年甘肃省文物考古研究所对大堡子山被盗大墓进行了发掘，清理了 2 座"中"字形大墓、1 座车马坑和 9 座中小型墓葬，清理出各类文物 100 余件。[1] 虽然出土的文物不多，但"中"字形的葬制至关重要。因为"中"字形墓葬一般被认为是诸侯王级别的墓葬，所以这为确定墓主人的身份提供了重要信息。关于这两个"中"字形大墓的墓主身份，韩伟认为"非秦仲、庄公莫属"[2]；李朝远、祝中熹等认为分别为襄公、文公；[3] 梁云则认为"是秦宪公及其夫人的合葬墓"[4]。相较而言，我们认为第二种观点更为合理。

　　1998 年、2000 年甘肃省文物考古研究所和礼县博物馆两次对与大堡子山秦公墓地隔河相望的圆顶山墓地进行了抢救性发掘，共发掘

---

[1] 礼县博物馆、礼县秦西垂文化研究会：《秦西垂陵区》，文物出版社 2004 年版，第 7 页。
[2] 韩伟：《论甘肃礼县出土的秦金箔饰片》，《文物》1995 年第 6 期。
[3] 李朝远：《上海博物馆新获秦器研究》，《上海博物馆集刊》1996 年第 7 期；礼县博物馆、礼县秦西垂文化研究会：《秦西垂陵区》，第 16 页。
[4] 梁云：《西新邑考》，《中国历史文物》2007 年第 6 期。

墓葬4座、车马坑1座、探明被盗车马坑1座。发掘者认为这是一处春秋中晚期的秦国贵族墓地，它和大堡子山秦公陵园一起构成了秦西垂陵区，是秦人营建的第一个陵区。① 由此可见，虽然秦的都邑在春秋时期不断迁徙，但是犬丘作为秦人早期的居住地，长期有贵族守护，是秦人向关中发展的后方基地之一。

2005年、2006年早期秦文化考古联合队在大堡子山遗址附近发现并确认了三座周代城址，即西山城址、大堡子山城址、山坪城址。②

西山城址位于燕子河与西汉水交汇处的山地上，城址依山而建，呈不规则的长条形，总面积达8.7万平方米。城内发现的遗迹主要有夯土建筑基址、车马坑和陶水管道，城外发现的遗迹主要有灰坑、小型墓葬、部分陶水管道及夯土建筑基址。出土遗物以陶器为主，有少量石器和骨角制品。根据遗迹、遗物的特点，发掘者认为秦文化出现在西山遗址的时间约为西周中期。③ 值得注意的是，西山遗址中有较多寺洼文化的遗物，且多与秦文化的遗物并存。

大堡子山城址位于永坪河与西汉水交汇处的山地上，依山而建，亦呈长方形，城内面积约25万平方米。前文所言的两座"中"字形大墓便位于城内。此外，城内还发现夯土建筑基址、祭祀遗迹、车马坑、中小型墓葬等。发掘者认为大堡子山城址的繁荣期是在春秋时期，年代上限约为西周晚期。④ 值得注意的是，在大堡子山城址中只发现了零星的寺洼文化陶片，这与西山遗址有很大的不同。

考察团队在礼县的甘肃秦文化博物馆参观了大堡子山秦公墓地、圆顶山贵族墓地、西山城址等遗址中出土的相关文物。之后，又在博物馆工作人员的带领下，前往西垂陵园进行了实地踏访。

---

① 礼县博物馆、礼县秦西垂文化研究会：《秦西垂陵区》，第18页。
② 早期秦文化联合考古队：《甘肃礼县三座周代城址调查报告》，载《古代文明》第7卷，文物出版社2008年版，第323页。
③ 早期秦文化联合考古队：《甘肃礼县三座周代城址调查报告》，载《古代文明》第7卷，第324—335页。
④ 早期秦文化联合考古队：《甘肃礼县三座周代城址调查报告》，载《古代文明》第7卷，第335—347页。

（三）汧、汧渭之会与平阳

西周末年，诸侯、西戎叛乱，周幽王被杀。周平王在秦襄公的护送下从关中东迁至洛阳，建立东周。秦襄公因护送有功，被封为诸侯，封岐山以西的关中之地。于是，秦襄公带领部分族人越过陇山，开始向地理环境更为优越的关中地区挺进。由于当时岐西之地被实力强大的戎人占据，秦人不得不采取小心摸索、步步为营的办法沿汧河南下。这一过程持续了百年之久，直到秦德公定都雍城以后才安顿下来。在东进、南下的过程中，秦人先后营建了三座都邑，分别为汧、汧渭之会和平阳。

1. 汧

关于秦襄公徙都于汧，《史记》中并没有直接记载，《史记正义》注引《括地志》曰："故汧城在陇州汧源县东南三里。《帝王世纪》云秦襄公二年（前776）徙都汧，即此城。"① 由此看来，秦襄公徙都于汧一事最早见于《帝王世纪》。而《帝王世纪》是西晋时期的一部著作，与秦襄公时期相距甚远；且除此之外的历次迁都在《史记》中均有记载，唯独不见秦襄公迁至汧的记录。因此，学者对秦襄公是否徙都于汧存在争议。②

关于汧的地望，支持襄公徙都于汧的学者普遍认为汧地在今陕西省宝鸡市陇县边家庄遗址附近。

边家庄村位于陇县城东南约4千米处的汧河西岸台地上（图4）。这里不断发现春秋时期的青铜器。到目前为止，边家庄遗址已发掘墓葬30多座，其中5鼎4簋的墓葬有8座，3鼎2簋的墓葬有3座。这表明边家庄遗址应该是一处等级较高的贵族墓地。墓葬形制与出土青

---

① 《史记》卷五《秦本纪》，第179页。
② 祝中熹就持否定的态度，他认为《史记》不仅没有襄公迁汧的记载，而且多处强调襄公居西垂、葬西垂，即使其子文公即位后也"居西陲宫"，看不出任何襄公迁都的迹象。参见祝中熹《秦早期都邑考》，载《秦史求知录》，上海古籍出版社2012年版，第361页。张天恩、徐卫民则从秦人东进的动机着手，结合考古发现，认为汧作为秦都是完全可能的。参见张天恩《边家庄春秋墓地与汧邑地望》，《文博》1990年第5期；徐卫民《秦都城研究》，第53页。

图 4 边家庄遗址位置示意图

铜器显示，边家庄墓地主要是西周晚期到春秋早期的秦人墓地。① 结合上文《括地志》中西周晚期秦襄公徙都于汧、汧位于陇州汧源县（今陇县县城）东南三里这样的记载，边家庄墓地很可能是秦的贵族墓葬区。贵族墓葬区往往与都城相距不远，所以如果秦襄公曾徙都于汧的话，城邑可能就在边家庄遗址附近。

2. 汧渭之会

《史记·秦本纪》记载，秦文公曾率兵七百人东猎，到达汧渭之会后经过占卜在此营建城邑居住，直到秦宪公时期才徙居平阳。② 所以，自文公四年（前762）至宪公二年（前714），汧渭之会作为秦君所居之城，共计48年。

关于汧渭之会的地望主要有以下几种观点：今宝鸡眉县附近、③ 今

---

① 张天恩：《边家庄春秋墓地与汧邑地望》，《文博》1990年第5期。
② 《史记》卷五《秦本纪》，第179—181页。
③ 林剑鸣：《秦史稿》，第88页。

宝鸡戴家湾一带、[①] 今宝鸡卧龙寺西北、[②] 今宝鸡魏家崖一带、[③] 今宝鸡李家崖一带、[④] 今宝鸡陈家崖遗址、[⑤] 今凤翔县孙家南头一带[⑥]（图5）。

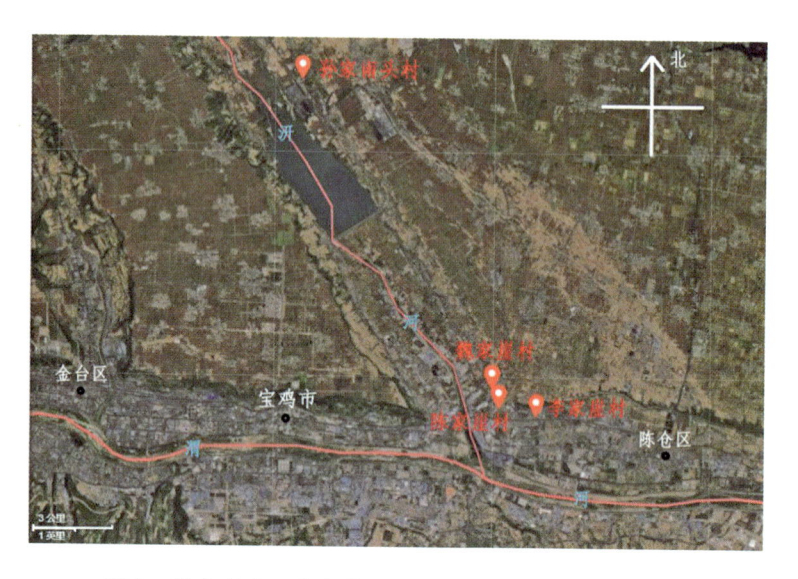

图5　孙家南头、魏家崖、陈家崖、李家崖位置示意图

近年来，孙家南头、魏家崖附近的考古资料为汧渭之会的地望提供了新材料。孙家南头村隶属于凤翔县长青镇，位于县城西南约15公里汧河东岸的一级台地上。2003年由陕西省、宝鸡市和凤翔县三级机构组成的联合考古队对孙家南头村西约70万平方米范围内的古

[①] 高次若、刘明科：《关于汧渭之会都邑及其相关问题》，载《周秦文化研究》，陕西人民出版社1998年版，第586—589页；高次若、刘明科：《再论汧渭之会都邑及相关问题》，载《秦都咸阳与秦文化研究——秦文化学术研讨会论文集》，陕西人民教育出版社2001年版，第519—522页。

[②] 李零：《"史记"中所见秦早期都邑》，载《文史》第20辑，第15—23页。

[③] 蒋五宝：《"汧渭之会"遗址具体地点再探》，《宝鸡文理学院学报》1998年第2期；徐卫民：《秦都城研究》，第63页。

[④] 刘宝爱：《浅谈"汧渭之会"》，《宝鸡文博》1991年第1期。

[⑤] 梁云：《鄜畤、陈宝祠与汧渭之会考》，载秦始皇帝陵博物院编《秦始皇帝陵博物院》第1辑，三秦出版社2011年版，第86—91页。

[⑥] 陕西省考古研究院等：《陕西凤翔孙家南头春秋秦墓发掘简报》，《考古与文物》2013年第4期。

墓葬和古遗址进行了抢救性发掘，清理出春秋时期秦墓和车马坑 95 座。其中，有 6 座墓随葬有青铜礼器，壁龛内有殉人，有的还有车马陪葬坑。将这些遗迹、遗物与陇县边家庄等地的秦墓对比，发掘者认为这些墓葬应该是秦人贵族墓，年代上限为春秋早期晚段到春秋中期，下限在春秋末期。① 这与《史记·秦本纪》中秦文公至宪公迁居于汧渭之会的时间、地点大致吻合。所以，汧渭之会的城邑可能在孙家南头村附近。

魏家崖村隶属于宝鸡市陈仓区千河镇，位于孙家南头南边、汧河东岸、渭河北岸，更接近渭河与汧河的交汇之处。魏家崖村曾发现具有典型秦早期风格和特征的金虎、金铺首。② 在魏家崖村砖厂曾发现大量与甘谷毛家坪、天水董家坪遗址的秦人早期陶器有明显继承关系的陶器和绳纹瓦片。还在一座被破坏的屈肢葬墓中发现了具有秦人早期特点的大口缸。③ 在魏家崖村南部和东部的李家崖村、陈家崖村也分别出土过具有早期秦文化特点的文物。④ 魏家崖、李家崖、陈家崖这一带出土的秦国早期文物种类丰富、分布较为集中，且发现过大型建筑材料与高等级的金器，这些发现为该地可能是汧渭之会提供了新的依据。

汧渭之会的具体城邑尚未发现，但是种种迹象已经表明它应该在孙家南头到魏家崖一带，具体位置只能留待考古工作的揭秘。

3. 平阳

《史记·秦本纪》记载，"宁公（宪公）二年（前 714），公徙居平阳"，又载"德公元年（前 677），初居雍城大郑宫"⑤。平阳作为秦的都邑共 37 年。关于平阳的地望，《史记集解》注引徐广曰"郿

---

① 陕西省考古研究院等：《陕西凤翔孙家南头春秋秦墓发掘简报》，《考古与文物》2013 年第 4 期。
② 蒋五宝：《"汧渭之会"遗址具体地点再探》，《宝鸡文理学院学报》1998 年第 2 期。
③ 徐卫民：《秦都城研究》，第 62 页。
④ 刘宝爱：《浅谈"汧渭之会"》，《宝鸡文博》1991 年第 1 期；梁云：《鄜畤、陈宝祠与汧渭之会考》，载秦始皇帝陵博物院编《秦始皇帝陵博物院》第 1 辑，第 86—91 页。
⑤ 《史记》卷五《秦本纪》，第 181—184 页。

之平阳亭";《史记正义》云:"《帝王世纪》云秦宁公都平阳。按:岐山县有阳平乡,乡内有平阳聚。《括地志》云:'平阳故城在岐州岐山县西四十六里,秦宁公徙都之处。'"①

1978年,陕西宝鸡太公庙村出土了5件青铜钟、3件青铜镈。其中的铭文显示,这批青铜乐器是秦武公时期的礼器。②《史记·秦本纪》:"武公卒,葬雍平阳。"③ 这一发现将平阳定位在太公庙村附近(图6)。2013年陕西省考古研究院在太公庙村附近发现了"中"字形大墓、车马坑和陵园兆沟设施,其形制与凤翔秦公一号大墓基本一致,显然这应该是一处秦公陵园。④ 因为陵园一般与都城相去不远,太公庙秦公陵园的发现基本上就将平阳的地望锁定在了太公庙村附近。至于平阳城邑具体在哪儿,暂不可知。

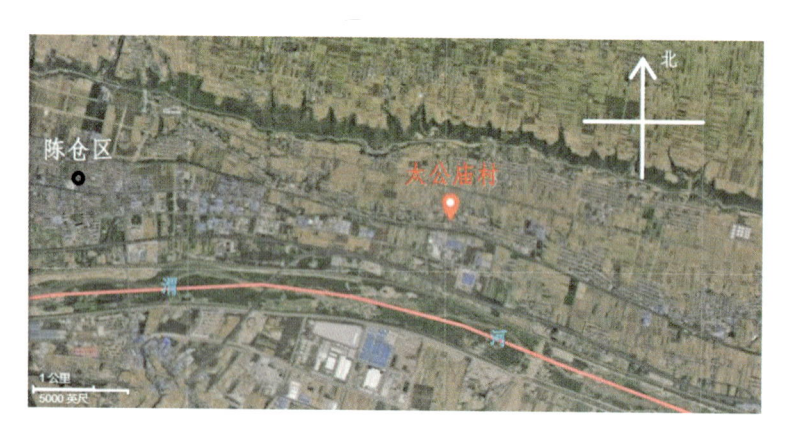

图6 太公庙秦国陵园位置示意图

考察团队从陇西向东越过陇山之后,沿着汧河从上游到下游分别考察了边家庄遗址、孙家南头遗址、太公庙秦国陵园,并在陇县博物

---

① 《史记》卷五《秦本纪》,第181页。
② 卢连成、杨满仓:《陕西宝鸡县太公庙村发现秦公钟、秦公镈》,《文物》1978年第11期。
③ 《史记》卷五《秦本纪》,第183页。
④ 陕西省考古研究院秦汉考古研究室:《2008—2017年陕西秦汉考古综述》,《考古与文物》2018年第5期。

馆、宝鸡青铜器博物院参观了这些遗址中出土的文物。这期间，陇县博物馆馆长在边家庄遗址向我们详细介绍了当地的地形、河流、墓葬的发掘情况以及近年来的研究状况。在宝鸡青铜器博物院，考察团队还针对相关问题对博物馆的工作人员进行了专访（图7）。

图7　考察团与陇县博物馆馆长在边家庄遗址合影

（四）雍

《史记·秦本纪》："德公元年（前677），初居雍城大郑宫。以牺三百牢祠鄜畤。卜居雍。"① 《史记·秦始皇本纪》："肃灵公，昭子子也。居泾阳。享国十年。"② 从秦德公初居雍城开始，至秦灵公徙居泾阳，雍作为秦国的都城长达250余年，是秦都使用时间最长的一座。可以说，雍城是秦人东出陇山之后，建立的第一个功能齐全、布局完整的都城。

雍城的考古调查与发掘开始于20世纪30年代。通过几代考古工作者的不懈努力，目前已经确定了秦都雍城的具体位置，即今陕西省

---

① 《史记》卷五《秦本纪》，第184页。
② 《史记》卷六《秦始皇本纪》，第288页。

宝鸡市凤翔县城中心以南。城址南北长约 3300 米、东西宽约 3200 米,总面积约 11 平方公里。① 雍城遗址可大致分为城址、城外墓葬区 (秦公陵园与国人墓葬) 和郊外祭祀区 (图 8)。

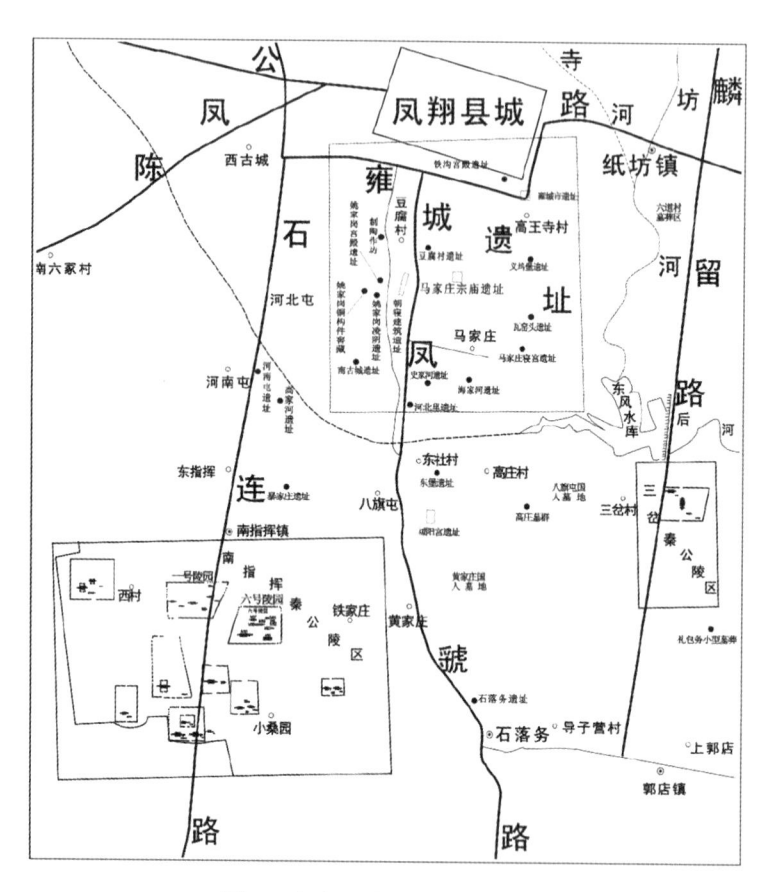

图 8　秦雍城遗址位置示意图②

秦德公初迁至雍时,选择的地点是现在雍城遗址的东南角,即塔寺河与雍水河的交汇处。经过 200 多年的不断经营,最终形成了我们今天所看到的雍城布局。雍城外围分别被雍水河、纸坊河、塔寺河以

---

① 田亚岐:《秦都城雍城布局研究》,《考古与文物》2013 年第 5 期。
② 陕西省考古研究院等:《雍城一、六号秦公陵园第三次勘探简报》,《考古与文物》2015 年第 4 期。

及凤凰泉河环围，以天然河道作为防御工事。近年来的考古调查与发掘显示，雍城的郊外有用于调节水源的大型水利工程——堰塘遗址。河流经过调节后从城中穿城而过，从而使雍城呈现出"顺河而建，沿河而居"的布局特点。穿城而过的河流不仅为农业生产提供良好的灌溉条件，极大地便利了交通运输，同时还为青铜冶铸业、制陶业等手工作坊的发展提供了便利。①

雍城内的道路将各个功能区连通，形成交错纵横的道路系统。目前，由于历代道路相互叠加扰乱，秦代道路的具体分布还有待进一步地研究。居民区主要分布在城内，手工业作坊则广泛分布于城内外。②

宫殿宗庙是都城的核心建筑。雍城有三大宫区，分别是姚家岗宫区、马家庄宫区和高王寺宫区。③姚家岗宫区位于雍城中部偏西，20世纪曾发掘出宫殿建筑遗址和凌阴遗址，被确定为春秋时期的宫城所在。④马家庄宫区位于姚家岗宫区的东侧、雍城中部偏南，属于春秋中晚期。最大的特点是宫殿与宗庙同出一区。其中一号建筑群遗址坐北朝南，有围墙环绕，布局规整，遗址内发现有排列规律的祭祀坑，发掘者认定其为宗庙性质的建筑。⑤三号建筑在其西侧，两者东西并列，符合"左祖右社"的制度，也被称作"朝寝"建筑。高王寺宫区位于雍城北部，也曾发现建筑遗址，其时代为战国中晚期。⑥从时间上来看，三处宫区相互衔接，体现出雍城规模不断扩大的过程。

秦人的墓葬区分为秦公陵园和国人墓葬区。秦公陵园自20世纪80年代起，先后进行了三次大规模的调查与勘探，共探得51座大墓

---

① 田亚岐：《秦都雍城考古录》，《大众考古》2015年第4期。
② 田亚岐：《秦都雍城布局研究》，《考古与文物》2013年第5期。
③ 韩伟、焦南峰：《秦都雍城考古发掘研究综述》，《考古与文物》1988年第5、6期合刊。
④ 陕西省雍城考古队：《陕西凤翔春秋秦国凌阴遗址发掘简报》，《文物》1978年第3期。
⑤ 陕西省雍城考古队：《凤翔马家庄一号建筑群遗址发掘简报》，《文物》1985年第2期。
⑥ 田亚岐：《秦都雍城布局研究》，《考古与文物》2013年第5期。

或外葬坑，分为 14 座分陵园。① 据史料记载，此处共埋葬着 23 位秦公。秦公陵园中最具代表性的是秦公一号大墓。它位于县城以南的南指挥镇，墓葬为东西向，呈"中"字形，东西长 300 米，面积 5334 平方米。墓室由主椁室、副椁室、72 具箱殉、94 具匣殉等组成。秦公一号大墓是目前已发掘的先秦墓葬中规模最大的一座，虽然已严重被盗，但是仍出土了铜器、铁器、金器、陶器、玉器等文物 3500 多件。其中，石磬上的刻文明确了墓主人是秦景公。② 秦公一号大墓的车马坑位于东墓道的南侧，目前正在发掘中。车马坑内埋葬的车马均为真车、活马，这既是秦始皇陵兵马俑的前身，又显示出其不同，值得我们注意。国人墓葬区包括贵族墓地和平民墓地，随着近年来考古调查的不断深入，国人墓葬区的分布呈现出环绕在雍城四周的规律，修正了学术界判定的只分布在城南的观点。③

近年来，凤翔县血池村以东的山梁与山前台地上发现了秦人的祭天场所——血池遗址。总面积达 470 万平方米，确认了相关遗迹 3200 余处。遗址包括建筑、道路及大量密集的各类祭祀坑等。祭祀坑大体可分为车马祭祀坑、牲肉埋葬坑和空坑三类。其中，空坑可能是血祭，但仍有待进一步验证。④ 经检测，血池遗址祭祀所用的马大多为幼马，马的来源十分广泛。⑤

此外，在雍城周围还相继发现了战国时期的蕲年宫、来谷宫、橐泉宫、竹泉宫和羽阳宫等建筑遗址。⑥

考察团队首先到达凤翔雍城考古工作站听取田亚岐研究员介绍了

---

① 陕西省考古研究院秦汉考古研究室：《2008—2017 年陕西秦汉考古综述》，《考古与文物》2018 年第 5 期。

② 陕西省考古研究院秦汉考古研究室：《2008—2017 年陕西秦汉考古综述》，《考古与文物》2018 年第 5 期。

③ 田亚岐：《秦都雍城布局研究》，《考古与文物》2013 年第 5 期。

④ 陕西省考古研究院：《陕西凤翔发现秦国国君和西汉皇帝亲临主祭的国家大型祭天场所》，《中国文物报》2016 年 12 月 9 日第 1 版。

⑤ 田亚岐：《血池遗址考古发现与秦人祭祀文化的认知》，《光明日报》2019 年 1 月 7 日第 14 版。

⑥ 田亚岐：《秦都雍城布局研究》，《考古与文物》2013 年第 5 期。

近年来雍城遗址考古工作的最新进展和今后的发展规划。在雍城遗址现场，田亚岐研究员亲自为我们介绍了雍城的布局、城墙的地层关系等情况，并针对相关问题解答了大家的疑问（图9、图10）。

图9　田亚岐研究员在雍城为考察团现场讲解

图10　雍城城墙夯土层

（五）泾阳与栎阳

秦都雍城时期，国力不断强盛，向西独霸西戎，向东与晋国争夺河西地区，逐渐从之前的守御转为进攻。但由于雍城位于关中西部，距东方较远，且人口不断增加，土地压力亦不断增大。因此，无论是从军事还是从经济方面考虑，向东方发展，建立新的都邑都成为必然的选择。灵公迁居泾阳、献公迁都栎阳，都是这一时期相关战略调整的表现。

1. 泾阳

《史记·秦始皇本纪》曰："肃灵公，昭子子也。居泾阳。享国十年。"[1] 这里虽然提到秦灵公曾经居住在泾阳，但是并没有关于灵公将都邑迁至泾阳的直接记载。因此学界对泾阳是否为秦都，长期存在着争议。王国维认为秦灵公迁居泾阳是毫无疑问的，但是未曾在此定都，同时他还指出，灵公所迁居的泾阳就在今天的泾阳县。[2] 从文献资料来看，灵公居泾阳之后，宗庙等礼制建筑仍在雍城，灵公、简公及惠公死后仍葬于雍城。所以学者多认为泾阳以及之后的栎阳只能算作扩张过程中建立的临时性都城。[3] 田亚岐、张文江认为，从秦国当时的处境来看，秦国处于内忧外患之际，灵公也没有能力将都城迁到泾阳，"居泾阳"是部分握有兵权的贵族扶持灵公暂居泾阳的一次政变分裂行动而非迁都。[4]

近年来，考古工作者在陕西省咸阳市泾阳县境内发现了多处秦汉时期的宫殿遗址，从其所处位置与时代来看，很可能与秦灵公所居泾阳有关。其中有两处较为重要，一处是杨赵宫殿遗址，一处是口镇宫殿遗址。[5] 这两座宫殿遗址隔河相望，均采集到瓦当、地砖等建筑材料和一些陶器残片。徐卫民推测口镇宫殿遗址可能便是秦灵公所居的

---

[1] 《史记》卷六《秦始皇本纪》，第288页。
[2] 王国维：《秦都邑考》，载《观堂集林》，第533页。
[3] 徐卫民：《秦都城研究》，第90页。
[4] 田亚岐、张文江：《秦雍城置都年限考辨》，《文博》2003年第1期。
[5] 国家文物局主编：《中国文物地图集·陕西分册（下）》，西安地图出版社1998年版，第433—434页。

泾阳。① 他还提出，秦泾阳城可能压在现在的泾阳县城之下，因此暂时还无法找到。② 从目前来看，文献中缺少相关的记载，而根据现有考古资料进行的分析也只是一种推断。关于泾阳的性质和地望，还有待新的考古发现和更加深入的研究。

2. 栎阳

《史记·秦本纪》曰："献公元年（前384），止从死。二年（前383），城栎阳。"又曰："（孝公）十二年（前350），作为咸阳，筑冀阙，秦徙都之。"③ 学界一般认为栎阳是秦献公至秦孝公时期的都城（图11）。④

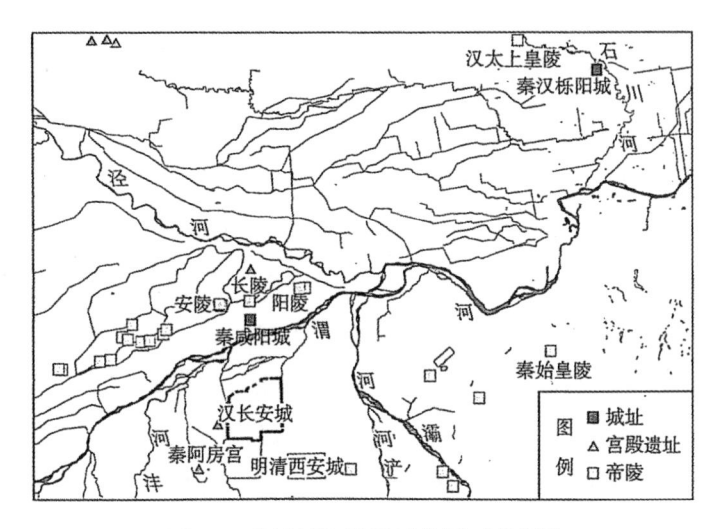

图11 秦汉栎阳城遗址位置示意图⑤

关于栎阳城的地望，《史记正义》注引《括地志》云："栎阳故

---

① 徐卫民：《泾阳为秦都考》，《中国历史地理论丛》1998年第1期。
② 徐卫民：《秦都城研究》，第94页。
③ 《史记》卷五《秦本纪》，第201—203页。
④ 亦有学者认为此时秦仍以雍为都城，栎阳只是陪都或行宫。王子今：《秦献公都栎阳说质疑》，《考古与文物》1982年第5期；史党社：《秦"徙治栎阳"及年代新辨》，《中国史研究》2020年第1期。
⑤ 中国社会科学院考古研究所等：《西安市阎良区秦汉栎阳城遗址墓葬的发掘》，《考古》2016年第9期。

城一名万年城,在雍州东北百二十里。"① 1964 年,陕西省文物管理委员会曾对栎阳城进行了短期勘探。1980 年至 1981 年,中国社会科学院考古研究所对栎阳城进行了系统的考古勘探和试掘,确定栎阳城在今天陕西省西安市阎良区武屯街道一带。② 2013 年,为了确定栎阳城遗址的保护范围,重启了秦汉栎阳城的考古工作。此前发现的栎阳古城被定为了一号古城。在寻找一号古城东墙的过程中,发现了一座南北约 3800 米、东西约 3100 米的城址,编号为二号古城。后来,在勘探二号古城西墙的过程中又发现了夯土遗存,经判断这应该是另一座古城,遂将其编为三号古城。三号古城中的遗存显示,其建筑上限不早于战国中期,西汉早期已被破坏无存,其时间范围与文献所载的秦建都栎阳时间基本相合。因此发掘者判断三号古城大体应为战国秦栎阳城的所在。③

战国秦栎阳城紧邻石川河,栎阳城遗址为石川河所分割,被分为石川河西、石川河东、石川河北三区。栎阳城遗址出土了大量筒瓦、板瓦、瓦当等建筑材料。三号古城宫殿遗址发现的槽型板瓦目前只见于凤翔秦雍城遗址的宗庙和大型建筑中,夔纹瓦当和其他动物纹瓦当也与雍城的大体相似。同时,遗址中还发现了一件战国时期的巨型筒瓦,这是中国目前已知体量最大的筒瓦,这从侧面反映出这里曾经存在高等级、高规格的建筑。此外,三号古城遗址中还发现刻有"栎阳""宫""栎市"等陶文的陶器。④

考察团队到达陕西省西安市阎良区的栎阳城遗址考古工地后,刘瑞研究员向大家介绍了近年来栎阳城遗址考古工作的最新进展,展示了具有代表性的出土文物,并对相关问题进行了解答。

---

① 《史记》卷五《秦本纪》,第 201 页。
② 中国社会科学院考古研究所栎阳发掘队:《秦汉栎阳城遗址的勘探和试掘》,《考古学报》1985 年第 3 期。
③ 阿房宫与上林苑考古队:《西安秦汉栎阳城考古新进展》,《中国文物报》2015 年 9 月 11 日第 8 版。
④ 中国社会科学院考古研究所、西安市文物保护考古研究院:《陕西西安秦汉栎阳城遗址考古取得重要收获》,《中国文物报》2018 年 2 月 23 日第 8 版。

（六）咸阳

《史记·秦本纪》曰："（孝公）十二年（前350），作为咸阳，筑冀阙，秦徙都之。"① 《史记·秦始皇本纪》又曰："（孝公）其十三年（前349），始都咸阳。"② 从秦孝公迁都咸阳至秦帝国灭亡，咸阳作为秦的最后一个都城共计144年。在这期间，秦国的力量得到进一步充实，至秦始皇时期终于建立了中国历史上第一个中央集权的统一王朝，影响了中国几千年的历史走向。

关于咸阳的地望，《史记正义》注引《括地志》云："咸阳故城亦名渭城，在雍州咸阳县东十五里，京城北四十五里，即秦孝公徙都之者。"③ 近代以来的考古勘探和发掘成果显示，咸阳城位于今天陕西省咸阳市东约15公里的窑店镇一带（图12）。④

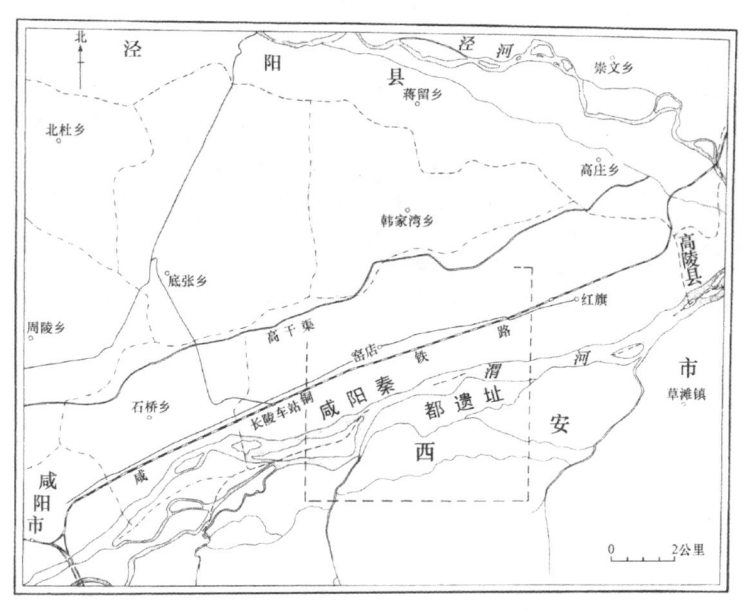

图12　秦都咸阳遗址位置图⑤

---

① 《史记》卷五《秦本纪》，第203页。
② 《史记》卷六《秦始皇本纪》，第288页。
③ 《史记》卷五《秦本纪》，第203页。
④ 陕西省考古研究所：《秦都咸阳考古报告》，科学出版社2004年版，第1页。
⑤ 陕西省考古研究所：《秦都咸阳考古报告》，第2页。

围绕秦都咸阳的考古工作主要分为20世纪50年代、70年代、80—90年代初以及21世纪初四个时期。初期着重通过踏查了解遗址保存情况;二、三期发现了咸阳城一、二、三号宫殿遗址以及部分宫城遗址,并重点对咸阳宫及其周边遗址进行了探查;21世纪初的考古工作则主要围绕阿房宫展开(图13)。①

图13 秦咸阳城一号宫殿遗址实景图

从咸阳城与河流的关系来看,咸阳城位于泾河与渭河的交汇之处,同时又濒临渭河。咸阳城的宫殿建筑以渭河为界,可以分为南、北两大部分。渭北地区的建筑修建时间较早,主要有咸阳宫、冀阙、仿六国宫室、兰池宫、望夷宫等。② 其中,咸阳宫是秦都中最主要的宫殿。目前咸阳宫遗址已发现一至七号宫殿建筑遗址。渭南地区的建

---

① 陕西省考古研究院秦汉考古研究部:《陕西秦汉考古五十年综述》,《考古与文物》2008年第6期。

② 陕西省考古研究所:《秦都咸阳考古报告》,第14—20页;刘庆柱:《秦都咸阳几个问题的初探》,《文物》1976年第11期;王丕忠、李光军:《从长陵新出土的瓦当谈秦兰池宫地理位置等问题》,《人文杂志》1980年第1期。

设时间相对较晚，目前发现的建筑遗迹主要有章台、兴乐宫、甘泉宫、阿房宫、信宫（后改为极庙）等。①

关于咸阳城外是否存在郭城，学界争论已久，目前仍无定论。②咸阳城周围分布的手工业作坊包括民营和官营两种，行业不同，与宫殿区的距离也不同。以民间日用陶器为主兼营骨器的作坊和冶铁作坊距宫殿区较远，烧制建筑材料的作坊分布在南北宫殿区附近，而筑造兵器的作坊则紧邻咸阳宫。③平民居住区广泛分布在紧邻渭河北岸的坡地地带以及首都周边的林区。④

咸阳城横跨渭河，由北向南的发展方式使得王陵区也分成了一北一南两个陵区，分别为咸阳陵区与芷阳陵区。其中，秦始皇陵从芷阳陵区独立出去，自为一体，称作丽山陵区。咸阳陵区经过钻探，发现并确认了三座战国晚期的秦公陵园，墓主至少有秦惠文王、秦悼武王两王及其王后。⑤芷阳陵区即秦东陵陵区，陵区内发现了四座陵园，埋葬着昭襄王、庄襄王两位秦王以及宣太后，孝文王与华阳太后是否葬于该陵区还存在争议。⑥

秦始皇陵位于西安市临潼区东5公里的骊山北麓，从20世纪60年代开始组织发掘至今。陵园呈南北长、东西窄的长方形，有内、外两重夯土城墙，总面积达212.95万平方米。封土位于内城南部中央，呈三层阶梯状，文献记载高115米，现存76米。以封土为中心，东西内、外城之间有两组三出阙，与司马道共同构成了东西向的轴线。⑦地宫位于封土中部下方，周围分布有寝殿、便殿、

---

① 徐卫民：《秦都城研究》，第110—133页；何清谷：《关中秦十宫觅踪》，《陕西师范大学学报》（哲学社会科学版）1988年第2期。

② 王学理：《秦都咸阳》，陕西人民出版社1985年版，第91页；王育龙：《秦都咸阳城墙存否质疑》，《青海师范大学学报》（社会科学版）1991年第2期；徐卫民：《秦都咸阳城郭之再研究》，《文博》2003年第6期。

③ 陕西省考古研究所：《秦都咸阳考古报告》，第713页。

④ 时瑞宝：《秦都咸阳相关问题探讨》，《中国历史地理论丛》2002年第2期。

⑤ 焦南峰、孙伟刚、杜林渊：《秦人的十个陵区》，《文物》2014年第6期。

⑥ 赵化成：《秦东陵刍议》，《考古与文物》2000年第3期。

⑦ 陕西省考古研究院秦汉考古研究部：《陕西秦汉考古五十年综述》，《考古与文物》2008年第6期。

丽山飤官等建筑遗址①以及兵马俑坑、马厩坑、青铜水禽坑等陪葬坑和多处陪葬墓。②此外，秦始皇陵西部还发现了刑徒墓地。③

考察团队首先前往咸阳市博物馆进行参观考察，之后前往秦咸阳宫遗址博物馆进行参观，在博物馆工作人员的带领下前往秦咸阳宫遗址进行实地考察，并针对相关问题与工作人员进行了交流。

三 关于秦人都邑的新认识

经过为期四天的实地考察，考察团队沿着秦人迁都的足迹，身临其境地感受了秦人"九都八迁"的历程，了解了秦人在每一发展阶段的生存环境和发展水平，对秦文化有了更为直观、更为深刻的认识。同时，考察队员通过查阅资料、实地考察，对秦人迁都路线图的最新进展、秦都与河流的关系、秦都与戎人的关系等问题有了一些新的认识。

（一）秦人迁都路线图

《史记》等传世文献粗疏地勾勒出了秦人迁都的大致路线，即所谓的"九都八迁"。近年来的考古新资料和学者的研究成果不仅在逐渐证实"九都八迁"，而且还在逐渐地确认"九都"的具体地望。

秦，是秦人祖先非子的封地，是秦君的最早居住地。非子、秦侯、秦公伯、秦仲均居于此。今天甘肃省天水市清水县樊河西侧、牛头河北岸的李崖遗址可能是非子所封之秦。但是，要想确认李崖遗址即非子所封之秦，还有待以后考古工作进一步证实。

犬丘，亦称西犬丘、西垂，秦庄公从秦迁居于此。庄公之后的襄公、文公虽曾徙都，但是死后均归葬于此。所以，犬丘既是秦人早期

---

① 赵康民：《秦始皇陵北二、三、四号建筑遗迹》，《文物》1979年第12期；王玉清：《秦始皇陵西侧"丽山飤官"建筑遗址清理简报》，《文博》1987年第6期。

② 始皇陵秦俑坑考古发掘队：《临潼县秦俑坑试掘第一号简报》，《文物》1975年第11期；王玉清：《秦始皇陵东侧第二号兵马俑坑钻探试掘简报》，《文物》1978年第5期；秦俑坑考古队：《秦始皇陵东侧第三号兵马俑坑清理简报》，《文物》1979年第12期；秦俑坑考古队：《秦始皇陵东侧马厩坑钻探清理简报》，《考古与文物》1980年第4期。

③ 始皇陵秦俑坑考古发掘队：《秦始皇陵西侧赵背户村秦刑徒墓》，《文物》1982年第3期。

的君主定居地，又是秦西垂陵园的所在地。今天甘肃省天水市礼县大堡子山遗址中的两座"中"字形墓葬可能是襄公、文公之墓，所以犬丘在甘肃礼县大堡子山附近。犬堡子山城址或是秦庄公迁居之城，但是有待考古工作的进一步证实。

汧，可能是秦襄公迁都之地。在今天陕西省宝鸡市陇县边家庄附近发现多座西周晚期至春秋早期具有秦文化特征的高等级贵族墓地。如果秦襄公确曾迁都于汧，汧在陇县边家庄遗址附近的可能性很大。

汧渭之会，是秦文公营建、居住之地。在今天陕西省宝鸡市凤翔县孙家南头遗址中发现大量春秋时期秦人贵族墓葬和车马坑。宝鸡市陈仓区魏家崖、李家崖、陈家崖一带曾发现具有典型的秦文化早期风格的金器、铜器、陶器、建筑材料等。种种迹象表明汧渭之会应该在孙家南头到魏家崖一带。

平阳，是秦宪公所迁之都，其后的出子、秦武公均定都于此。在陕西省宝鸡市陈仓区太公庙村发现、发掘的太公庙秦公陵园为平阳地望的确定提供了坐标。虽然目前难以确定平阳城的具体地点，但是理应在此附近。

雍，是秦德公、秦宣公、秦成公、秦穆公、秦康公、秦共公、秦桓公、秦景公、秦哀公、秦惠公、秦悼公、厉共公、秦躁公、秦怀公定都之地。雍的地望明确，位于今天陕西省宝鸡市凤翔县县城南部。

泾阳，是秦灵公、秦简公、秦惠公、秦出公迁居之地。由于材料较少，具体地望仍存在争议，可能位于今天陕西省咸阳市泾阳县。

栎阳，是秦献公定都之地。栎阳地望明确，位于今天陕西省西安市阎良区武屯街道一带的三号古城。

咸阳，是秦孝公、惠文王、秦武王、昭襄王、孝文王、庄襄王、秦始皇、秦二世定都之地。咸阳地望明确，位于今天陕西省咸阳市东窑店镇一带。

近年来随着考古推进及研究的不断深入，"九都"地望不断精确，秦人迁都路线图更加贴近历史真实。君主居住地、都城的变迁是族群迁徙的重要地标，"九都八迁"的记载也为秦人迁徙路线提供了基本依据（图14）。

图 14　秦人迁都大体路线图

（二）秦都与河流的关系

建都与迁都是国家之大事，需要经过多方面的考量。其中，地形、地貌、河流、湖泊等自然环境是重要因素。历代秦都皆依水而建，显示出秦人与水的密切联系。因此，我们在考察的过程中格外关注秦都与河流的关系。

李崖遗址坐落于樊河与牛头河交汇的台地上，西、北依山，东、南傍水。两条河流为秦人的生产、生活提供了充足的水源，而且使得交通更为便利。更重要的是，两河交汇形成了一条天然屏障，具有重要的防卫功能。

大堡子山城址位于永坪河与西汉水交汇的山地上。永坪河与西汉水在它西南方向相汇，河水的冲刷使得两岸的河谷变得陡峭，它便依靠地势之险依山而建，既提高了安全性，又减少了工作量。西汉水在大堡子山城址处拐弯，形成了一个急剧收缩的峡口，而大堡子山城址与山坪城址在两岸相对，地势十分险要。此外，大堡子山以西的下游河谷狭窄曲折，以东的上游河谷则十分开阔，遍布卤水滩地，水草丰美，利于养马。

雍城是秦人东出陇山之后建立的第一个布局完整、功能齐全的都城。定都时选择的地点是现在雍城遗址的东南角，即塔寺河与雍水河的交汇处。经过二百多年的不断经营，最终形成了我们今天所看到的雍城布局。雍城外部采用"城堑河濒"的策略,利用天然河道作为防御工事。雍城外围分别被雍水河、纸坊河、塔寺河以及凤凰泉河环围。内部河网密布,通过修筑水利设施进行调控,既保证了农业和生产生活用水,又防止了洪涝,使河道发挥出交通运输的功能。可以说,当时的雍城是一座"水上之都",是秦人对河流资源综合利用的典范。

咸阳位于泾水与渭水的交汇地带,形成了三面环水的城市布局。渭河为两岸带来了肥沃的土壤和充足的水源,使得农业与手工业有了充分的发展,得以满足咸阳城大量人口的生活以及各种宫殿的建设需要。而依托渭河进行的漕运则增强了秦国的实力,也为战争中粮草的运输提供了保障。

从早期的李崖遗址、大堡子山遗址,到晚期的雍城遗址、咸阳城遗址,可以发现河流的交汇处似乎是秦人择都的一个重要标准。

秦人的其他几个都邑即使未建在河流的交汇之处,也多位于某条河流的附近。例如汧位于汧河西侧的台地上,汧渭之会位于汧河东侧的台地上,平阳位于渭河北岸的台地上,泾阳邻近泾河,栎阳在今石川河两岸。

虽然河流可以作为天然屏障发挥军事守卫的作用,亦能保障生产、生活用水,促进农业和手工业的发展,还可提供水运使得交通更加便利。但与此同时,当发生洪涝灾害之时,这些地方也更容易受到破坏。例如,李崖遗址靠近牛头河的一级台地文化层之上发现有古代洪水冲积土和淤积土[1],证明秦在某一时期曾遭受过洪涝之灾。据《汉书·郊祀志》载:"雍大雨,坏平阳宫垣。"[2] 雍地的大量降雨使得洪水泛滥,冲坏了平阳宫的宫墙。虽然这是汉代的材料,但也在一定程度上反映了平阳时常会面临洪水的威胁。秦都咸阳的考古工作已经开展了数十年,但是秦咸阳城的布局仍然存在争议,其中最主要的

---

[1] 早期秦文化联合考古队:《甘肃清水李崖遗址考古发掘获重大突破》,《中国文物报》2012年1月20日第8版。

[2] 《汉书》卷二十五下《郊祀志第五下》,中华书局1962年版,第1262页。

原因就是咸阳城的很大一部分受到了渭河的侵蚀。

综上所述,我们可以看出秦都与河流的三点关系。其一,秦人选择都邑多位于河流交汇处或河流沿岸的台地上。其二,秦人对河流的充分利用体现在提供军事防御、保障生产生活用水、便利交通等多个方面。其三,濒临河流也使秦都经常受到威胁,洪涝灾害的影响可能是导致秦人屡次迁都的一个原因。

(三) 秦都与戎人的关系

关于秦人的来源,主要有"东来说"和"西来说"两种观点。但秦人从陇西开始崛起,后来不断向东发展壮大,最终统一六国这一过程是无可争议的。这其中不可避免地与当时生活在西北地区的戎人产生交集。戎人是对西北地区一支少数民族的统称,包括犬戎、义渠戎、大荔戎等多个分支。秦人与戎人的关系,大致可以分为两个阶段,即早期的且战且和阶段和定都雍城之后的主动征服阶段。

秦人与戎人且战且和的关系在文献和考古资料中均有体现,而且这一时期秦人的都城在不断地变换。《史记·秦本纪》记载,申侯曾对周孝王说:"昔我先骊山之女,为戎胥轩妻,生中潏,以亲故归周,保西垂,西垂以其故和睦。今我复与大骆妻,生适子成。申骆重婚,西戎皆服,所以为王。王其图之。"[①] 由此可知,当时的戎人实力十分强大,秦人通过多次联姻的方式才得以与戎人共处一方。但是此后不久,"西戎反王室,灭犬丘大骆之族。周宣王即位,乃以秦仲为大夫,诛西戎。西戎杀秦仲……周宣王乃召庄公昆弟五人,与兵七千人,使伐西戎,破之"[②]。秦庄公大败西戎之后,秦人与戎人关系才逐渐缓和,此时秦君从秦迁至犬丘。襄公二年(前776),戎人再次进犯,"戎围犬丘,世父击之,为戎人所虏"[③]。虽然随后戎人释放了世父,但是据《帝王世纪》记载,当年秦襄公迁都于汧,这也透露出该时期的秦人仍难以与戎人抗衡,戎人的围攻可能是此次迁都的重要

[①] 《史记》卷五《秦本纪》,第177页。
[②] 《史记》卷五《秦本纪》,第178页。
[③] 《史记》卷五《秦本纪》,第179页。

原因。后来，襄公因护送周平王东迁有功而被封为诸侯，并赐以岐、丰之地，周王称"秦能攻逐戎，即有其地"①，于是秦人便开始了与戎人的争夺拉锯战。秦襄公伐戎至岐而卒，秦文公继位后沿着汧河继续向南发展，并迁都于汧渭之会。秦宪公时又沿着渭河向东发展，将都城东迁至平阳。秦德公定都雍城以后，秦国在关中才站稳了脚跟。

　　近年来的考古资料显示，早期的秦人遗址中经常存在秦文化与寺洼文化共存的现象。例如李崖遗址、大堡子山遗址、西山城址中都有寺洼文化的遗迹和遗物。甚至一个墓葬中同时出土两种文化的典型器物，例如李崖遗址 M19 中既有寺洼文化遗物又有秦文化遗物，且均有一定数量，反映出秦人与戎人之间很可能有过和平共处的阶段。此外，西山城址中的寺洼文化遗物较多，而大堡子山遗址中只发现了零星的寺洼文化陶片，这两处遗存的差别在一定程度上反映出不同时期秦人与戎人的关系也存在差异。从时间上来看，大堡子山遗址晚于西山城址，再结合文献中这一时期秦人与戎人关系变化来看，或许正是由于秦、戎关系恶化，导致原本在西山城址中与戎人和平共处的秦人不得不离开，最终在地势更为险峻的大堡子山上修建了新城。

　　秦人占领岐、丰之地以后实力大增，定都雍城。自此以后秦人走上了对戎人的征服之路。《史记·秦本纪》记载，秦穆公"谋伐戎王，益国十二，开地千里，遂霸西戎"②，厉共公"以兵二万伐大荔，取其王城……伐义渠，虏其王"③，秦孝公"出兵东围陕城，西斩戎之獂王"④，秦惠文王时"义渠君为臣"⑤，秦武王"伐义渠、丹、犁"⑥。经过历代秦君的不断征伐，秦人已经统治了戎人的大部分地区，虽然可能仍未完全歼灭，但从文献记载中可以看出，戎人早已不再被秦视为对手。从考古资料来看，此阶段的秦人遗址中虽然仍有寺

---

① 《史记》卷五《秦本纪》，第 179 页。
② 《史记》卷五《秦本纪》，第 194 页。
③ 《史记》卷五《秦本纪》，第 199 页。
④ 《史记》卷五《秦本纪》，第 202 页。
⑤ 《史记》卷五《秦本纪》，第 206 页。
⑥ 《史记》卷五《秦本纪》，第 209 页。

洼文化的痕迹，但是分量已经逐渐地减少。

综上所述，秦都与戎人的关系主要分为两个阶段。早期戎人实力强，秦人实力弱，秦人为了更好地防御，都邑多建在易守难攻之处，甚至为了躲避进攻而频频迁都。迁都雍城之后，秦人实力逐渐强盛，开始走上了对戎人的征服之路，都城相对稳定，即使迁居泾阳、栎阳，更多的也是出于向东开疆拓土战略的考虑。

第四章

秦岭古道的历史研究与现状考察

——以商於古道为例

2015年10月至2016年12月,在白立超副教授的指导下,于晨磊、王朔夔、周佳三位同学陆续多次前往陕西蓝田、商洛、丹凤、商南等地进行秦岭古道(商於古道)的学术考察,最终形成了《商於古道的历史研究与考察报告》。

1. 考察团队

(1) 学生团队:于晨磊(2014基地 队长)、王朔夔(2014基地)、周佳(2014文博)

(2) 报告撰写、修订、摄影:于晨磊

2. 考察目的

(1) 通过实地考察了解商於古道的现状,加深对古代交通、军事史地等方面的学术理解。在此基础上,探寻商於古道在秦岭古道中的历史地位与价值。

(2) 运用社会调研等手段掌握陕西商洛市主导的商於古道历史文化旅游线路开发建设工程的进展情况,感悟古道历史文化魅力与古迹保护的核心价值。

(3) 通过实地考察来探查古代道路走向、驿站分布以及关隘选址,为解决历史记载中留存的疑问获取必要的考证支持。

3. 行程规划

(1) 2015年10月1—7日,前往陕西商洛市、丹凤县,主要考察了棣花古镇、商山四皓墓、卫鞅封地墓葬。

（2）2016年2月20—27日，前往陕西蓝田县考察蓝关古道的遗址情况。

（3）2016年5月1—4日，前往陕西丹凤县考察龙驹古寨、船帮会馆、武关镇武关旧址古迹、秦楚分界墙等。

（4）2016年10月1—3日，前往商南县闯王古寨、阳城驿站等进行考察。

4. 考察收获

（1）较全面地考察了商於古道的分布走向，对古道沿途遗存的古迹、遗址的保护情况有了系统的了解。

（2）对商於古道的历史作用与影响有了更为深刻的认识，结合相关史料，考证了"商於"名称的由来，并就武关关址的争议问题提出新的观点。

5. 改进建议

（1）行程实际进行与规划仍有差距，由于时间的原因，过于集中在节假日，路途较为遥远，难以充分考察。

（2）提前做好资料收集、熟悉考察地点，提前做好踩点、歇宿地的联系等工作。

（3）积极寻求当地政府以及相关机构的支持，充分发挥地方文化工作者的向导作用。

6. 相关获奖

（1）国家级大学生创新创业训练项目结项评为优秀。

（2）以本考察为基础的学术论文《史书记注中历史地名的讹变探析——以先秦商於、武关地望为例》获得第十一届"全国史学新秀奖"论文二等奖。

（3）西北大学大学生创新创业训练项目结项评为优秀。

一　绪论

商於古道是今人对历史上长安东南方向连接关中与南阳的道路称谓，又名武关道、商州道、商山道。狭义上的商於古道指由今商洛市通往河南内乡县柒於镇的狭长通道，全长约 600 公里；广义上是起自长安，经蓝田、商州，至河南内乡、邓州之间道路的统称。① 古道包含了除蓝田武关之间陆地外，还有丹江水路，是古代南北转运主干道之一，在历史上有着极其重要的战略地位。然而学界对其关注与同为秦岭古道的蜀道相比远远不足，且较为破碎，多在前人交通史研究著作中有所涉及，如谭宗义的《汉代国内陆路交通考》②、严耕望的《唐代交通图考》③、白寿彝的《中国交通史》④、王子今的《秦汉交通史稿》⑤，但至今尚无较深入的系统性研究著作。学术论文方面，有部分断代交通史或者历史地理研究涉及该古道，如史念海的《秦汉时期国内之交通路线》⑥《春秋时代的交通道路》⑦，两文考察了秦汉与春秋时期武关道的产生和发展状况；严耕望的《唐蓝田武关道驿程考》⑧ 针对唐代武关道的线路进行了历史考证，但存在许多争议之处，学界众多学者多有指正；冯汉墉的《唐商山路考》⑨ 对唐代的商山路进行了较为翔实的考察；侯甬坚在《丹江通道述论》⑩ 和《丹江河道航程缩短原因浅析》⑪ 两文中对商於古道水运交通方面进行了探究；白洋的《秦楚交兵中的武关道》⑫ 从秦楚几次战争中武关道的军事战略地位进行分析；陈燕的硕士论文《唐代武关道诗文研究》⑬

---

① 目前学界对商於古道相关名称、路线尚未有明确的界定，而商於古道原指其狭义的范围，但经过后来学者研究和民间流传以后，其范围逐渐扩大，于是有了广义之说。
② 谭宗义：《汉代国内陆路交通考》，新亚研究所专刊，1967 年。
③ 严耕望：《唐代交通图考》，上海古籍出版社 2007 年版。
④ 白寿彝：《中国交通史》，团结出版社 2007 年版。
⑤ 王子今：《秦汉交通史稿》，中国人民大学出版社 2013 年版。
⑥ 史念海：《秦汉时期国内之交通路线》，《文史杂志》1944 年第 1、2 期。
⑦ 史念海：《春秋时代的交通道路》，《人文杂志》1960 年第 3 期。
⑧ 严耕望：《唐蓝田武关道驿程考》，《中研院史语所集刊》1969 年第 2 期。
⑨ 冯汉墉：《唐商山路考》，《人文杂志》1982 年第 2 期。
⑩ 侯甬坚：《丹江通道述论》，《陕西师范大学学报》（哲学社会科学版）1985 年第 3 期。
⑪ 侯甬坚：《丹江河道航程缩短原因浅析》，《山地研究》1988 年第 3 期。
⑫ 白洋：《秦楚交兵中的武关道》，《首都师范大学学报》（社会科学版）2011 年第 S1 期。
⑬ 陈燕：《唐代武关道诗文研究》，硕士学位论文，南京大学文学院，2013 年。

则侧重于唐代武关道相关诗文研究;王宗运的《生态恶化对商於古道衰落的影响》①一文从生态环境的角度去分析商於古道衰弱的原因。

近年来,陕西省重点文化项目"商於古道文化旅游线路项目"正式动工建设,亟待相关古道历史研究与社会推广。因而本项目组对古道的源起变迁以及影响、内涵进行初步探究,厘清其历史沿革的脉络,并结合古道遗址文物保护情况与景区开发现状进行综合考量,希冀为当地政府策略规划提供些许助益,更好地推动商於古道文化复兴。

二 古道名称与路线范围概述

(一) 古道名称源起

商於古道是古代的军事、政治、商贾之道,其确切历史可追溯到春秋战国时期。古道主体部分位于商洛地区,古时称此地为商地,据《史记·殷本纪》载,契"佐禹治水有功""封于商,赐姓子氏"②。西晋皇甫谧据此认为"商契始封于商,在《禹贡》太华之阳,今上洛商是也"③。后世诸如裴骃《集解》、郦道元《水经注》、张守节《正义》等均采纳此说,而据《括地志》载:"商州东八十里商洛县,本商邑,古商国,帝喾之子契所封也。"④郑樵在《通志·商都》中亦载:"契封于商,后迁于亳,商即上洛,今为商州。"又曰:"商本山名,在州东南,周秦为商於地。"⑤故而一般学者据此认定商洛地区为殷商的发祥地。但是近现代以来学界对于商封地之考争论不休,

---

① 王宗运:《生态恶化对商於古道衰落的影响》,《渭南师范学院学报》2014年第22期。
② 《史记》卷二《殷本纪》,中华书局1959年版,第91页。
③ 皇甫谧:《帝王世纪》卷四,载刘晓东等点校《二十五别史》,齐鲁书社2000年版,第35页。
④ 李泰:《括地志辑校》卷四,中华书局1980年版,第201页。
⑤ 郑樵:《通志》卷四一,中华书局1987年版,第553页。

大多并不认同皇甫谧之说，诸多学者对商族起源进行了考证探讨①，商族并非起源于商洛地区已成共识。而历史上为何将此地称之为商地尚未有定论。②

古道开辟时间最早可追溯至商末周初，其开辟的目的学界还未有进一步研究，学者普遍认为是为迁徙人口而开辟。③ 据《史记·楚世家》载："熊绎当周成王之时，举文武勤劳之后嗣，而封熊绎于楚蛮，封以子男之田，姓芈氏，居丹阳。"④ 水之北岸是渭阳，学界推测楚之封地在丹江北岸，但具体地望各有争论。⑤ 石泉的《楚都丹阳地望新探》中认为商县或为最早楚都⑥，该观点在清华简《楚居》所记载地名中得到了一定印证。⑦ 因此即使楚人具体定都之地未能确定，但已表明早期楚人在丹江北岸商州地区活动，而古道或为楚人迁徙活动

---

① 顾颉刚、范文澜、谭其骧、史念海等人认为商契封于今河南商丘一带，但缺乏一定的考古资料支持。邹衡结合考古发现推测，商族最早可能在今河南漳河地区活动［邹衡：《夏商周考古学论文集》，科学出版社 1980 年版；《夏商周考古学论文集》（续集），科学出版社 1998 年版］，得到了学界的普遍认可。而主张"商洛说"的观点也遭到了许多人的批判，如余方平《皇甫谧等"契始封于商洛"说可以休矣》，《甘肃社会科学》2003 年第 5 期。

② 据张守节《正义》所载"商邑，本周之商国"，笔者推断可能在西周时期，此地应属商国封地，当时可能有大量商族子民聚居此地，故而可能其名来源于此。

③ 据《史记·楚世家》载："昔我先王熊绎辟在荆山，筚路蓝缕，以处草莽，跋涉山林，以事天子。"可推测楚人早期活动于关中与南阳之间，及楚人先祖被封于楚蛮，楚人随其迁徙经过此处，开辟聚落城市，从而在山林草莽间开辟出一条道路来。但细节还需进一步探究。

④ 《史记》卷四十《楚世家》，第 1691 页。

⑤ 学界有关丹阳地望的观点主要有：杨宽等人认为的丹阳即今秭归县（杨宽：《西周时代的楚国》，《江汉论坛》1981 年第 5 期）；俞伟超等人通过实地考察认为丹阳楚都或在枝江县（俞伟超：《关于楚文化发展的新探索》，《江汉考古》1980 年第 1 期）；吕思勉、童书业等人较为认可"淅川说"；而石泉、徐德宽等人提出的"商县说"则是在"淅川说"的基础上予以补充；笔者比较几家观点并结合考古资料的印证，比较赞同"淅川说"和"商县说"。

⑥ 石泉、徐德宽：《楚都丹阳地望新探》，《江汉论坛》1982 年第 3 期。

⑦ 关于《清华简》记载地名的考证可参见李学勤《论清华简〈楚居〉中的古史传说》，《中国史研究》2011 年第 1 期；高崇文《清华简〈楚居〉所载楚早期居地辨析》，《江汉考古》2011 年第 4 期；周宏伟《楚人源于关中平原新证——以清华简〈楚居〉相关地名的考释为中心》，《中国历史地理论丛》2012 年第 2 期。

所开辟。① 其附近荆山、楚山②、楚水③等名称亦可佐证。

"商於"一词真正出现应该在春秋战国时期,据《史记·商君列传》载:"卫鞅既破魏还,秦封之於商十五邑,号为商君。"④《索引》曰:"於、商二县名,在弘农。"⑤弘农即弘农郡,《正义》曰:"於、商在邓州内乡县东七里,古於邑也。商洛县在商州东八十九里,本商邑,周之商国。"⑥可得"商於"之名源自两县名⑦,俱为卫鞅封邑,故而合称"商於"。而在丹凤县发现的商鞅封邑遗址有力地印证了其封地应在此。⑧ 当时,此道尚未以"商於"为名⑨,因位于秦楚交界,多称"秦楚之道",又因古道要冲武关(又名少习关⑩)而称"武关道",或是根据古道上两个重要关隘蓝田关与武关而合称"蓝武道"。至唐代,该古道名称多样,有称"商於道""商山路""商州道"等。"商山路"之名或与古道上著名商山有关(商山即商山四皓隐居之地);"商州道"应是古道上多驿站,柳宗元在其《馆驿使壁记》言:

---

① 笔者推测早期楚人在其活动区域所开辟的道路或为商於古道的雏形,因古道最早可考到春秋战国,故而此论断尚未进行考证,有待学界日后进行研究。

② 楚山即商山,据《竹书纪年》载:"楚水注之,水源出上洛县西南楚山,昔四皓隐于楚山,即此山也。"《通典·州郡五》亦载:"有商山,亦名地肺山,亦名楚山,四皓所隐。"

③ 楚水又名乳水,即今商县西乳河,据郦道元《水经注·丹水》载:"楚水注之……其水两源合舍于四皓庙东,又东迳高车岭南,翼带众流,北转入丹水。"

④ 《史记》卷六九《商君列传》,第2233页。

⑤ 《史记》卷六九《商君列传》,第2233页。

⑥ 《史记》卷六九《商君列传》,第2233页。

⑦ 商原称商密,春秋时为楚国商县,后改为商州;於又称於中,杜佑在《通典》中载:"今内乡县西七里有於村,亦曰於中。"据考古发掘表明在今河南西峡东附近有秦汉古城遗址,古於中或在此处。但商於之名在裴骃的《集解》中言:"有商城在於中,故曰商於。"郦道元《水经注》则曰:"丹水经内乡、丹水二县间,历于中北,所谓商於者也。"各家说法亦有所不同。

⑧ 关于丹凤县商鞅封邑遗址调查报告可参见王子今、周苏平、焦南峰《陕西丹凤商邑遗址》,《考古》1989年第7期;商鞅封邑考古队《陕西丹凤县秦商邑遗址》,《考古》2006年第3期。

⑨ 据《史记·张仪列传》载:"请献商於之地六百里。"此处的商於之地不应是整条古道,而是单指商县至於中的狭长地带,此即商於古道狭义范围的由来。

⑩ 《左传·哀公四年》载:"……将通于少习以听命。"杜预注:"少习,商县武关也。将大开武关道以伐晋。"《舆地广记》亦曰:"商洛县东有少习,秦谓之武关。"

"自灞而南至蓝田,其驿六,其蔽曰商州,其关曰武关。"① 即将所有驿站笼统称为商州馆驿,所有关隘统称武关,故又名"商州道"。另外,由于唐代南方粟米贡赋由丹江漕运后由陆路转至关中,如在《新唐书·冯行袭传》中将其称作"贡道"。② 唐以后基本沿袭这些名称。至近现代,不同时期的古道名称也多有沿用。商洛市主持的"商於古道文化旅游线路项目"为对外宣传本地区文化特色,正式以"商於古道"为名。

(二) 古道线路范围

古道在不同历史时期路线范围并不相同,先秦时期由于缺乏史料,具体路线并不可考,但据《左传》《史记》相关记载来看,古道主体所在的商於之地应处丹江流域,大体位于秦岭之南、伏牛山至方城一线以西、汉江以北、金钱河以东,途经今商洛市商州、丹凤、商南、河南南阳市的西峡、淅川、内乡。③《读史方舆纪要》也指出:"自内乡至商州凡六百里,皆古商於地矣。"④ 该时期古道线路虽不可考,但其运输功能已经凸显,鲁定公五年（前505）,"秦子蒲、子虎帅兵车五百乘以救楚"⑤;秦昭襄王十二年（前295）,"秦与楚粟五万石"⑥;秦始皇二十八年（前219）,始皇出巡,"上自南郡由武关归"⑦。由此可见,兵车五百乘、粟五万石以及皇帝出巡皆过此道,可见其道路已有相当大的规模。⑧

先秦时期的古道不可考,但能从秦汉时期的武关道推测一二,由于交通路线往往具有延续性,故而该古道线路应不会有太大变动（图1）。据考证汉代武关道自长安出,向东南行至霸上,沿灞河至峣柳城

---

① 柳宗元:《柳宗元集》,中华书局1979年版,第703页。
② 《新唐书》卷一八六《冯行袭传》,中华书局1975年版,第5426页。
③ 梁中效:《论秦楚商於之争》,《咸阳师范学院学报》2010年第5期。
④ 顾祖禹:《读史方舆纪要》卷五一,中华书局2005年版,第2421页。
⑤ 杨伯峻:《春秋左传注》卷二七,中华书局1990年版,第1542—1543页。
⑥ 《史记》卷五《秦本纪》,第210页。
⑦ 《史记》卷六《秦始皇本纪》,第248页。
⑧ 史念海:《春秋时代的交通道路》,《人文杂志》1960年第3期。

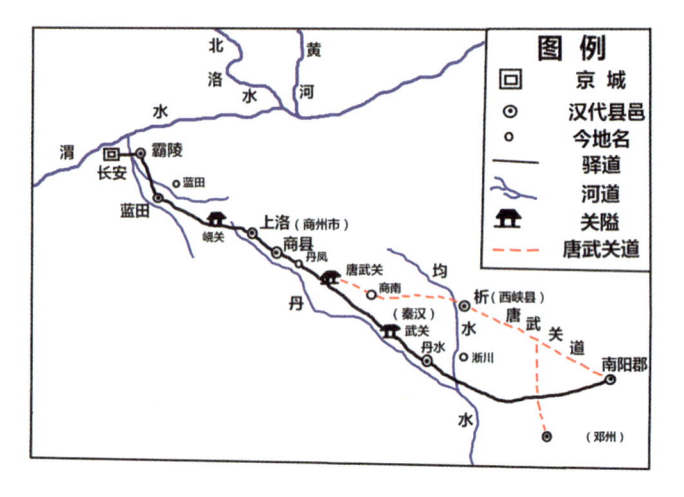

图1　汉代武关道路线示意图①

(今蓝田县)②，后大致沿今蓝田到蓝桥公路过峣关③，再沿蓝桥河谷行至商洛丹凤，继续向东南到达武关④，出武关后继续沿丹江北岸往

---

① 来源：《西安古代交通志》第一篇第三章，长安—蓝田（武关）道。

② 峣柳城地处蓝田谷口，为武关道必经之路，常为军事重镇。据《中国古代地名大词典》记载："峣柳城，今陕西蓝田县治，《水经注》历峣柳城，东西有二城，魏置青泥军于城内，世亦谓之青泥城《元和志》蓝田县城即峣柳城，俗亦谓之青泥城，桓温伐苻健，使将军薛珍击青泥城，破之，即其处也，《长安志》后周文帝析县置玉山、白鹿县，以三县置蓝田郡，武帝省郡，废玉山，白鹿入蓝田，自县西故城徙峣柳城，今治是也，以前对峣山，其中多柳，因取为名，城周八里，今县城但东南一隅而已。"

③ 峣关早在秦时便已设置，是通往关中的交通要隘。秦汉时刘邦率军攻破武关，北上蓝田峣关，与秦军决战，通过收买疑兵计策最后"绕峣关，逾蒉山，击秦军，大破之蓝田南"（《史记·高祖本纪》）。北周武成元年（559）改名青泥关，建德二年（573）又改蓝田关。关址多有变动，大致位于蓝田县东南，即今牧户关处。根据辛德勇考证，古峣关或在今蓝田县东南二十五里愁思堆附近（辛德勇：《古代交通与地理文献研究》，中华书局1996年版，第117页）。现在蓝关镇坡底村发现有峣关栈道遗址。

④ 武关的位置在史书中的记载亦是众说纷纭，《集解》曰："武关在析西百七十里弘农界。"《括地志》曰："故武关在商州商洛县东九十里，春秋时少习也。"《太康地理志》曰："武关当冠军县西，峣关在武关西也。"《正义》曰："武关在商州东一百八十里商洛县界。"《读史方舆纪要》载："武关在西安府商州东百八十里，东去河南内乡县百七十里。"当今学界也有较大争议，史念海《秦汉时代国内之交通路线》与谭其骧《中国历史地图集》都认定秦汉武关在今陕西和河南两省交界处丹江之北，而唐武关则在丹凤与商南之间的武关河。但是郭沫若、侯甬坚、王子今等人认为武关地址一直未变，就在唐武关所在位置，也就是今武关镇所在。而笔者所采用的武关道路线示意图则采纳了前一种说法。

东南过丹水①，后向东到达南阳。

唐初，原汉古道部分路段沿丹江北岸而行，年久失修，林木遮蔽，通行不便，故而唐廷对此道重新修治。贞元七年（791），商州刺史李西化奉命征发工役十余万，在加宽由蓝田至河南内乡700余里旧道的同时，于路途阻水处又别开"碥路"②，并于沿途"修桥道，起官舍"，使商於古道一时"人不留滞，行者称便"③。宪宗元和年间和宣宗大中年间，也曾进行过较大修缮。④经过唐王朝的开辟整治，商於古道路线部分改道，并在沿途建立多个驿站，大大方便了物资调运与人员通行。因而在唐德宗时期曾定此道为"次路驿"。⑤而李商隐在其《商於新开路》一诗中称道："更谁开捷径，速拟上青云。"⑥据严耕望《唐代交通图考》考证⑦，唐朝所开商山新路路线由长安东行，过灞桥后，折向东南折入蓝田山区，抵达今蓝田县。过七盘岭⑧，途经青泥驿⑨、韩公驿⑩，过蓝桥到今蓝桥镇，溯蓝桥河而上，经蓝

---

① 丹水县，又称丹水城。相传为丹朱封地（范汪《荆州记》："丹水县，尧子朱所封，亦曰丹朱城。"）秦代置丹水县，属南阳郡，汉属弘农郡，唐武德元年（618）废县，并入内乡县。据《读史方舆纪要》卷五一载："丹水城在南阳府邓州内乡县西南百二十里，去丹水二百步，本古国，又为商密地。"

② 碥路，即偏路，为解决旧商於古道的"山阻""水困"问题，李西华采用"回山取涂"的方法，遇水阻不通的道路，就偏离原来的路线，开偏道绕行，即称为"偏路"。

③ 《唐会要》卷八六，上海古籍出版社2012年版，第1865页。

④ 相关史实可见《唐新修桥驿记》和《唐商於驿路记》。

⑤ 《唐会要》卷六一，第1250页。

⑥ 李商隐：《商於新开路》，载《全唐诗》卷五百四，中华书局1960年版，第6213页。

⑦ 严耕望：《唐代交通图考》，上海古籍出版社2007年版，第638—660页。辛德勇在《隋唐时期长安附近的陆路交通》（《中国历史地理论丛》1988年第4期）一文中对严耕望所考路线部分细节进行了商榷，笔者结合了二者观点。

⑧ 七盘岭，即七盘山，据《陕西通志》载："七盘山在县南十里，《通典》云：七盘十二绊，蓝关之险路也。旧道自蓝谷入商，唐贞元初刺史李西华始开此道，行旅便之。"

⑨ 青泥驿或在今蓝田县内，名称由来或与青泥城有关。青泥城即峣柳城，据《水经注》载："峣柳城，东西有二城，魏置青泥军于城内，世亦谓之青泥城。"《元和志》亦载："蓝田县城即峣柳城，俗亦谓之青泥城。"

⑩ 韩公驿据《续定命录》卷一七六引《芝田录》载应为当地人纪念被贬潮州路经此地的韩愈。

田关即今牧户关过秦岭梁，顺丹水支流七盘河下至黑龙口①，折东行，经商州（今商州市）、龙驹寨（今丹凤县），出武关（今武关镇），又东，经今商南县出陕西境至宛城（今河南南阳市）。宋元明清时期亦基本沿用此路线。此外，明清之际，丹江航运发达，东南各省货物由丹水运至龙驹寨，再经由驴马驮运通过此道运至西安（图2）。②

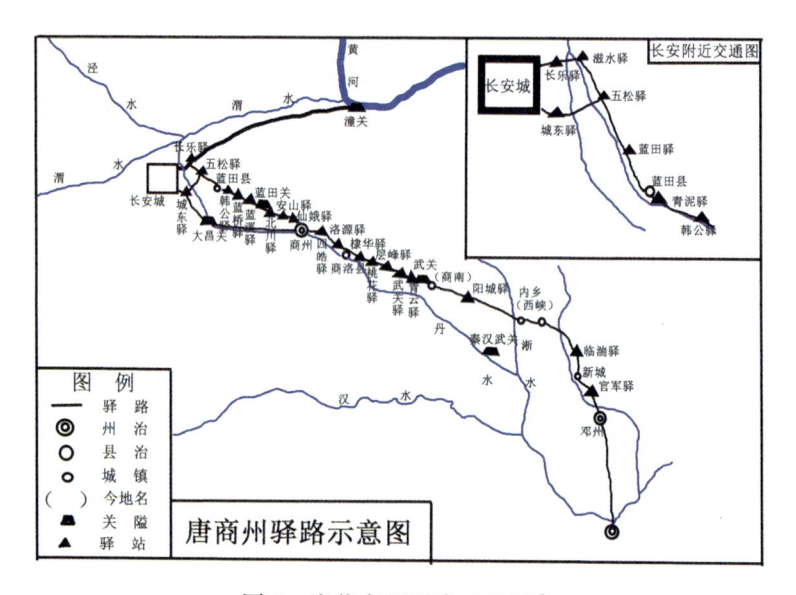

图2 唐代商州驿路示意图③

基于古道路线走向在不同历史时期有所变动，尤其是秦汉与唐代古道线路的变动较大，故而古道名称也多有变动，各个名称指代的路线亦略有不同。学界仍缺少对此道名称范围的准确定义，各家各执一说。此现状导致了当下古道名称的不一致，这不仅仅导致古道线路范围的混淆，也影响了古道文化的推广。由于本项目以商洛市商於古道

---

① 在今蓝桥河与黑龙口镇附近发现有古栈道遗迹，可参见王子今、焦南峰《古武关道栈道遗迹调查简报》，《考古与文物》1986年第2期。

② 关于明清丹江水路的具体路线可参照《陕西通志·航运志》，陕西人民出版社1996年版。

③ 来源：《商洛地区交通志》第一篇第二章，商州驿道。

文化景区为研究对象，故统一将古道称为"商於古道"。①

三 古道历史演进与文化内涵

（一）兵家必争之路

商於古道作为连接关中与东南荆楚之地的交通要道，最早多为军事战略要道。长安居于四关之内，东南方向的武关为关中南部咽喉，《读史方舆纪要》云："扼秦楚之交，据山川之险，道南阳而东方人，入蓝田而关右危。武关巨防，一举而轻重分焉。"②素有"一夫守垒，千夫沉滞"③之说，而唯一通过此关的商於古道则成为关中政治势力与南方政治势力争夺的关键，是古代兵家必争之路。

早在先秦时期，此道便已是秦楚势力交锋的主要战场。公元前340年，秦封卫鞅为商君，封邑商於，至此，商於古道的主体纳入秦版图。根据谭其骧的《中国历史地图集》所示，商於之地包纳武关，若取得此地，进可攻楚腹地，退可守武关天险，具有改变秦楚战略格局的影响。自此以后，秦楚争霸，秦占尽地利，而楚则陷于守势。历史上张仪之所以能以商於六百里欺楚，很大程度上亦与该地对楚国的战略意义过于重大，使楚国无法拒绝此诱惑有关。战国中后期，秦楚之间围绕着商於古道进行了一系列的战役：公元前312年，楚因受张仪之骗，发兵攻秦，秦败楚军于丹阳、④蓝田。公元前298年，秦挟怀王以索楚地不得，秦昭王怒，发兵出武关攻楚，大败楚军，斩首五万，取析十五城而去。⑤公元前292年，秦攻楚，取宛（今南阳）。⑥

---

① "武关道"应是流传最广的古道名称，但是武关道有秦汉武关道与唐武关道之分，二者路线范围区别甚大，统一称为"武关道"较为不妥。而"商於"之名出现时间最早，持续时间最久，在不同时期都有出现，以其广义称"商於古道"相对较合适。

② 顾祖禹：《读史方舆纪要》卷五四，中华书局2005年版，第2593页。

③ 顾祖禹：《读史方舆纪要》卷五二，第2497页。

④ 据《索引》载："此丹阳在汉中。"但是经过现今学者考证与考古调查表明，丹阳之战所在地应为今淅川县丹江北岸地区（胡永庆：《秦楚丹阳大战与淅川吉岗楚墓》，《中原文物》2003年第4期）。

⑤ 《史记》卷四十《楚世家》，第1729页。

⑥ 《史记》卷五《秦本纪》，第212页。

公元前280年，司马错攻楚，赦罪人迁之南阳。①公元前279年，白起攻楚，取鄢、邓，赦罪人迁之。②前280年，白起又伐楚，取楚都城郢为南郡。③在这些战争中，武关道成了秦军攻楚和楚国反击的最主要路线。④由此亦可看出商於古道的支配权对于秦楚战局的影响。

秦灭六国统一全国后，在天下修驰道，其中一条便以战国商於古道为基础进行修建。由此商於古道一跃成为秦楚之间的要道，在秦汉时期成为关乎关中存亡之关键。秦末起义中，秦军主力与项羽等六国大军决战于函谷关外，关中尚得一息安定。刘邦为了袭取关中，南下迂回攻取南阳，后沿丹江北上，用张良计，使郦生、陆贾往说秦将，啗以利，乘机攻取武关。后又以疑兵旗帜破秦军于蓝田南，入关中，灭亡秦朝。⑤刘邦能以弱小兵力经武关定鼎关中，虽也与秦军战略布局的失误有关，以至于武关地区守军薄弱⑥，致使刘邦能通过商於古道乘虚而入。但更重要的还是此道战略地位异常重要，一旦此道失控，便直接威胁关中，如邓艾奇袭阴平道，一举灭亡蜀汉一般。⑦顾祖禹在其《读史方舆纪要》中亦云："夫武关之于潼关，犹阴平之于剑阁也，然阴平僻而险，武关径且易，故尤能为秦患。"⑧

楚汉战争期间，刘邦曾令将军薛欧、王吸出武关，因王陵兵南阳，以迎太公、吕后于沛。⑨后来，汉王入关中从袁生计，引兵出武关，吸引楚军来宛。⑩由此二事亦可看出，刘邦善用此道以达到自身战略目的，逐步扭转了战局。而此道更是对刘邦从关中向前线输送兵员粮草的要道，起着举足轻重的作用。

---

① 《史记》卷五《秦本纪》，第212页。
② 《史记》卷五《秦本纪》，第213页。
③ 《史记》卷五《秦本纪》，第213页。
④ 白洋：《战国秦汉武关道军事地理论述》，硕士学位论文，首都师范大学历史系，2011年，第29页。
⑤ 参见《史记》卷八《高祖本纪》。
⑥ 史念海：《河山集·四集》，陕西师范大学出版社1991年版，第179页。
⑦ 参见《三国志》卷二五，中华书局1959年版。
⑧ 顾祖禹：《读史方舆纪要》卷五二，第2497页。
⑨ 《汉书》卷一《高帝纪》，中华书局1962年版，第32页。
⑩ 《汉书》卷一《高帝纪》，第41页。

汉景帝时期，吴楚七国叛乱，田禄伯献计于吴王，分兵向西略定汉沔地区，利用商於古道不必绕道中原直接连通关中与南阳之优势，出其不意攻取关中。① 吴王无谋短视不从其计，领重兵相耗于梁，等到汉将周亚夫取道武关，直趋洛阳，据兵荥阳②，吴楚败势已不可逆转。

新莽政权和更始政权重蹈秦朝覆辙，绿林赤眉皆是攻破武关，致使关中门户大开，大军沿商於古道进入关中腹地，轻而易举地攻陷长安。③ 无论是绿林军诛莽还是赤眉军进军关中，都有效地利用了武关道走向的地形优势，避开了敌军布防严密的地区，避实击虚，迅速攻陷长安。④

而南北朝时期，桓温伐前秦企图效仿汉高祖袭取关中，率大军由商於古道进攻关中，奈何苻坚吸取了秦亡教训，派太子苻苌与丞相苻雄重兵布防于峣柳城，桓温兵势为此所阻，北伐失败。⑤ 而刘裕能灭后秦，则参照了绿林赤眉进军关中的战术，分兵由洛阳与武关进军关中，再辅以水军，水路夹击，攻陷长安。⑥ 彼时关中后秦军队为商於古道而来的敌军所牵制，无力抵御自洛阳西进的大军。此役亦可从侧面看出商於古道战略地位之显著。

在隋唐以前，商於古道军事地位极其显著，可以称得上是兵家必争之道，从春秋战国至秦汉魏晋，商於古道一直都是战争频发地段，尤其是战乱时期的几次大规模战争，直接决定了关中政权的归属，其军事地理价值可见一斑。

(二) 诗歌文化之路

隋至唐中期，海内升平，商於古道维系关中危亡的军事战略要道

---

① 《史记》卷一百六《吴王濞列传》，第2832页。
② 《汉书》卷四十《周亚夫传》，第2059页。
③ 具体可参见《汉书》卷九九《王莽传》和《后汉书》卷十一《刘盆子列传》相关记载。
④ 白洋：《战国秦汉武关道军事地理论述》，硕士学位论文，首都师范大学历史系，2011年，第43页。
⑤ 具体参见《晋书》卷九八《桓温传》与卷一一二《苻健传》相关记载。
⑥ 《宋书》卷二《武帝纪》，中华书局1974年版，第42页。

地位开始下降,其军事价值逐致让位于政治、经济、交通、文化方面的沟通功用。商於古道作为京师长安通往荆楚、江淮地区的交通要道,诸多文人、官吏经此道游学、取仕、赴任,故时人称其为"名利路"。① 王贞白《商山》云:"商山名利路,夜亦有人行。"② 其中著名者如张九龄、李白、孟郊、元稹、白居易、柳宗元、刘禹锡、杜牧、温庭筠、李商隐、李涉、张祜、戎昱、雍陶、罗隐、蒋吉等,留下诗文之作不计其数,堪称"商山诗路"。③

据史料记载,张九龄开元年间奉使岭南,多次经此道,写下了《奉使蓝田玉山南行》《南阳道中作》《商洛山行怀古》等诗篇;白居易、元稹分别在长庆、元和年间被贬多次,也大多途经此道,在诗篇《登商山最高峰》中写有"七年三往复,何得笑他人"④,元稹所写的《西归绝句十二首》《思乐归》等诗则表达了其仕途受挫贬官激愤之情。韩愈更是在被贬潮州后经商於古道蓝田关而写下了千古名句"云横秦岭家何在,雪拥蓝关马不前"⑤。此类诗作皆是京官被贬出关之作,饱含悲凉苦楚愤懑之情。与之相反,经由此道而入关中之士子官员,多为求取功名富贵,或是仕途顺利升迁入京,所写诗篇多是志得意满,满怀着对未来的憧憬与向往,如赵嘏的《入武关》⑥;有的则是针对商於古道历史上发生的众多典故怀古咏史,如杜牧的《题武关》。⑦ 在他们的诗句中,或是对功名利禄的渴求,抑或是宦海沉浮之后的悲愤,如李涉的那句"来往悲欢万里心,多从此路计浮沉"⑧,便是对商山"名利路"的最好注解。

---

① 严耕望在《唐代交通图考》云:"兼以唐代士人几无不蚁趋京师,谋取功名富贵,又喜遨游江湖,适性谋食,故多屡经此道,至有'名利道'之目。"
② 王贞白:《商山》,载《全唐诗》卷七百一,中华书局1960年版,第8061页。
③ 陈燕:《唐武关道诗文研究》,硕士学位论文,南京大学文学院,2013年,第7页。
④ 关于白居易几次途经商州,参见李克昌《白居易商州"七年三往复"》,《商洛学院学报》1996年第1期。
⑤ 方世举:《韩元黎诗集编年笺注》,中华书局2012年版,第573页。
⑥ 赵嘏:《赵嘏诗注》,上海古籍出版社1985年版,第149页。
⑦ 杜牧:《樊川诗集注》,上海古籍出版社1978年版,第265页。
⑧ 彭定求:《全唐诗》卷四七七,中华书局1960年版,第5430页。

自唐新开商於古道之后，在古道沿途设置众多驿站，用以传达文书，供行人休憩给养。按唐代官道驿站设置规定，一般以30里设一驿，但由于古道地处秦岭山区，所经地段地势险要、崎岖多折，故而驿站设置远远低于其他官道。据严耕望《唐代交通图考》中所考，唐代商於古道驿站在陕西境内的共有19个。其中著名的有：蓝田驿、蓝桥驿、蓝田关、仙娥驿、四皓驿、棣花驿、武关驿、青云驿、阳城驿。[1] 这些驿站亦是文人墨客创造诗歌的灵感来源[2]，如白居易的《宿阳城驿对月》，元稹的《青泥驿》《阳城驿》，赵嘏的《仙娥驿》等，诗作类别多样、情感丰富。

商於古道自然风光旖旎，山清水秀，又加以悠久的历史人文积淀，众多的文物古迹，地通南北，人员往来频繁，是不同诗歌文化流派交汇之地。有唐一朝，商於古道已然成为文人墨客理想的诗歌创作之地，商於古道事实上也已成为唐诗孕育发展的重要摇篮，为后世留下了灿烂多彩的历史文化成果。

（三）商贾迁徙之路

商於古道在唐代便已经是连接长安与江淮的商旅要道，以其便捷的交通，成为官员商旅往返关中的首选之路。特别是经过德宗贞元年间新辟商州路，使商於古道一时"人不留滞，行者称便"。随着玄宗年间改府兵制为募兵制，各地军粮均由中央供给，关中粮食储备压力负担急剧加重，致使运河漕运支撑不足，只得另开商州水路，使商於道陆路交通变为水陆漕运，通过"东南贡赋之入，漕汉江，转商山"[3] 的办法，以荆襄"楚米"来解决长安粮荒之困。由此，商於古道成为支撑关中的交通运输大动脉。但自唐末五代始，京师东迁，

---

[1] 对于商於古道沿途驿站的考察，可参考严耕望的《唐代交通图考》第三卷《蓝田武关驿道》和王文楚的《唐代长安至襄州荆州驿路考》（王楚文：《古代交通地理丛考》，中华书局1996年版）。

[2] 关于驿站与文学创作的研究可参见李德辉《唐宋时期馆驿制度及其与文学之关系研究》，人民文学出版社2008年版。

[3] 《全唐文》卷七八四，中华书局1983年版，第8202页。

"长安废为列蕃，商於化为小郡，轺车罕至"①，到北宋时期，赵宋占据半壁山河，与北方辽金对峙多年。此时的商於古道，因地处宋金交界处，随着两国关系的变化而时有摩擦交流，其民间的商贸交流虽也时有进行，但规模较小。

至明朝成化年间，朝廷在商州"增置州邑，使轺商货，（商於道）视昔渐通"②。经过几次修缮商道之后，古道久废艰行的状况得以改善，为南北物资输送提供了坚实的基础。而古道商贸运输的兴起，也带动了沿途驿站县镇的商业繁荣。商於古道上著名驿站码头龙驹寨，在明清时期成为古道水陆漕运最大的中转站，其商业市场极度繁荣。商州知州王廷伊在其《续修商志》这样写道："而龙驹一镇，康衢数里，巨屋千家，鸡鸣多未寝之人，午夜有可求之市。是以百艇联樯，千蹄接踵，熙熙攘攘。商税所由复增，税额所由日益也。"③ 商业重镇的带动和在古道周边地区的辐射，方便了深山物产的流出，既满足了百姓人家的温饱自足，也增加了古道地区的赋税收入。据《续修商志》记载：

> 商於全盛之时……高高下下，人尽务农。丰不全收，歉不全乏。兼有丝蚕蜡虫，椒桃漆药，储蓄百产，虽多为客商专利，皆足以补衣食之缺，而佐赋税之穷，所以郊野之富，号称"近蜀"。故其时，在上者支度有余，在下者供应不苦。④

商於古道以其沟通南北的地理优势，在明清时期凭借着南方发达的自然经济基础与北方尤其是西北地区的物资需求，成功地扮演了商

---

① 王禹偁：《〈商於驿记〉后序》，《小畜集》卷二十，《摛藻堂四库全书荟要》，集部，第 367 册，世界书局 1990 年影印版，第 699 页。
② 《郗公路碑》，《商州市公路交通志》附录一史料辑存。
③ 王如玖：《直隶商州总志点注》卷六《田赋》，陕西人民教育出版社 1992 年版，第 178 页。
④ 王廷伊：《康熙续修商志注》卷四《食货志》，陕西商县地方志编委会内印本，1987 年，第 120 页。

业贸易之路的角色，加强了南北方的资源调配与商品流动。以此为基础，大规模的商业贸易活动在陕南地区催生了大批富商大贾，从而形成了陕南商帮群体。①现在在丹凤县还留有昔日船帮所建的会馆旧址②，展现了商帮群体的富庶与智慧。而像船帮会馆这样的会馆，在古道上还有大约12座，如盐帮会馆，西马帮会馆等。③

商於古道地区之所以能够在明清之际形成如此发达的市镇经济，除天然的地理优势外，还与大量的人口迁入有关。早在隋唐时期，此道便已有大批人员往来，其中必然会有一部分人选择留在古道沿途定居。而驿站设立所需要的配套服务设施，也会导致部分人口流入该地区。宋元时期，该地处于宋金交战地区，大批人口可能因战乱流离而迁徙至此，中原、湖广、关中地区的百姓，或多或少都会选择大山深处的丹江流域定居，以避战乱。以上这些人口迁徙应该都是小规模的、民间性质的人群流动。至明代，开始出现大规模的官方性质的人口迁徙④，致使商於古道地区的市镇人口大幅增加，如商州的商南县人口，由嘉靖十一年（1532）的4162户增至万历十年（1582）的5332户。⑤

而到了清朝前期，因实行"滋生人丁，永不加赋"的政策，一些税负较轻的地区如陕南山区吸引了大量的移民垦荒定居，"汉中、兴安、商州各府州属，延亘南山，水土饶益，迩年楚、豫、陇、蜀无籍

---

① 具体的陕西商帮研究，本文限于篇幅，不再论述，可参见李刚《陕西商帮史》，西北大学出版社1997年版。

② 即船帮会馆，地处丹凤县城龙驹寨，由船帮成员也就是船夫纤夫从船上每件运货中抽取三枚铜钱，日积月累，于清朝嘉庆二十年（1815）建成，以供帮员食宿、聚会、娱乐之用。

③ 不同商贾群体有不同的商业帮派，仅丹凤县城内，便有12个不同群体的商帮留下了会馆。迄今能保存遗址的只有船帮会馆、青瓷帮会馆、盐帮会馆、西马帮会馆，其余北马帮会馆、商於帮会馆、黄帮会馆、河南帮会馆、关中帮会馆、山西帮会馆、布帛帮会馆、铜帮会馆旧址都已被破坏消失。

④ 明朝时期有两次大规模的人口迁徙，一次是明洪武二年，朱元璋采纳郑州知府苏琦等人的建议，召集流民迁移到各地落户，其中一部分人陆续迁徙至商於古道地区。一次是明景泰年间，秦、楚、豫、蜀发生饥荒，大批流民逃亡秦巴山区，后明廷采取安置措施，将流民安置于丹江流域，大幅增加了该地区的人口。

⑤ 《洛南县志》编纂委员会编：《洛南县志》，作家出版社1999年版，第80页。

穷黎，扶老携幼，前来开荒者甚众"①。清代商州的人口增长非常迅速（表1）：

表1　　　　　　　　清代商州人口增长②　　　　　（单位：人）

州县	乾隆七年（1742）	道光三年（1823）	增长率（%）
商州直隶州	61175	239000	16.97
商南县	5852	91700	34.56
山阳县	11794	107700	27.68
镇安县	3810	159800	47.21
洛南县	30714	172700	21.55
合计	113345	770900	23.95

明清时期商於古道沿途地区人口的大量迁入，致使古道商业贸易的需求与动力增加，也加速了社会阶层的分化。③ 大量的商贾借助古道天然的地理优势，走南闯北，经商致富，出现古道商品经济的萌芽。然而，剧增的外来人口也给当地生态环境带来巨大的压力。为开辟耕地而在丹江上游地区大片毁林开荒，导致丹江水域的生态恶化，此为丹江水运没落的重要原因。而明清时期商於古道最为依赖的水运一旦没落，整条古道不可避免地趋向衰落。④

四　古道遗址保护情况

商於古道经历漫长的历史沿革，因此在沿途留下了可观的古道遗

---

① 毕沅：《陕西农田水利牧畜疏》，《皇朝经世文编》卷三十六，清光绪十五年广百斋校印本，第4页a。
② 表格主要依据熊群荣《明清时期丹江流域市镇经济初探》，硕士学位论文，西北大学历史系，2005年，第9页。
③ 熊群荣：《明清时期丹江流域市镇经济初探》，硕士学位论文，西北大学历史系，2005年，第12页。
④ 参见王宗运、刘敦俊《生态恶化对商於古道衰落的影响》，《渭南师范学院学报》2014年第22期。

迹与文化遗产。然而，因其深处山岭之中，人迹罕至，又年久失修，加之天灾人祸的毁坏，现在真正留有的古道遗迹较为稀少，其保护情况有待进一步重视。恰逢商洛市政府开启商於古道文化景区建设项目，在工程建设中，若是不尊重文物古迹的原本面貌，脱离开相关的历史背景进行文化产业的建设，就如无本之木、无源之水。

本小组通过对文物局的走访了解和实地考察，对商於古道沿途相关文物遗址遗存进行了整理归纳，并就实地考察结果评析保护情况（表2）。①

表2　　　　　　　　　　商於古道沿途文物遗址

名称	时代	地理位置	备注
武关道遗址蓝田段	清代	辋川乡六郎关行政村	全线发现各类栈道遗迹十余处，与褒斜道类似②
蓝田关遗址	北周—隋	蓝桥乡蓝桥河村北岸陡峭半山上	
尧山栈道遗址	清代	辋川乡六郎关行政村	
窄峪栈道栈桥遗址	待定	蓝桥乡屺塔庙村东南河道内	
蓝桥河栈道遗址	待定	普化镇河湾村一组东南	
峣关栈道遗址	待定	蓝关镇坡底村南	
武关道遗址商州段	战国	黑龙口镇前街村	南北延伸约2.5千米
黑龙口栈道遗址	不详	黑龙口镇前街村北	现有栈孔10个，一个为圆形，其余为方形
商山四皓墓（商州区）③	汉代	商州区城关街道办事处	商州区文物保护单位

---

①　以下遗址情况来源自陕西省文物局《陕西省第三次全国文物普查丛书》，陕西旅游出版社2012年版。

②　王子今、焦南峰：《古武关道栈道遗迹调查简报》，《考古》1985年第7期。

③　商山四皓四人并未葬于一处，故而有商州区和商镇四皓墓。

续表

名称	时代	地理位置	备注
商邑遗址	战国—西汉	丹凤县县城西2000米丹江北岸古城村	发现有秦国修筑的城墙与长约1000米的城墙墙基，出土"商"字瓦当，确认为商鞅封邑故址，为陕西省文物保护单位
武关城遗址	秦汉	丹凤县武关镇武关村老街道	至今残余两段夯土城墙，为省级保护单位
四道岭石墙遗址	秦代	丹凤县武关镇南坪村东北约1000米四道岭上	城墙长约200米，宽约1.5米，高2米至3米，为秦楚分界墙，陕西省文物保护单位
保定村栈道遗址	清代	丹凤县保定村一组大峪河口东面崖壁下	全长28米，栈孔36个，均为方形，孔深0.1米
商山四皓墓（商镇）	汉代	丹凤县商镇商镇街西侧	现存3座主陵墓，为陕西省文物保护单位
二郎庙	金代	丹凤县棣花镇贾塬村东侧	陕南地区唯一的金代建筑，为陕西省文物保护单位
船帮会馆	清代	丹凤县龙驹寨镇西街	俗称"花庙"，又称"明王宫"，为陕西现存规模最大、装饰最精美的会馆建筑，为陕西省文物保护单位
青器帮会馆	清代	丹凤县龙驹寨镇中街社区城关粮站内	陕西省文物保护单位
马帮会馆	清代	丹凤县龙驹寨镇西关社区北侧西街小学内	陕西省文物保护单位
盐帮会馆	清代	丹凤县城老街中段南侧	丹凤县文物保护单位

本组成员实地考察了其中部分文物遗址，发现相关文物保护现状并不乐观。首先，文物安全管理机制上有待提升。如秦楚分界墙、马帮会馆等文保标志更新不及时，相关文保档案资料不够完善；如武关古城墙等文保范围不够明确，有遗漏情况；一些古建筑缺乏专业人员

的看管保护，如二郎庙、船帮会馆；部分文保单位存在安全隐患，如二郎庙、马帮会馆、武关城墙遗址、秦楚分界墙、商邑遗址等。其次，工程建设对文物遗址的破坏。如修建312国道直接穿过商邑遗址的保护区范围；在船帮会馆门前修建现代广场与喷泉。再次，对古建筑古遗址的不科学修复，致使文物资源遭到人为破坏等。最后，还存在文物保护宣传不足、群众保护意识较弱等问题（图3、图4、图5、图6）。

图3 武关夯土遗址

124 / 采撷自田野的历史

图 4 蓝关古道遗址①

图 5 蓝桥河谷段古道遗址②

---

① 本照片由侯甬坚老师团队提供,于 2019 年 10 月考察时拍摄。
② 本照片由侯甬坚老师团队提供,于 2019 年 10 月考察时拍摄。

第四章　秦岭古道的历史研究与现状考察 / 125

图 6　武关外古道遗址

　　小组成员曾与当地政府文物局进行沟通，得知出现以上情况，主要有以下几个方面的原因。首先，是政府部门的管理不到位，缺乏文物保护意识与经验，更重要的是政府缺乏专项资金进行专业的文物保护与修复。其次，这些地区严重缺乏专业人才，许多文物遗址的看护工作只能由当地志愿者与离退休干部进行。最后，政府对文物保护的重视程度还远远不够，更加注重其经济价值的开发，未能正确处理文物保护与经济开发的关系，也未做好群众的普及宣传工作。因此，我们针对这些问题提出了一些建议：第一，完善文物安全管理机制，做到不失位、不越位，改变过去传统被动的文保工作机制，统筹规划全局，提升监管效率与力度。第二，提高对文物保护的重视程度，发挥好文物局的监管职能，尽可能增加专项资金支持，扩大专业人才储备。第三，提高公众对文物保护的参与度与积极性，普及相关文物知识，发动群众进行文物保护管理。第四，正确处理好文物保护与旅游开发的关系，尽可能减少人为二次破坏的情况，在尊重原貌的情况下对古迹加以修复，大力挖掘文物遗址蕴藏的历史价值。第五，落实相关文物资料档案的收集整理工作，完善保护范围划分。

五　古道文化景区开发现状

商於古道文化景区作为全省重点文化景区工程，由商洛市主持建设，涉及商州、丹凤、商南三个县区，早期策划项目83个，共投资167亿元。2014年12月，商洛市成立了商於古道文化景区建设工作领导小组和商於古道文化景区管委会。[①] 同时，丹凤县还成立了商於古道文化旅游产业发展投资公司，支持县内相关项目建设，采取政府建设项目、企业经营管理的政企分离模式，进一步深化古道旅游潜力的开发。在政府景区规划中，商州区主要开发以古蓝关为重点的牧户关区域；以仙娥驿为重点的城市周边区域；以棣花古镇（清风街、贾平凹故居、宋金街）为重点的棣花区域；以商镇（四皓墓）为重点的商山区域，以十二会馆为重点的龙驹寨区域，以武关古塞为重点的武关古城区域，以阳城驿为重点的商南县区域，将这些区域统一规划设计，按照分片打造、分批建设、梯次开发的原则累续进行。同时当地政府还委托专业设计公司编制《商於古道文化景区概念性及建设规划方案》《商於古道文化景区品牌整合营销方案》《商於古道文化景区建设规划》。[②]

规划涉及的几个县区中，丹凤县的古道景区建设启动最早，已有一定的建设规模，累计完成投资25.53亿元。其中，重点建设项目棣花古镇已在2015年10月基本完成一期工程，自开园以来，接待游客总数已达30万人左右。[③] 本小组于国庆假期特意前往丹凤棣花古镇景区进行考察。当时景区未收门票，免费进入，游客稀少，整个景区基础设施除了两个特色博物馆，其他设施尚未对外完全开放。其

[①] 商洛市文化旅游产业发展办公室：《商於古道文化景区建设情况汇报》2016年2月15日。

[②] 由于景区建设仍在继续，这些规划仍属于政府内部文件，不对外公布，故本组未能取得相关详细规划材料。

[③] 《商於古道文化景区建设情况汇报》，2015年5月18日，http：//www.swgd.gov.cn/index.php?m=content&c=index&a=show&catid=113&id=159。

主打的生态荷塘、生态休闲绿化基地也已初见雏形。景区内两条具有古道特色的清风街和宋金街也基本开始营业，其模式与一般仿古步行街无二。此外，景区内仍保有原汁原味的农家乐，通过促使周边农家村落的转型，形成独具特色的陕南农家生态体验项目。但根据本组成员感受，其景区建设仍有进一步提升的空间。比如特色项目不够突出，层次不明确，仍停留于一般的商业性开发层面；对古道文化古迹的保护不够重视，例如位于景区内的二郎庙，其周边服务设施过于密集，而对于建筑本身，却无任何保护措施；又如清风驿的恢复性重建，商业用途多于历史原貌的恢复，其开发性的二次破坏较为严重。

此外，本组成员还走访考察了商山四皓墓、武关遗址、商鞅封邑遗址、船帮会馆等地区。这些地区尚未开发建设，仍处于政府保护阶段，工程性破坏较少。其中，四皓墓已经在外围建有保护性的围墙，政府派离退休的人员专门看管。该区域相关古迹较少，除三座墓外，还有数目可观的碑刻，大多是历代文人咏叹四皓的诗词，由现代书法家所书。武关遗址位于今武关镇上，存有几块古墙夯土堆。笔者根据当地人指点，在夯土城墙附近找到了"武关道"遗迹，但隐于深谷杂草树丛之内，不能寻其踪迹。当地政府早在1992年便将这些夯土城墙定为省保文物遗址，但到了1996年才树立省保标识，划定保护范围。另有一碑文记述了武关的历史与武关八景，但由于小镇群众的文物保护意识较低，相关标识碑刻已被涂刻破坏。笔者从县文物部门处了解到，一部分城墙夯土因坐落于某村民庭院内，破坏严重，该户虽被罚款，但古墙遗址的破坏已无可挽救。还有，政府在启动国道312丹凤段项目时，在商邑遗址保护区范围内大型施工，在船帮会馆控制地段修建市政工程，都对文物古迹产生了一定的破坏。希望政府在开发旅游资源、进行基础设施项目建设时，能重视对文物古迹的保护，莫要让旅游资源开发变成在一片文物废墟中的重建。

其他的文化景区因路途遥远，本组成员未能全部前往，但通过对相关部门的走访了解，龙驹古寨已建成龙驹山庄、商帮广场，金山公园基本建成；商山古邑完成项目前期工作，武关古寨建成武关大桥；商南闯王寨已基本建成并营业，阳城驿建成阳城驿游客接待中心、古驿道商业街，商州区古蓝关古道遗迹修复工程已开工建设。① 同时，对商於古道的相关宣传工作也广泛开展，商洛市组织专家实地调研，先后整理编纂了《商於古道之丹凤》《守望武关》《范蠡在商南》等古道系列丛书，制作了3D专题纪录片《路的记忆》，创作了歌曲《神奇的古道》。同时，印发了《商於古道项目建设宣传方案》，计划制作一部宣传记录专题片，举办一次"穿越商於古道记者行"活动，举办古道摄影比赛和书画展活动，举办一期古道发展高层论坛活动，开办一家商於古道官方门户网站，创办文化专刊，设立一组大型户外展板等"十个一"项目建设宣传活动。② 笔者据前往商洛丹凤等地的亲身经历，确实感受到较浓厚的古道文化氛围。③

六 展望与建议

有关商於古道文化景区建设规划的建议，不管是民间还是官方都已提出过④，本小组则从历史学角度对商於古道文化线路提出一些看法与建议，仅供参考。第一，商於古道时代与古道景区路线的开发存在不对应性。历史上该古道多有变动，其不同时期的名称所对应的线路并不一致。而现今所开发的商於古道线路大体上是按照唐宋以来的古道线路，而与其所主打的先秦文化主题相去甚远。第二，古道的历史沿革与名称尚未有严格的官方定义与说明。在历史上，"秦汉武关

---

① 商洛市文化旅游产业发展办公室：《商於古道文化景区建设情况汇报》2016年2月15日。
② 《2015年商於古道项目建设宣传工作方案》，2015年3月30日，http：//www.swgd.gov.cn/index.php? m = content&c = index&a = show&catid = 89&id = 164。
③ 据笔者体验，在西安前往丹凤的长途大巴上，播放有商於古道旅游宣传片；在丹凤商洛的街头以及公路广告上出现："秦岭最美是商洛，商於古道走起来！"同时在当地的公交站牌、旅游名片等都能看到商於古道的宣传。
④ 商洛市政协与文联的《关于切实加快商於古道文化旅游景区项目建设的建议》，2014年6月25日，http：//sz.shangluo.cnwest.com/2014/0625/47697.shtml；刘作鹏：《对商於古道文化景区建设的意见和建议》，2013年12月13日，http：//bbs.hsw.cn/read-htm-tid - 6261608.html。

道"与"唐代武关道"或者"商山道"等称呼并不完全对等,其线路也有区别,虽然学界至今也未定义清楚古道的名称范围,但其所宣传的六百里"商於古道"只是历史上古道的一部分,并不包含蓝田至商州部分,以其部分的古道名称来称呼整条古道是否合适?是否有以偏概全之嫌?第三,文化景区建设缺乏专业性的文化创意,其模式过于单一普遍化,缺少自身文化特色,开发的旅游资源不具有独特性,缺乏核心吸引力。[1] 其建设规划对历史元素的利用也不够严谨,存在扭曲历史的情况。第四,整个文化景区建设,较少看到学界相关专业人士的参与,在一定程度上导致古道历史文化价值的挖掘流于表面,缺乏深度、理性、科学的维度。第五,古道景区各板块之间缺乏联动性,彼此独立,各自为战,各树品牌,缺乏统筹全局的意识。商於古道应是一整条延续的文化线路,开发方在开发过程中过于注重单个板块的区域开发,忽视了整体线路的联动性。第六,整条古道所经地域广阔,城镇众多,在开发过程中的配套基础建设与城乡产业布局规划并未配套。第七,古道规划的文化主题不够突出[2],呈现一种大杂烩形态,未能充分利用历史资源,一些次要的元素过于凸显,以致喧宾夺主,如棣花景区的打造过于强调生态休闲功能,而使驿站古道等文化特色被掩盖。第八,景区收入结构不合理,依旧以门票收入为主体,自身旅游形象定位模糊[3],缺乏系统的旅游品牌战略。第九,旅游产业链仍旧以政府为主导,缺乏大型企业带动支持,产业模式较为单一。

针对以上的问题,本项目组经过研究,提出自己的一些浅见:第一,邀请相关领域的专家学者对古道进行完整的历史变迁的考证,重

---

[1] 根据规划区旅游资源评估结果,特品级资源1处,占总量的1.2%,优良级32处,占39%,普通级49处,占59.8%。中低级旅游资源为主,特级旅游资源稀缺。

[2] 小组成员询问当地政府项目主管人员得知,规划的主题以历史文化古迹游览和休闲度假旅游为主,但这一说法在笔者看来过于笼统概括,其核心主题依旧不够明确。

[3] 根据政府规划中的形象定义,商於古道文化景区是集"先秦文明历史文化遗产廊道""国脉山水自然风景廊道""特色驿站农庄休闲度假廊道"和"产业创新发展廊道"四大概念于一体的簇团型文化休闲度假旅游目的地。

新定义古道的名称范围。同时规范古道科普宣传信息，避免误导大众。第二，组织专业学者对古道进行全方位的调研，组织研讨会，深入挖掘其历史文化价值，共同策划出具有专业水准兼具创意性的建设方案，使文化景区的建设更能凸显商於古道的特色内涵。第三，借鉴其他文化旅游线路开发成果与经验，抓住国家大力建设"丝绸之路经济带"的机遇，将本地区特色旅游文化与古道旅游有机结合，同时明确自身形象定位①，凸显主打项目优势，开发具备优势的旅游文化资源。② 第四，加强地区政府间的交流合作，强化项目领导分工，形成有层次、有效率的管理结构，重视整体的联动性，增加不同景区间的互动，如实行套票制度、古道几日游等措施。③ 第五，将古道文化旅游线路规划纳入城乡建设布局规划中，完善基础设施，加强招商引资，吸引大中型企业参与开发建设，完善产业链。第六，重视对文物遗址的保护，决不能为了开发旅游而对文物古迹进行破坏性修复，尽可能尊重原貌，整旧如旧，反对过度还原。第七，明确主题内涵，同时也要因地制宜，发挥地方特色。比如武关的军事地理、驿站文化、唐代诗歌、明清的商帮、丹江的水运等。第八，创新古道文化线路开发思路，根据其独有的特色开发出别具一格的旅游文化项目，例如丹江的漕运、漂流、沿途的驿站等特有元素。④ 第九，借鉴国内外先进旅游开发管理经验，创新旅游收入结构，开发景区周边项目，例如度假村、农家乐等。

---

① 自身形象定位又分为全国范围内和全省范围内，据笔者掌握资料来看，陕西省内的定位已有规划说明，计划成为关中旅游圈"周秦汉唐"四大板块之一、陕西民俗文化旅游龙头项目以及秦岭国家森林公园骨干。

② 陕西省商於古道文化旅游区与其他景区在自然风貌上具有同质性，无竞争优势且开发较晚。但其特色化的先秦人文资源优势和商贾军事古道文化优势较为明显。在关中旅游圈中，先秦时期的文化旅游项目缺失严重，应重点开发这部分资源优势，比如商鞅封邑、武关的军事文化，将其转变为垄断性文化资源。

③ 商於古道文化旅游区各个板块应在商於古道这一大品牌下开发各自的文化主题，针对不同的市场进行客源分流，同时也要按照资源互补的原则，将各个景点联合促销，建立旅游协作区。

④ 棣花古镇景区可以开发历史文化与民俗体验项目，商邑遗址可开发考古体验、遗址博物馆；武关镇可开发古代军事文化项目等。

七　结语

　　商於古道作为中国历史上延续千年的历史古道，其独特的历史文化价值理应受到重视。在国家建设一带一路的战略背景下，商洛市政府所主导的商於古道文化景区建设正如火如荼地展开。然而，学界和社会大众都对该古道关注较少、缺乏了解，影响了商於古道的推广与宣传。本小组通过此项目的研究，回顾历史上的商於古道灿烂纷呈的辉煌经历，还原其应有的地位与影响。同时，通过实地考察，本小组对古道沿途文物遗址的保护情况进行了初步调查，亦对正在建设中的商於古道文化旅游线路有亲身的体验和近距离的观察，发现了建设过程中的问题，提出了相关的对策与建议。希望这样一个项目能为古道吸引更多的关注度，也希望项目组为古道景区建设提供的些许浅见能有助于更好地展现古道灿烂多彩的文化价值。

第五章

刘邦入关相关遗址现状调研

2019年7月14日至17日,在白立超副教授、王振华博士的指导下,本考察小组在进行了前期充分准备和资料收集的基础上,确定以鸿门宴博物馆、阿房宫遗址、未央宫遗址、秦二世陵遗址公园以及咸阳博物馆作为此次考察的对象。在确定了这五处刘邦入关的相关遗址后,"刘邦入关相关遗址现状调研团"前往相关遗址进行了为期四天的学术考察与实践,对这些遗址的现状进行了充分的考察和深入的了解,并形成考察报告——《刘邦入关相关遗址现状调研报告》。

1. 考察团队

(1) 学生团队:董子豪(2017基地 队长)、范晓坤(2017国学)、王顺(2017国学)、秦佳锦(2017国学)、张凌青(2016国学)、吴润琪(2018国学)、武亚轩(2017国学)

(2) 报告撰写、修订:全体考察队员

(3) 摄影作者:董子豪

2. 考察目的

(1) 配合学院课堂教学,前往刘邦入关路线的相关遗址,对遗址的保存现状进行相关调研,发挥历史学科特点,结合专业自身优势,为弘扬传统文化贡献一份力量。

(2) 实习最终形成调研报告,对刘邦入关路线的相关遗址的保存现状进行分析,为今后各遗址的维护提出了合理化建议。

(3) 囿于西安、咸阳同类文化资源的过于集中,刘邦入关相关遗址的知名度仍然不高。"刘邦入关相关遗址现状调研团"对此进行实地调研，发布照片、推送微信，对这些遗址的宣传起了一定作用。

3. 行程规划

（1）7月14日，前往西安市临潼区，考察鸿门宴遗址博物馆。

（2）7月15日，前往西安市西咸新区，考察阿房宫遗址。前往西安市未央区，考察汉长安城遗址。

（3）7月16日，前往西安市雁塔区，考察秦二世陵遗址，进行资料收集、采访和影像记录。

（4）7月17日，前往咸阳市，参观咸阳博物馆，对馆方人员进行采访。

4. 考察收获

（1）通过对阿房宫、汉长安城、秦二世陵和咸阳博物馆的深入调查，系统地整理阿房宫、汉长安城、秦二世陵和咸阳博物馆历史遗存中刘邦入关路线的历史脉络，发掘其中丰富的文化内涵，形成理性、感性双重认识。

（2）采访遗址及博物馆管理人员，获得有关刘邦入关历史事件记录的口述研究资料，利用影像技术和录音笔全程记录采访过程，以口述史的形式记录阿房宫、汉长安城、秦二世陵等遗址在历史文化中的地位。

（3）依据原计划完成调研报告，剪辑相关调研短片。

5. 改进建议

（1）提前与相关单位负责人联系，定期联络，组织安排参观考察。

（2）提前了解队员身体状况，准备常用药物。

（3）可根据具体天气和路程对原计划进行调整，保证调研顺利进行。

6. 相关获奖

（1）"西北大学刘邦入关相关遗址现状调研团"获得由中共西安市委组织部、共青团西安市委委员会颁发的2019年西安市"遇见西安遇见你"全国大学生暑期西安研学实践活动团队"优秀团队奖"。

（2）董子豪获2019年西北大学暑期社会实践活动"先进个人"称号。

刘邦入关路线长期以来受到史学界的关注和重视，但其中仍存在很多争议，如刘邦入关路经地点、行军时间和战斗发生的具体位置等，且大多停留在资料上，缺乏实地走访。阿房宫、汉长安城等许多相关遗址遗存就是秦汉之际历史的重要见证。因此，西北大学"刘邦入关相关遗址现状调研团"对阿房宫、汉长安城、秦二世陵和鸿门宴博物馆的调研，不仅是对秦汉政治文化发展的一个探索，也是力图通过刘邦入关路线的调研，对相关遗址的保护作出一定的贡献。

一　调研背景及意义

（一）历史背景

从中国政治文化角度来看，西汉的政治中心都在关中地区，也就是秦之故地。这与制度方面呈现出"汉承秦制"的特征是一样的。秦汉之际时人心目中所谓"承秦"，恐怕并不仅仅是指继承前一个时代，其中亦应有继承关中故地之义。刘邦与陈胜、项羽一样，都是楚人。战国后期，秦、楚矛盾非常尖锐。所以在反秦战争中，楚人是主角。刘邦发迹之时称"沛公"，可以说此时的刘邦仍然是楚人。但刘邦由楚制转承秦制却真实地发生了。据学者李开元考证，刘邦早在汉元年（公元前206）四月进入汉中不久就废除楚制，承秦制。刘邦此时承秦，与当时楚汉之争的政治形势密切相关。[1] 刘邦若想与项羽争天下，偏安汉中弹丸之地肯定是不行的，只有再次占领关中地区才有东进的可能。刘邦在关中有一定的号召力，但这种优势必然不是一朝一夕之巨变而来，而需要经历一个民心的长期积累过程。仔细审查刘邦"背楚承秦"的过程，必先从刘邦入关谈起。刘邦对秦地的苦心经营，使自己在秦地的影响力一如项羽在楚地的影响力，夺取关中既有必要，也有可能。将历史视野扩大至楚汉战争，乃至有汉一代，刘邦和他的

---

[1]　李开元：《前汉初年军功受益阶层的成立》，《史学杂志》第99编第11号。

继任者们在军事上历来倚重故秦六郡之良家子弟。关中地区在楚汉之争中为刘邦输送了大量的军事人员。因此，对刘邦入关路线的调研不仅可以推动秦汉之际刘邦"背楚承秦"内容、过程和动态的研究，还可以探讨刘邦秦制对嬴氏秦制的新解释和新发展。

从中国历史的角度来看，刘邦入关是致使秦王朝灭亡的重要原因之一，一直以来为历史学界所重视，但大多研究是通过文献产生的观点和思辨，对于相关遗址保存现状的关注较少。阿房宫、汉长安城和许多相关遗址遗存就属于秦汉之际历史的重要见证。前往这些遗址遗迹进行调研，有利于启发学界对刘邦入关路线本身的探究。

从陕西地方史角度来看，陕西是探寻刘邦入关路线的重要窗口，对刘邦入关路线的调研是对秦汉之际政治传承和变迁的一个重要研究，也是对陕西作为故秦之地在此时做出巨大转变的探讨。陕西作为周秦汉唐文明的中心，秦汉之际的历史变迁实际上并未影响陕西的中心地位，个中缘由仍需探析。因此，调研阿房宫、汉长安城、鸿门宴博物馆、秦二世陵和咸阳博物馆，考察刘邦入关路线相关遗址现状，就具有较高的历史学考证意义。

（二）社会与经济意义

从提高景点知名度的角度看，阿房宫、汉长安城、秦二世陵和咸阳博物馆等遗址、博物馆展览等都有着数量可观的遗物遗迹，资源的可开发性很高，但囿于西安、咸阳同类资源的过于集中，这些景点的知名度仍然不高。刘邦入关相关遗址现状调研团对此进行实地调研，发布的一些照片、调研报告对这些遗址的宣传有一定的作用。

从社会教育的角度来看，考察阿房宫、汉长安城、秦二世陵和咸阳博物馆等遗址遗迹，对了解秦汉之际历史有重要作用。对刘邦入关路线的调研可以提高调研团队对历史兴衰的认识，并通过调研报告将这种历史体会传递给民众。同时，也可以吸引更多学校、机关等利用这些遗址遗迹开展教育工作。实地调研有助于感受当时的历史情景，以当时人的心态看待历史的变化，身临其境者可以得到潜移默化的精神熏陶和历史体验。

从经济角度来看，当地在保护利用其文化资源的同时，也会获得更多的经济效益，促进地方经济发展。刘邦入关路线涉及众多的历史遗迹，当然，我们认为这些历史遗迹的真伪还需要考辨。与此同时，这些尚不具备真实性和完整性的"古迹"，也或多或少地发挥着纪念性遗产的作用，有一定的社会经济价值。

（三）文化价值和文物保护意义

通过对阿房宫、汉长安城、秦二世陵和咸阳博物馆等深入的实地调查，系统地整理阿房宫、汉长安城、秦二世陵和咸阳博物馆等历史遗存中刘邦入关路线的历史脉络，发掘其中丰富的文化内涵，响应国家"文化自信"的政策。

阿房宫、汉长安城、秦二世陵和咸阳博物馆都富集秦汉文化的因子。刘邦入关路线相关遗址调研必然会涉及对这些遗址、遗迹真伪的探析。这些存疑之处也可以不断激发学者和社会力量对其历史（传说）进行考证，促进相关学术研究、考古调查等基础工作的开展。

从文物保护角度来看，对阿房宫、汉长安城、秦二世陵和咸阳博物馆等进行深入调研，了解阿房宫、汉长安城、秦二世陵和咸阳博物馆等遗迹、遗物的挖掘与保存现状，才能够更好地对其保护，并提出合理化的建议，同时唤起当地群众和政府对文物更好的保护意识。

基层文物管理部门应重视发挥其向社会大众尤其是年轻一代普及历史文化知识、发扬爱国主义教育方面的作用，对这些"古迹"的保护工作给予一定支持；同时应站在公正、客观和科学的角度上，联合学术界加强对基层政府的支持和引导，避免政府动用大量资源进行盲目的或不必要的项目开发。

二 鸿门宴博物馆调研

鸿门宴遗址博物馆位于西安市临潼区新丰镇鸿门堡村，距秦兵马俑博物馆仅 2.5 千米，南依骊山，北邻渭河，地处潼关通长安要道。目前馆内占地 10000 余平方米，拥有三个展厅：宴会厅、楚汉骄雄展厅、楚汉争霸展厅。两处遗址，鸿门宴、汉代厕所遗址。

鸿门宴博物馆占地虽大，但空地甚广，没有绿树幽幽、气势磅礴的瞩目建筑，也无碧草芊芊、精雕细琢的飞檐屋宇。进入博物馆，首先映入眼帘的便是"鸿门一宴，千秋转机""千秋饭局"的字样，展现着鲜明的主题。博物馆展厅内的70余件文物，主要是陶器和青铜剑。在描述鸿门宴遗址时，出土石刻"鸿门坂"与传世文献《关中胜迹图·新丰镇》[1]的相互印证非常具有价值。博物馆各处遗址也尽可能按照《史记》[2]的描述做了特别的布置，如汉厕、宴会厅等。宴会厅内蜡像栩栩如生，故事与讲解的结合给人身临其境之感（图1）。

图1　队员考察鸿门坂与关中胜迹图

现存鸿门宴遗址用青砖砌成，呈正方形，边长14米，高3.5米。据考古学家考证，公元前206年，项羽在此设宴宴请刘邦。宴会台北面宴会厅展出复原的历史场景，将紧张气氛表现得淋漓尽致（图2）。

---

[1] 毕沅：《关中胜迹图志》，三秦出版社2004年版。
[2] 《史记》卷七《项羽本纪》，中华书局1959年版。

图 2　现存鸿门宴遗址——宴会台

遗址博物馆东北侧是修复后的项王营，建筑面积达 14600 平方米，一座围地而起的古城堡像虎卧山巅，60 面战旗席卷风雨硝烟，60 盏古灯照耀着军营兵寨。博物馆与项王营属同一售票处，却分别售票，可见其已具备一定的影响力。

基于游客对鸿门宴故事的高度熟识，加之鸿门宴遗址与秦始皇兵马俑馆之间免费的公共交通，博物馆每日都有着较为稳定的客源。

与此同时其存在的其他问题依然亟待解决。如导览图中标示的碑林实际不存，已经迁往他处；展品种类不够丰富；蜡像属于静止的复制品，较为普通；擂鼓表演人员多是附近乡民，表演的艺术性欠佳。与西安市内博物馆相比，宣传石刻、建筑的专业性和文物展览的品类方面，鸿门宴博物馆还有很长的路要走。

总而言之，鸿门宴博物馆通过大量文物、沙盘、连环画、图版等生动再现了历史故事，重现了当年宴会的紧张气氛。"鸿门一宴"对于大汉王朝"千秋转机"的建立，无疑是浓墨重彩的一笔，该遗址博物馆不仅展现了楚汉之争、刘邦入关等相关历史文化，对广大游客起到历史科普的作用，还促进了当地以历史文化资源为依托的旅游业的发展。

鸿门宴遗址博物馆可以作为合理开发、利用历史文化资源的典型案例，为现存博物馆的发展提供借鉴。历史文化资源利用得好，会成为当地旅游发展的一张名片。通过历史遗址（迹）的旅游开发，可以回馈历史文化遗址（迹）的再保护、再开放，最终形成保护与开发利用的良性循环。

三　阿房宫遗址调研

阿房宫遗址位于今西安市以西三桥镇西南，是秦王朝的宫殿建筑群遗址（图3）。该遗址以阿房宫前殿遗址为主，另外还包括上天台、磁石门、纪阳寨台地、烽火台四处遗址。其中前殿遗址是中国迄今为止保存规模最大的夯土台基，长约1300米，宽400米，面积为60万平方米。[①] 唐代诗人杜牧在《阿房宫赋》中对阿房宫是这样描写的："六王毕，四海一；蜀山兀，阿房出。覆压三百余里，隔离天日。"由此可见其占地面积之广大。阿房宫遗址具有十分重要的地位，1961年

图3　队员考察阿房宫遗址

---

① 田增涛：《秦阿房宫遗址保护规划》，《文博》2005年第4期。

3月4日，国务院公布阿房宫遗址为第一批全国重点文物保护单位；1991年更是被联合国确定为世界上最大的宫殿基址，是当之无愧的"世界奇迹"。

本次调研以阿房宫遗址为主，通过走访以及查找资料的方式，对遗址现状进行分析，从而有针对性地提出相关的保护措施和开发建议。

（一）遗址现状介绍

阿房宫遗址目前所发现的遗址主要包括八处，即面积最大的前殿遗址，上林苑一号、二号、三号、四号、五号、六号建筑遗址以及好汉庙建筑遗址。阿房宫遗址最主要的区域是阿房宫的前殿遗址。阿房宫前殿遗址东西约1270米，南北约426米，总面积可达541020平方米，现存最大高度约12米（从台基北边缘秦代地面算起）（表1）。[①]

表1　　　　　　　　阿房宫八处遗址简况表[②]

名称	时代	面积（m²）	相对位置	资料来源
前殿遗址	秦代	541020	聚驾庄、赵家堡到大、小古城村	《考古学报》2005年第2期
上林苑一号建筑遗址	战国、秦	11250	纪杨寨以南	《中国文物报》2005年12月9日，《考古》2006年第2期
上林苑二号建筑遗址	战国、秦	6400	纪杨机砖厂以东	《中国文物报》2005年12月9日，《考古》2006年第2期
上林苑三号建筑遗址	战国、秦、汉	8908	后围寨以北	《考古》2007年第3期
上林苑四号建筑遗址	战国、秦、汉	15820	"上天台"遗址东	《考古学报》2007年第3期
上林苑五号建筑遗址	战国、秦、汉	1890	阿房村西南、"上天台"遗址西北	《考古》2007年第3期

---

① 杜征：《秦阿房宫遗址考古调查报告》，《文博》1998年第1期。
② 此表根据《阿房宫保护规划》制成。

续表

名称	时代	面积（m²）	相对位置	资料来源
上林苑六号建筑遗址（磁石门遗址）	秦、汉	2777	武警学院操场	《中国文物报》2007年7月6日
好汉庙建筑遗址	战国、秦、汉	1404	上林苑三号建筑遗址东北2000米处	《考古学报》2008年第1期

阿房宫遗址目前主要是地面遗存，但比较遗憾的是地面遗存存在大面积残损情况，且被周围村民占压遗址作为耕地或墓地的情况十分严重。各部分残存状况并不统一，有的地方破坏情况十分严重，有的地方则保护得较好。出现这种情况分为两个原因，即自然破坏和人为破坏。

自然破坏主要体现在自然坍塌、雨水侵蚀等方面，也就是夯土在漫长的岁月里不断受到风雨的剥蚀，从而导致遗址保留在地面的部分越来越少。对于遗址来说还有另外一个十分致命的问题，就是地表的植物对遗址造成的破坏。植物的根系扎根于遗址的夯土当中造成了遗址土体边坡迸裂甚至塌陷，加之雨水冲刷，使得地上遗存不断地被销蚀解体（图4）。

图4　队员在与当地村民交谈

人为破坏主要有两个方面。其一，村民在遗址附近开挖窑洞。虽然近些年来随着经济的发展，这种现象有所缓解，但之前所开挖的窑洞对夯土有直接的破坏作用。破坏了夯土台本身的结构，极容易导致窑洞上方土体的坍塌。这些窑洞主要集中在西壁和北壁西端的转折处，现在仍然可以看到。其二，土葬的破坏。受传统殡葬观念影响，周围村民都实行土葬，所以秦阿房宫遗址附近的村民一直以来都将墓地安置在遗址附近甚至是遗址内，这对遗址就造成了很大的破坏，同时大大影响了环境面貌，将平整的土地变得千疮百孔。目前，阿房宫的前殿夯土台基和外围仍存在着约上千座的现代坟墓（图5）。

图5 阿房宫遗址一角

（二）保护和开发的措施

1. 阿房宫遗址保护现状

1995年，有关部门在阿房宫前殿遗址的西侧修建了青石栏杆，将西侧夯土台基与村庄隔离起来，使村庄与阿房宫遗址间有了划分的界定。并且在阿房宫前殿遗址和上林苑四、六号遗址设置保护标志，提醒游人和村民不要对其进行破坏。但比较遗憾的是除了这几处之外，其他的遗址并没有标志和界桩，希望今后可以修建，从而全面地对遗址进行保护。同时对遗址内的夯土台也进行了清理，出土文物都在西

安市文物保护考古所和西安博物院进行妥善保管,并供参观。通过实地考察,调研团发现阿房宫遗址在保护开发方面存在以下问题:

其一,阿房宫遗址占地面积很大并且植被繁茂,林中的道路多属人工开辟而且分岔较多,行走不方便。虽然有路牌的指引,但路牌的数量并不多,且较偏远的角落没有路牌,很容易迷失方向。要是在下雨天后,道路泥泞,游客的人身安全也存在很大的隐患。

其二,因为遗址占地面积较大,工作人员较少,往往只集中一个区域,这就导致有的区域没有工作人员。对于游客来说,也存在着很大的安全隐患,若是遭遇意外,将无法得到工作人员的及时援助。所以,应该在景区划区域设置救助点或巡逻的工作人员,这样在游客遇到危险时,景区可以提供及时的援助,从而有力地保障游客的生命安全。同时,在一些比较偏僻或者比较危险的地方写上标语来提醒游客注意自身安全。

其三,对于一些遗址的保护工作还存在较大的疏漏。例如前殿的夯土基址仅仅使用木桩支撑以防止倒塌,并没有进一步的保护措施,并且可以看出木桩的使用时间较长,有的甚至出现了腐朽的情况,并没有及时更换,存在较大的安全隐患。由于雨水冲刷等原因对夯土造成极大破坏,不加以进一步地保护的话,最终将会导致整个夯土受到影响,甚至出现倒塌、滑坡的危险情况,会对周围村民的生命和财产造成很大的威胁。所以一定要重视对遗址的保护,且保护措施不能太单一,要通过科学有效的措施从根本上解决安全隐患问题。

2. 对阿房宫遗址开发的建议

阿房宫遗址植被茂盛,除了遗留下来的夯土就只剩下茂密的树林了,再加上本身的面积很大,难免有点荒凉单调。并且相关的配套设施缺乏,大多数都是附近的村民来此地乘凉、散步。

针对这种情况,当地政府可以吸引社会资金支持,向社会各界寻求帮助,不能仅仅依靠政府的财政来解决。同时可以一步步开发,比如可以先将几个最重要的宫殿进行开发改造并向外界开放,从而有部分收入。也可以对遗址中茂盛的植被加以改造,能够进一步提升遗址的观赏性。

遗址是历史的见证，更是我们的珍宝，是不可再生的人类文化资源，一旦失去，就会成为永远的遗憾与损失。遗址凝聚着我们先民的智慧与汗水，有浓厚的文化底蕴与内涵，这也是努力保护遗址的原因所在。

四　汉长安城未央宫遗址调研

未央宫属西汉高祖时期所建宫宇，始建于汉高祖七年（前200），完成于汉高祖九年（前198）。未央宫壮丽肃穆，是汉初中央权力的象征。汉高祖刘邦聚众起义于山东沛县，一路向西攻占咸阳，降秦王。在楚汉之争中击退项羽，统一天下，定都长安。定都长安后，汉王朝先建长乐宫，又造未央宫。据《史记》载，"萧丞相营作未央宫，立东阙、北阙、前殿、武库、太仓""宫阙壮甚"，[1]尽显西汉未央宫的辉煌。汉长安城未央宫位于城西南、安门大街西边。汉高祖刘邦在位期间，长居长乐宫，长乐宫是在秦兴乐宫的基础上，由丞相萧何主持改建的西汉第一座正规宫殿。高祖崩后，汉惠帝刘盈即位，开始以未央宫作为皇宫。自此以后，西汉二百余年以此为制，后世王朝诸如王莽朝、前赵、前秦、后秦、西魏和北周等也以未央宫为皇宫。未央宫历经千年，于唐末战乱时被战火侵袭而毁，是中国历史上使用朝代最多、存在时间最长的皇宫。

未央宫历经朝代更替、历史兴衰，这里发生过众多重要历史事件，是中国历史与文化的重要见证之一。在未央宫沦为废墟的千年以后，现代考古学家十分重视遗址考察工作。随着时代变迁，未央宫遗址已经从西安市中成功隔离出来，成为现代都市包围起的一片"历史孤岛"。它位于现陕西省西安市未央区，在经过20世纪的考古发掘后被纳入第一批全国重点文物保护单位，并于2014年成功列入《世界遗产名录》。国家、陕西省、西安市一直对未央宫遗址的保护和开发问题十分重视，计划将其建设成为国家考古遗址公园，在保护的前提

---

[1] 《史记》卷八《高祖本纪》，中华书局1959年版，第385页。

下，最大可能地彰显其文化意蕴（图6）。

图6 未央宫遗址一角

早在1956年，中国社科院就已经组建汉长安城考古队开展汉长安城遗址发掘工作。1961年至1962年，工作队对未央宫的范围进行初步勘探。20世纪80年代，考古队对未央宫遗址展开全面的考古发掘工作。通过这些工作，未央宫遗址研究有了重大进展，取得了丰富的学术成果，相关成果主要系统地记录在1996年出版的《汉长安城未央宫1980~1989年考古发掘报告》一书中。①

未央宫遗址平面布局呈规整的长方形，其总面积约5000平方米，四周筑有城墙，各设宫门，据《三辅黄图》载："汉未央……四面皆有公车司马门。"② 除此之外，还设有十几座供特定人员进出的掖门。据文献记载，宫内的主要建筑物大概有40座，但现存遗址只有前殿、椒房殿、天禄阁、石渠阁、中央官署、少府、西南角楼、沧池、明渠以及各城墙城门等。前殿位于宫城的中心，是未央宫最重要、最威严

---

① 参见李毓芳《汉长安城未央宫的考古发掘与研究》，《文博》1995年第3期。中国社会科学院考古研究所编著：《汉长安城未央宫1980—1989年考古发掘报告》，中国大百科全书出版社1996年版。
② 何清谷：《三辅黄图校注》，三秦出版社1985年版，第137页。

的建筑。前殿北侧有一条主干路,为东西走向,连接东西宫门;南侧一条东西走向道路通往章城门,东侧一条南北走向道路连通南北宫门。现存距前殿最近的建筑是其北侧的椒房殿,为皇后居所,因其用椒粉和泥涂抹宫殿墙壁而得名,椒粉和泥可使殿内温暖又充满芳香。再向北靠近宫墙处建有天禄阁以及石渠阁,天禄阁几乎位于前殿正北方向,石渠阁居天禄阁以西。前殿以北、椒房殿以西的建筑自西向东已被确认,是中央官署和少府等皇室官署遗址。前殿西侧有明渠,与宫城西南侧的沧池相连,沧池水经前殿、椒房殿、天禄阁西侧自南向北流出(图7)。

图7　少府遗址

(来源:汉长安城未央宫遗址)

秦汉时期,宫城中的大朝正殿称为"前殿"。未央宫前殿建在龙首山的山丘上,其不仅位于中央,且地势较高,俯瞰四方,尽显皇权至上。前殿是未央宫的主体建筑,前殿之内又分为前、中、后三大殿,中殿为正殿,帝王登基、朝臣觐见、皇家婚丧等典礼仪式均在此举行。居正、居中、居高,是历经战乱后完成大一统的汉王朝和帝王权力集中的体现。

天禄阁与石渠阁同为西汉丞相萧何主持建造,据《三辅黄图》记载,天禄阁是典籍收藏场所,石渠阁则收藏"图籍"与"秘书"。[①]西汉时期目录学家刘向、经学家刘歆等都曾在天禄阁从事书籍校勘工作。汉成帝三年(前14),"光禄大夫刘向校中秘书。谒者陈农使,使求遗书于天下"[②]。汉成帝在位期间政绩不多,但有广集图书一项可为之称颂,此举对图书文献的保存流传具有重要意义。刘向在天禄阁完成了古代最早的目录学书籍《别录》,原书早已佚失,但其对目录学有着重要的开创之功。刘向之子刘歆在此基础上完成了《七略》的书写。经学史上著名的学术会议——石渠阁会议曾在石渠阁举办。甘露三年(前51),汉宣帝诏刘向等经学大家,在石渠阁讲论"五经"。石渠阁会议后编写《石渠议奏》,部分保存在杜佑的《通典》中,使后世得以窥见个中历史信息。石渠阁会议后,《穀梁传》地位上升,统治阶级更重视儒家宗法礼仪对解决政治和社会问题的作用,皇权在学术中成为主导(图8)。

图8 宫墙遗址

(来源:汉长安城未央宫遗址)

---

① 何清谷:《三辅黄图校注》,三秦出版社1985年版,第325—326页。
② 《汉书》卷十《成帝本纪》,中华书局1962年版,第310页。

据考古资料分析，中央官署布局十分规整，四周筑有围墙，官署内建有楼房以存放骨签，这批骨签对研究西汉时期职官制度、官营手工业等具有重要意义。出土的骨签不仅"排出西汉时代的中央所辖郡国工官职官表"，也是"中国档案史上的最重大的发现"①。

官署以东还有较为重要的少府遗址。在汉代，少府掌山海池泽之税，以给供养，专管皇室财政。少府机构庞大，属官数量繁多，如尚书、太医、符节、太官、汤官、乐府、若卢、考工室、左弋、甘泉居室、左右司空等皆隶属少府。

自2012年6月至2014年9月，未央宫遗址已经陆续完成14项遗址保护展示工程，同时还完成汉长安城未央宫申遗专题陈列室改造及布展工程。② 在不久的将来，这里将会建设成为大型的遗址公园，让人们"重进未央宫"，领略汉王朝辉煌的历史和深厚的历史文化。

五　秦二世陵遗址公园调研

（一）遗址公园概况

秦二世陵遗址公园（图9），为"西安曲江新区六大遗址公园"之一。

图9　胡亥墓遗址

---

① 李毓芳：《汉长安城未央宫的考古发掘与研究》，《文博》1995年第3期。
② 刘嘉树、杨思瑶：《汉长安城未央宫世界文化遗产暨国家考古遗址公园的价值阐释与文化传承》，《文物鉴定与鉴赏》2018年第23期。

该公园位于陕西西安雁塔区曲江池故址南沿台地上,占地约 70 亩,建筑面积约 4714 平方米。遗址以秦二世胡亥墓为主体,该墓封土经多年维持修固,现规模已较可观。1956 年,秦二世陵遗址公园成为陕西省第一批重点文物保护单位。此后数十年间,当地政府及各界民众均有集资修葺之举,基本奠定了秦二世陵遗址公园的雏形。2010 年,曲江新区以保护之名修园植绿,建设博物馆,遂成"秦二世陵遗址公园"[①]。

1. 山门

山门是遗址公园入口处的必经之道,修于 2010 年建博物馆时。山门内侧,作为整个遗址公园的"索引",陈列有秦末著名历史人物——胡亥、扶苏、李斯、蒙恬、赵高等人画像,并有农民起义领袖陈胜、吴广的画像(图 10)。

图 10 山门内人物画像

2. 大殿

据宣传资料介绍,秦二世陵遗址公园大殿始建于 20 世纪 80 年代,是园内的主要建筑遗存之一。现主要功能为展览文物。

---

① 西安市地方志编纂委员会:《西安市志》,西安出版社 1996 年版,第 560 页。

3. 秦二世陵墓及墓碑

公园未建之前，秦二世陵墓杂草丛生，封土与周围的自然环境混为一体。现今则已然重新修整了坟茔封土，水泥砌地、白砖包边，环境与前相比，实有较大改善。

秦二世陵墓碑（图11），位于陵墓正前，乃是陕西巡抚毕沅于乾隆四十一年（1776）所立。正面书刻"秦二世皇帝陵"六个隶书大字，苍劲古朴[①]，背面则以小字述陵墓沿革。公园未规划建设时，此碑与图1标识碑在墓前左右并立，现今标识碑已被挪至墓碑前侧。或许是考虑到碑体保护，目前碑体两面均以原碑碑拓粘贴覆盖，就碑拓状态观之，正面两侧及背面小字均已有较大程度磨损。

图11 毕沅所书"秦二世皇帝陵"碑

4. 西安曲江秦二世陵遗址博物馆

除秦二世胡亥墓遗址外，园内另有西安曲江秦二世陵遗址博物馆（图12）。"该馆以曲江新区2003—2010年建设过程中出土和抢救性挖掘的精品文物为主体，通过遗址展厅、陶器展厅、青铜玉器展厅、壁画复原展厅四部分展示150余件文物，采用大量史料及科研文字介

[①] 该碑右书"赐进士及第兵部侍郎兼副都御史陕西巡抚毕沅敬书"，落款为"大清乾隆岁次丙申孟秋 知咸宁县事丁尹志立石"。

第五章 刘邦入关相关遗址现状调研 / 151

绍、模型复原、实物展陈、图片展示、多媒体系统等展现曲江地区厚重的历史与文化。"[1] 博物馆建成后，于 2010 年 9 月 28 日开放。

图 12 曲江秦二世陵遗址公园内秦殇博物馆

园内还有许多分批建起的秦风雕塑——"秋声寒苑""阙望南山""杜虎符""指鹿为马""断崖铜车马"等，不仅强化了遗址公园的历史人文气息和艺术气息，也有利于观光客对秦末历史产生直观的具象化认识（图 13）。

图 13 遗址公园内断崖雕塑

---

[1] 西安市地方志办公室主编：《西安年鉴》，西安出版社 2011 年版，第 583 页。

总之，此遗址公园是以秦二世胡亥墓为基础，以亡秦警示文化为主题，集园林绿化、文化展陈、文物保护为一体的历史文化展示基地。

(二) 秦二世陵历史变迁

1776年，陕西巡抚毕沅于胡亥墓立碑，书刻"秦二世皇帝陵"。现在主体六字犹在，其余部分内容则因风雨日久侵蚀而模糊。据研究，毕沅所立碑刻绝大多数位于墓葬南侧，少数位于墓葬北侧，秦二世陵碑刻即为其一。[1]

1956年，秦二世胡亥墓成为"陕西省第一批重点文物保护单位"。

1986—1996年，西曲江池村村民王树发、西影厂李镇东等人先后承包陵墓，对陵墓进行整修，设围墙、展室、门楼等建筑。[2] 1987年1月，"秦二世皇帝陵保管所"成立，并正式对外开放。但因为位置偏僻，交通不便，故经营者持续性入不敷出，不利于墓园保护。

2010年，曲江新区以保护之名修园植绿，建设博物馆，遂成"秦二世陵遗址公园"，[3] 并于同年9月28日对外开放。遗址公园修成后，秦二世陵遗址得到了更加科学的保护。

(三) 秦二世生平

秦二世，名胡亥，其史迹附录于《史记·秦始皇本纪》。"二世"之名，乃是因于秦始皇二十六年（前221）的诏书。"制曰：'朕闻太古有号无谥，中古有号，死而以行为谥。如此，则子议父，臣议君也，甚无谓，朕弗取焉。自今以来，除谥法。朕为始皇帝。后世以计数，二世三世至于万世，传之无穷'。"[4] 诏书不仅规定了其继任者以

---

[1] 陈斯亮、杨豪中、赵荣：《清人毕沅为陕西陵墓立碑考》，《山西档案》2018年第1期。

[2] 徐卫民主编、陕西省地方志办公室编：《陕西帝王陵墓志》，三秦出版社2017年版，第141页。

[3] 徐卫民主编、陕西省地方志办公室编：《陕西帝王陵墓志》，三秦出版社2017年版，第141页。

[4] 《史记》卷六《秦始皇本纪》，中华书局1959年版，第236页。

"二世"为名，而且也体现出了秦始皇对秦朝万世基业的向往。

不过，万世基业仅仅是愿景，很快便出现了"亡秦之谶"。

公元前215年，秦始皇巡察北境。燕地人卢生自海外而来，以鬼神之事向秦始皇上奏，奏曰："亡秦者胡也。"直言秦朝基业将毁于"胡"之手。于是，"始皇乃使将军蒙恬发兵三十万人北击胡，略取河南地"①，似乎是希望借此一战，除去秦朝最大的隐患，以保万世基业。

可是，秦始皇虽发大军北击胡，秦仍亡。这是什么缘故呢？

《史记集解》援引郑玄的解释："胡，胡亥也，秦二世名也。秦见图书，不知此为人名，反备北胡。"② 郑玄认为此谶之"胡"并非"北胡"，而是"胡亥"，因为始皇错误理解了"胡"的含义，从而导致泱泱秦朝，一朝毁于胡亥之手。

然而，"亡秦者胡也"这一说法，其实是有问题的。就此谶语本身而言，其实指向性已然十分模糊。一个"胡"，可以是秦始皇视为的"胡人"，也可以是郑玄视为的"胡亥"，有着很大的解释空间。秦始皇将其视为胡人，一方面是因为胡人勇武善战，又常年南下侵袭，对秦朝的威胁较大；另一方面是这条谶语或许本就是为了"北击胡"一事而造的呢？

东周以降，秦、燕、春秋晋、战国赵、齐等偏北诸国均与戎狄接壤，且时有摩擦，边患十分严峻，因而各国均有征伐诸戎、筑造长城御边拒胡之举。秦国位于诸国中较西地带，在地理上常与诸戎相杂，因此，与诸戎矛盾也更为尖锐。矛盾既多，征伐之事也便更繁。北方边患的威胁在春秋战国时期，于各国而言，都是一个普遍存在的问题，诸国与北胡的斗争，也一直未曾断绝。"亡秦者胡"的说法，其实有着深厚的时代背景，而绝非郑玄所言"不知此为人名，反备北胡"。

秦始皇统一六国，稳定了内部统治之后，出于内外相安、祚延千

---

① 《史记》卷六《秦始皇本纪》，中华书局1959年版，第252—253页。
② 《史记》卷六《秦始皇本纪》，中华书局1959年版，第236页。

秋万世的政治需求，眼光自然要朝向历来具有威胁性的北方游牧部落。为了使北击胡一事具有正当性和必要性，于此造出"亡秦者胡也"的谶语，以鼓励士气、激发斗志，也是可以理解的统治手段。

蒙恬击胡后，秦始皇便在胡之故地筑城实民，巩固北边统治，又修"直道"自咸阳直抵九原。① 这一系列措施的实施，既保证了北边的稳定，又扩展了属地；既加强了关中与北地的联系，又为发兵北上提供了极大便利。因此，秦始皇北上击胡一事，实在是一项有所蓄谋、深思熟虑的政治军事行动。

此外，后世很多王朝都有编造谶语或附会谶语来为起兵、统治合理性作辩护的记载。秦未亡时，民间即有"亡秦必楚"的说法，秦末陈胜吴广起义，便特地附会此谶，编造出"大楚兴，陈胜王"的谶语；西汉末年，也有哀帝附会"更受命"之谶的政治闹剧；光武帝刘秀，更是利用"刘氏复起"图谶于宛地起兵。② 可见每逢重大政治事件之时，编造谶语以争取民心的行为是当时乃至后世的常态。

综上所述，我们认为秦始皇造谶以击北胡的可能性，要大于"不知其为人名，反备北胡"的可能性。

公元前210年，胡亥即位。《史记》记载，当年十月，秦始皇出游。胡亥"爱慕请从"，与始皇同行。不久，始皇至平原津而病，逝于沙丘。始皇逝世前，本留有玺书给公子扶苏，而胡亥与赵高密谋，策划"沙丘之变"，矫诏逼扶苏、蒙恬自杀，从而登上皇帝宝座。据载，其在位期间，骄奢残暴，倒行逆施。短短三两年，便使得官相连坐者不可胜数，"刑者相半于道，死人日成积于市"，终于酿出了天下云集响应的陈胜吴广起义及之后的关东起义。二世三年，胡亥被赵高婿阎乐谋逼而死，终年不过24岁，以"黔首"葬于宜春。③ 秦始皇"延元万年"的梦想，也随着二世之死，湮灭在了历史的尘埃中。

需要说明的是，虽然一直以来秦二世胡亥都以《史记》中"矫诏

---

① 《史记》卷六《秦始皇本纪》，中华书局1959年版，第236页。
② 《后汉书》卷一《光武帝纪》，中华书局1965年版，第2页。
③ 《史记》卷六《秦始皇本纪》，中华书局1959年版，第290页。

弑兄，暴虐成性"之恶名闻于世，但 2009 年北大新收藏的一批西汉竹书中，有《赵正书》一篇，①却有着与太史公迥然不同的记载。其大意为：秦始皇临终命丞相李斯等"议所立"时，众人"请立子胡亥为代后。王曰：'可。'"。二说之异，暂无法判定孰是孰非，但可以肯定的是，在西汉初期，对于二世的继位，至少存在两种不同的说法。

（四）秦二世陵遗址公园建设意义与价值

遗址公园，一般来讲，即是以某一历史文化遗址为主体，并以此为基础将遗址保护和遗址展示合为一体的公园，一般拥有宽阔的公共平地，具有保护和宣教功能（图14）。

图14 秦二世陵遗址公园庭院中"杜虎符"雕塑

就考古遗存而言，秦二世陵墓的真实性是存疑的，李尔吾曾提出，就墓内考古发掘所得墓葬形制来看，此墓乃是一座典型的西汉墓；就其地点而言，也与《史记》互有抵牾。②所以，当下遗址公园

---

① 北京大学出土文献研究所编：《北京大学藏西汉竹书》，上海古籍出版社 2015 年版，第 190 页。
② 李尔吾：《从秦二世陵的价值和象征浅谈纪念类遗存的保护意义》，《遗产与保护研究》2016 年第 6 期。

内的秦二世陵墓，或并非真实的秦二世墓址。尽管如此，在当地民众心中，此地仍然是一个充满"亡秦悲风"的遗存。从历史专业角度审慎地看，这处遗址公园，更多应作为一种象征意义的历史"遗存"来看待。

六 咸阳博物院调研

咸阳博物馆地处咸阳市中山街中段，建于 1962 年。2015 年更名为咸阳博物院，下设咸阳文庙博物馆和咸阳古渡遗址博物馆。从咸阳地区历史演变来看，咸阳博物院作为咸阳地区地方性博物馆，是咸阳两千年历史与文化传承的主要载体。从咸阳"政令之所出"的历史阶段来看，咸阳是秦王朝建都之地，也是汉陵的集中地，其对于缀连秦汉历史意义重大。咸阳文庙博物馆所藏文物以秦汉两代为主，其中以西汉三千彩绘兵马俑最为出名。由于咸阳古渡遗址博物馆以展示丝绸之路及古渡遗址文化为主，基本不涉及刘邦入关以及秦楚之际史事，此处不予以赘述。

(一) 咸阳博物院的秦汉文物收藏、陈列以及研究成果

为了展示陕西历史的发展历程和灿烂文明发展成果，陕西境内建成大小博物馆 230 余座。2013 年，陕西省文物局编纂了 11 卷本的《陕西博物馆丛书》来介绍陕西文物遗存，其中主要介绍咸阳博物院的是《秦宫汉阙 帝陵之乡——咸阳博物馆漫步》，[①] 书中对咸阳博物院的基本收藏作了概括性的介绍。

作为地区性综合类博物馆和咸阳地区的中心馆，咸阳博物院收藏了咸阳辖区内出土的绝大部分秦人遗存文物。博物院利用秦人遗物遗迹举办了"秦咸阳历史文物陈列"，充分展示了秦人多次迁徙过程、族群发展壮大历程和秦人在咸阳取得的辉煌成就。漫步于"秦咸阳历史文物陈列"，可发现其展览大体包括三个部分，即秦人族群的发展史及其重大历史事件、秦咸阳宫遗址发掘建筑遗存、秦咸阳宫遗址出

---

① 陕西省文物局编：《秦宫汉阙 帝陵之乡——咸阳博物馆漫步》，陕西旅游出版社 2013 年版。为陈述方便，此书以下简称《咸阳博物馆漫步》。

土的手工业产品。博物馆讲解词与《咸阳博物馆漫步》一书中都有类似的话语："第一部分重点展示秦人早期的历史、统一六国的背景、统一过程中的重大事件以及加强统一的重要措施等。第二部分通过20世纪70年代秦咸阳宫遗址经科学发掘的砖瓦、铜构件、宫室壁画、排水设施、冷藏设施等实物，重点展示秦咸阳一、二、三号宫殿遗址的建筑成就。第三部分主要通过秦咸阳宫遗址、手工业作坊遗址和秦人墓葬出土的陶器、铜器、玉器、丝绸等手工业制品展示秦人的工艺技术成就。"[1]《咸阳博物馆漫步》一书虽为陕西省文物局主编，但撰稿人为咸阳博物院的研究人员。从展品的历史文化价值来说，展品大多具有秦文化的典型性和独特性，且有不少精品，如全国已知发现的最古老的宫室壁画——秦咸阳宫遗址驷马图壁画以及目前发现最早的丝绸残片等。

（二）基于收藏与陈列的咸阳博物院新馆问题及其发展模式探讨

随着咸阳博物院收藏与陈列规模的扩大，咸阳博物馆旧馆的破旧和狭窄就显得愈加明显。因此，想方设法增扩博物馆收藏空间便成为博物馆工作的重中之重。2007年，咸阳博物馆就曾将此项工作列为重点。2007年3月2日，《中国文物报》上刊登了这样一条报道："近日，咸阳博物馆新建成的文物库房正式启用。……随着时代的发展，原来不足200平方米的简易库房年久失修，严重威胁到馆藏文物的安全，已无法适应文物保护的要求。在省市领导的大力支持下，经过多方努力，历时一年多文物库房现已落成并交付使用。新库房占地537平方米，分2层，文物全部开架分类保管，并进行数字化管理。同时，库房配置目前最先进的报警设施，成为咸阳13个县区中首个拥有现代化设备及全方位安全报警监控系统的文物库房。"[2] 这次文物库房的改进，解了咸阳博物馆的燃眉之急。

---

[1] 陕西省文物局编：《秦宫汉阙 帝陵之乡——咸阳博物馆漫步》，陕西旅游出版社2013年版，第7—8页。

[2] 刘晓华、张延峰：《咸阳博物馆新建成文物库房》，《中国文物报》2007年3月2日。

但引人注目的是，据《华商报》报道："其实，咸阳博物院的重新选址自上世纪 90 年代起就未曾停止。在 20 余年的漫长筹备期间，三度选址均无果而终。咸阳博物馆落户西咸新区秦汉新城可谓'千呼万唤始出来'。"① 很显然，博物馆新馆选址一直困扰着整个咸阳市相关部门。20 年间，各种传言风行一时，曾有主张在文庙周边扩建，东至仪凤南街，西到秦都鞋厂，北到仪凤街，涵盖凤凰台区域，占地面积 70 余亩；也有主张在咸阳学道门步行街以南、沿渭阳路原渭城区政府东、西两侧，东至咸阳古渡口遗址，西到统一广场，占地 60 余亩。虽然计划 2012 年咸阳博物馆落户秦汉新城，由于归属权尚未确定，始终未能搬迁。值得考虑的是，随着西咸一体化的进程，西咸新区迫切需要一所新的博物馆。根据后来的发展来看，新馆的修建虽然未能导致咸阳博物院的迁移，但在很大程度上提升了该馆的名气和实力。在此后的咸阳博物馆实行凭证免票制度，2015 年咸阳博物馆升级为咸阳博物院，都与此有很大关系。馆升院不仅使博物院经费预算增加、编制人数规模扩大，而且使咸阳博物院在咸阳境内可以更加便利地进行文物交流。

我们认为，咸阳博物院由新馆建设产生的若干问题不仅是秦汉新城的归属问题、咸阳民众的区域情感问题，更是西咸一体化合作是否能够长久的问题。仅从博物馆的建筑来说，咸阳博物院所驻文庙为国宝级单位，其搬离文庙势必会影响博物院整体的形象塑造。咸阳博物院搬离文庙，咸阳文庙和陈列文物就会重新分离为两个不同的旅游资源。咸阳博物院现在离开咸阳文庙，在西咸新区重新开馆不仅政策上受阻，从博物馆的长远发展来说也是得不偿失。因此，最近几年咸阳博物院若要寻求稳定、可塑的发展，就必须踏实地以咸阳文庙为中心，积极进行基本陈列和专题陈列保护、研究。

在考察中，工作人员也吐露了以咸阳文庙为基础，更加积极壮大陈列展览和研究的心声。咸阳博物馆自 2015 年由馆升院后，每年参观人次约为 33 万至 35 万。在采访中，相关人员谈到了自己在工作中

---

① 《咸阳博物院落定西咸新区秦汉新城》，《华商报》2012 年 12 月 4 日。

的发现,"从 2016 年开始,教育部门和上级部门有研学文件要求之后,中小学学校参观人数有明显提高,大部分为寒暑假,有固定学校"。基于中小学生好思考、想法新奇的特点,博物院也曾对接一级博物馆积极进行文物外展交流。但这远远不够,咸阳博物院为此专门开设了信息科学中心,使文物"活"起来。在近几年的日常工作中,博物馆积极引进"赛导游"导览装备,与人工讲解相配合,进行文物讲解;博物院信科中心也曾试图利用 3D 虚拟现实模拟技术进行文物展示;为了宣传博物馆临时展览和特色展览,博物馆还经常在官方微博、网站和微信公众号上发布最新消息。如 2019 年端午节期间,咸阳博物院就举办了"浓情端午 撷香芳园"端午节文化主题活动,该活动在微信公众号进行推送,引起了很大的轰动。为庆祝国际博物馆日,咸阳博物院也适时推出了"5·18 国际博物馆日"的主题系列活动。该馆还积极推进书籍出版,其出版发行的《佛影留痕:咸阳博物馆佛教文物陈列》《咸阳杨家湾西汉彩绘兵马俑》,在学界和社会上都引起了强烈的反响。

咸阳博物院自实行凭证免票制度后,研究人员也逐渐落位,研究工作井然有序。咸阳博物院作为咸阳地方的中心馆和综合馆,其依靠业已形成的文物收藏与保护模式,必将取得长足的发展。

七 调研结论和相关建议

基于对以上五处相关遗址的调查和分析,我们获知了有关秦汉之际相关历史事件的直观感受,对相关历史知识进行了学术深挖延展之外,我们对在调查过程中有关历史文化资源的保护利用问题也进行了深入的思考与讨论,并形成了以下三个方面结论和建议,希望有关部门能够予以重视和采纳。

(一) 相关文化遗址虽有开发利用,但针对性不强,宣传力度不够,学术支撑不足

首先,游客主要以国内和近距离的省内人员为主,年龄多为青年和中年人群。在鸿门宴遗址和咸阳博物院中,旅游团作为最基本、最普遍的组织形式,实行统一步调、统一讲解的方式,节奏较快。汉长

安城和阿房宫遗址由于种种原因还未修缮完成,缺乏相关服务体系,游客数量相对较少。秦二世遗址公园鉴于自身的地理位置优势,作为城市公园的存在,吸引了不少游客。

其次,游客对周边遗址的了解程度不深,在被调查人群中,多达56%的游客表示"只知道一点儿"。且大多数游客受到旅游团的影响,对遗址所提供的休闲娱乐方式比较关心,而对于遗址的存在状况及其保护方式却不甚了解,亦不关心。

最后,当前民众对历史文化资源保护与发展现状的评价褒贬不一。总的来看,游客普遍对咸阳博物院、秦二世遗址公园较为满意,而对鸿门宴遗址、汉长安城和阿房宫遗址评价较低。尤其是鸿门宴遗址,很多游客觉得它的真实性存在很大问题。

(二)相关遗址在保护开发过程中存在与当地融合度不够,盲目无序开发等问题

首先,这些历史文化遗址并没有走出专业文化的圈子,与民众生活相结合仍需提高。遗址的建成并没有调动遗址区居民了解遗址文化和参观遗址的热情,这就使它缺乏一定的群众基础。大众对本地文化资源优势的认识不足,缺少宣传的积极性和主动性。

其次,经营权之争也是一个大问题,不少专家学者认为,特殊的公共性资源具有很强的公益性,不应进行营利性经营,如果交给一味追求利润最大化,而忽视历史遗存文化价值发掘、社会公益利用的企业来经营,势必造成国有资产的流失和对文化遗产的破坏。在2016年西安市旅游资源开发管理评价委员会发布的公告中,鸿门宴遗址的3A级被摘牌。作为私人经营的文化遗址,鸿门宴遗址的未来发展该如何进行,值得深思。

最后,汉长安城遗址占地面积极大,之前的遗址区土地管理混乱,如有文物用地被置换成工业建筑用地的说法,村民与遗址保护部门之间矛盾不断,这些都极大地威胁着遗址的安全。而现在遗址还处于修建状态,工期较长,短时间内还不会彻底开放,今后的政策会如何变动,修建过程会不会遇到新的阻力?我们无从可知。

(三) 保护与发展可行性建议

第一，转变地方政府的观念。政府对文化遗产的认识关系到文化遗产的命运，关系到文化的传承和遗址的修缮。文化遗产是全人类的社会财富，政府应该积极保护文化遗址，意识到历史文化资源的不可再生性，不能将文化遗产视为城市建设发展的负担，不能忽视历史遗存的文化属性，更不能只将文化遗存看作可以带来经济效益的摇钱树。

第二，遗址保护与展示相结合，将恢复性保护与开发性保护相结合，将文化遗址与旅游有效结合。避免过度开发，使其首先与遗址的文化属性相结合，符合国家保护开发历史遗址的初心使命，使其与城市环境相融合，与人民生活相适应。在不违背这些初衷的前提下，与时俱进，结合时代背景和社会现实进行开发和利用，这是我们对待历史遗址的应有态度。

第三，完善相应配套设施。对于遗址遗迹分布比较密集的地区，应该找到适合的主线，加强环境建设，打造便捷交通，注重人文环境和文化氛围的营造，构成博物馆群、遗址公园文化中心区，加强资源的整合。

第四，加强文化教育。以情感为纽带，使遗址区居民与遗址建立文化上的归属感和亲近感，使遗址区居民成为遗址保护的重要力量，从而使遗址保护与遗址区居民达到和谐共处的状态，进而扩大影响范围，吸引其他地区的游客来参观游览，实现历史遗存保护和发展旅游共存共赢的目标。

八　附录

附录一："刘邦入关相关遗址"问卷调研统计分析

考察组通过面向广大社会群众发放关于"刘邦入关相关遗址"的调查问卷，并对相关情况进行了回收和数据统计。此次共发出问卷调研60份，有效回收60份。在问卷调查结束后，我们进行了分析（图15）。

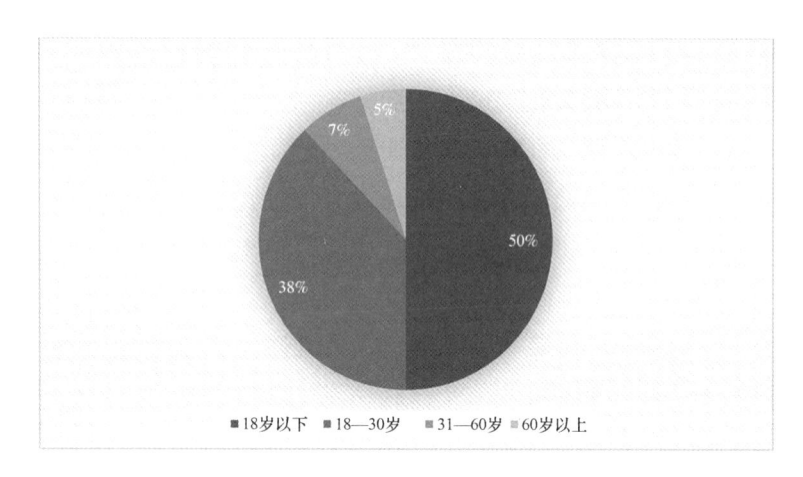

图 15　受访者年龄分布情况

调查结果显示，被调查的人群样本中，青年和中年人数占比较大，尤其是 18—30 岁这一阶段的人数居多，多达 50%。在与他们交流的过程中，我们了解到，他们有充裕的时间和精力来参观游览，而且出行也较方便。值得注意的是，31—60 岁的人群也达到了 38%，不难看出，青年和中年为目前城市周边历史文化主题旅游的主力军。

调查显示，城市及周边历史遗址旅游者中，文化程度普遍较高（图 16）。

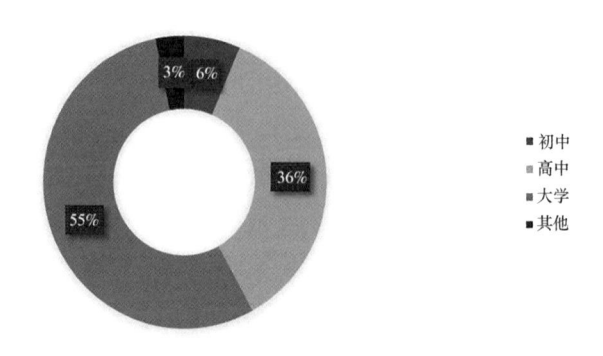

图 16　受访者文化程度情况

受访者中，58%的游客表示对历史文化有兴趣，33%的游客则坦言兴趣不大。由此可见，参观这些遗址的人群中，一半以上是出于自身对历史文化的兴趣爱好（图17）。

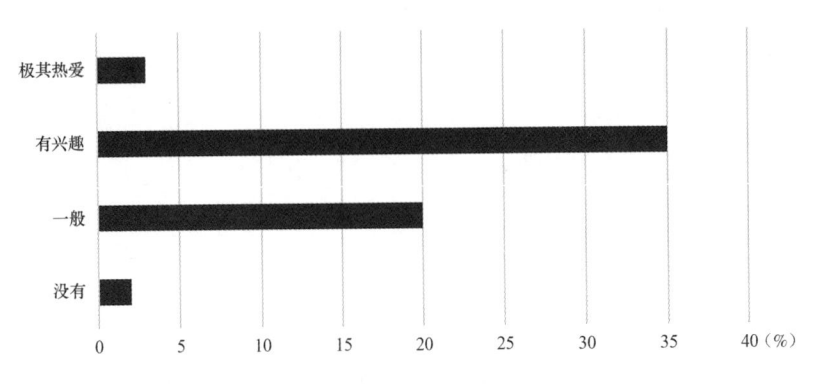

图17　受访者对历史文化的感兴趣程度

在调查中，我们发现绝大部分游客对秦汉时期陕西的历史文化有一定了解，但了解程度不深，只有少数游客了解充分，多数游客只是了解粗略。在鸿门宴遗址中，很多游客表示因为知道刘邦、项羽的故事，楚汉争霸的风云，所以才会选择到这里参观。而在秦二世陵遗址中，多数游客称，只知道胡亥是秦朝第二代君主，对胡亥本人的生平事迹知之甚少。再如项羽火烧阿房宫、刘邦进驻霸上的历史事件，游客也只是略知一二，未有深入了解（图18）。

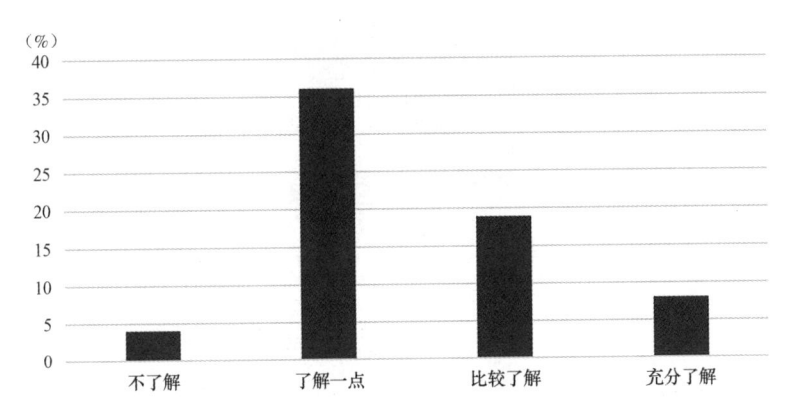

图18　受访者对秦汉时期陕西的历史文化了解程度

164　/　采撷自田野的历史

调查显示，多数游客获取历史文化资源的途径为书籍和网络，仅有一位游客表示自己通过报刊了解历史文化（图19）。

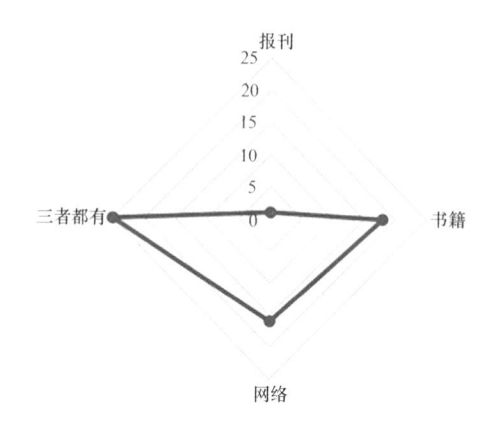

图19　受访者获取历史文化资源的途径（%）

调查显示，多达56%的游客表示知道一点周边遗址，34%的游客称基本了解。在交谈过程中，我们得知，有相当一部分游客为外来游客，他们对周边这些遗址的情况也不是很清楚，参观的地方都是历史上颇有名气或曾发生过重大事件的遗址。而本地游客参观的也都是广为人知的景点，对于那些修建不完善、未完全开发的地方了解就很少，例如阿房宫遗址、汉长安城遗址等（图20）。

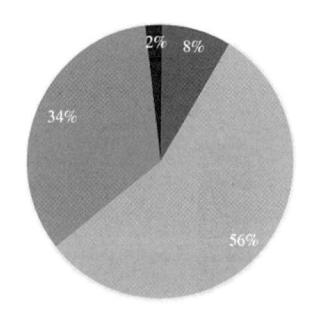

图20　受访者对于周边遗址的了解程度

在被调查人群中，60%的人称偶尔去周边的遗址，30%的人表示有时间就去。值得注意的是，早在2017年"陕西省文化遗址公园工作座谈会"上，政府就公布了第一批"陕西省文化遗址公园"名单，共25处。这些"文化遗址公园"包括史前遗址、古都城遗址和帝王陵园、古建筑等。其中西安5处，宝鸡、咸阳、铜川、渭南、榆林各3处，延安、韩城各2处，汉中1处（图21）。

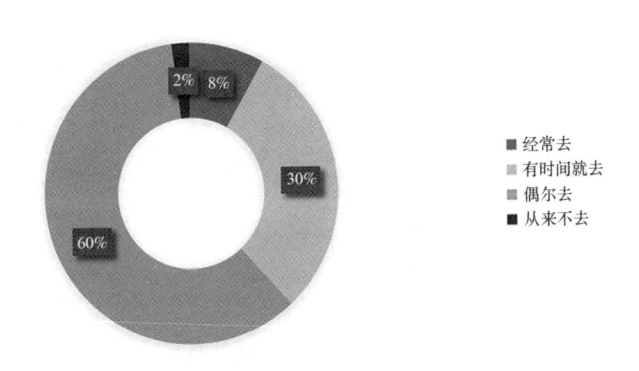

图21　受访者的参观频率

调查显示，有50%的受访者认为，开发历史文化资源对自己的生活影响很小。然而也有部分人表示，由于自己离遗址较近，一旦开发成功，周边的交通、经济等都被带动起来，因而对他们来说影响较大（图22）。

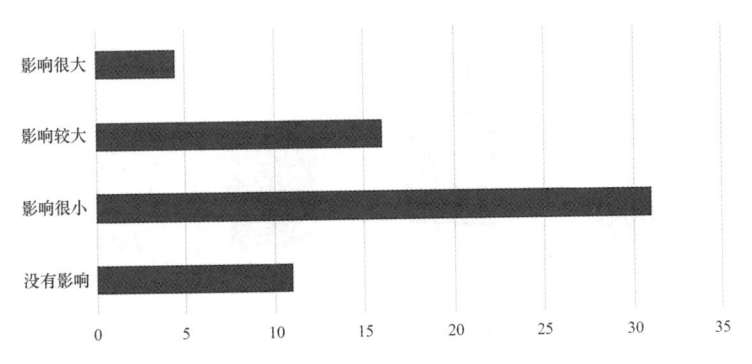

图22　开发历史文化资源对受访者生活的影响程度

多达一半的受访者对目前历史文化资源保护开发现状表示基本满意,但也有部分人称一般满意,且这部分人集中于高学历群体(图23)。

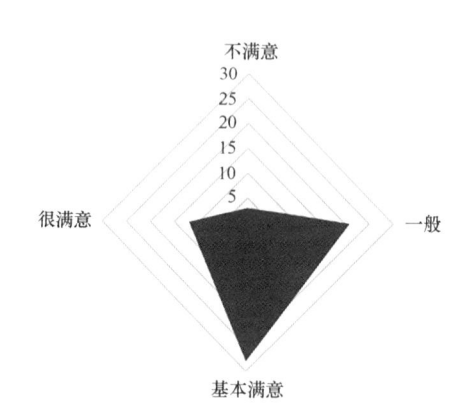

图23 受访者对目前历史文化资源保护与开发现状的满意程度(%)

由图24可知,60%的受访者有意向参加宣传历史文化遗迹的活动,期望这些文化遗址可以提高知名度,调动市民了解遗址文化和参观遗址的热情,提高大众对本地文化资源优势的认识。

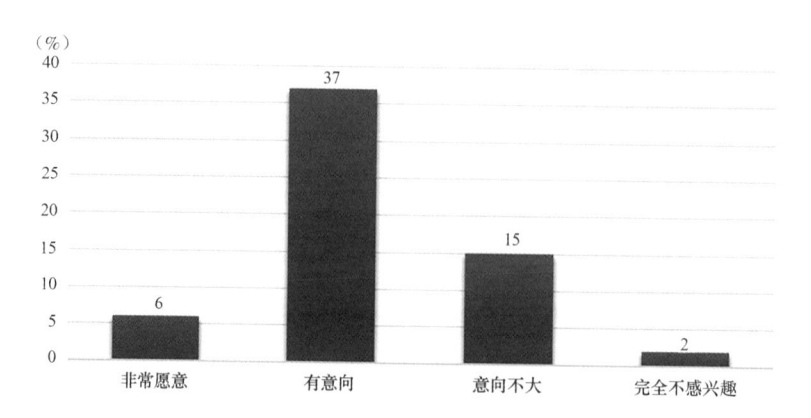

图24 受访者是否愿意参加宣传历史文化遗迹的活动

调查结果显示，将历史文化遗址与旅游有效结合，完善遗址周边基础设施建设，加强文化教育，加大宣传力度是多数人认可的方法。其中，将文化遗址与旅游有效结合的方法，得到普遍认可（图25）。

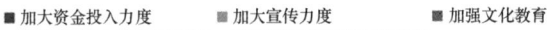

■ 加大资金投入力度　　■ 加大宣传力度　　■ 加强文化教育
■ 将文化遗址与旅游有效结合　■ 完善遗址周边基础设施建设

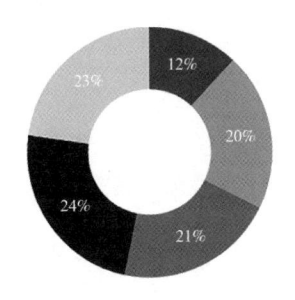

12%　20%　21%　24%　23%

图25　受访者认为保护与发展历史文化资源的可行方法

附录二：咸阳博物院采访稿（Q为问题）*

采访资料1（L，咸阳博物院研究室主任，研究员）

咸阳博物院现址为明洪武年间所建咸阳文庙，开馆时间为1962年。可以说，咸阳博物院有着漫长的历史沿革和光辉的发展史。打造这样一个名号响当当的博物馆，其在运行管理和文物展示方面有着自己得天独厚的优势。

Q：您自20世纪80年代毕业于西北大学文博学院考古专业后，一直在咸阳博物院工作。咸阳博物院在这30年间发生了翻天覆地的变化，您能谈谈咸阳博物院的建设历史吗？

L：今天，我手里还有其他活儿，我也就简短地说一下。

说到我们馆这个情况，我们这个馆是1961年筹建的。1962年的春节，我们才开始正式对外开放。它（咸阳博物院）最早是在洪武四

---

* 7月10日，课程考察一行七人来到了咸阳博物院。为更加深刻地了解博物院的运行、管理模式和开发现状，我们采访了博物院研究室主任和宣教部主任。张凌青和王顺负责采访，董子豪负责摄影事宜。我们对口语化内容进行了书面加工，有删改，特此说明。

年（1371）建立的（咸阳文庙），我们就是在不改变文庙古建筑风格的基础上，用现成的主殿、东西两庑，就利用它的空间，做文物展示。

Q：其历史沿革中，归属权问题一直是一个变故较大的点。您能谈谈它的历史沿革吗？

L：最早的时候，这个博物馆的前身，基本上就是过去的三馆合一。就是文化馆，还有是博物馆、文管会那种性质在一块儿。后来呢，这也就是慢慢地剥离出来。最早在没改制之前，博物馆归属于咸阳市文物局。后来又归属文化局的二局管。再后来就独立出来，归咸阳市文物局。然后，又跟旅游局合并，称为文物旅游局。前段时间我们又跟文化局合并，我们博物馆的上级部门就是咸阳市文化局和旅游局。这个就是不停地分出去，又合并，博物馆的上级主管部门一直在变动。

Q：咸阳博物院的上级主管部门发生了多次变化，这些改变对咸阳博物院的基本陈列有影响吗？

L：虽然上级主管部门一直在变动，但是博物馆的性质，主要一些功能不会变。

你们平常应该也会到其他博物馆。博物馆它的三大职能，一个是展示功能，再是收藏功能、宣传教育功能。我们博物馆位置虽然在老街里面，但好处就是他的建筑规模和风格，建筑整个的保护都做得比较好。因为它（咸阳文庙博物馆）也是一个国宝级单位，这个国宝级单位指的是文庙建筑本身，不是说博物馆就是国宝级单位。

Q：咸阳博物院对公众实行免票政策，这对博物馆的日常运行影响何在？

L：当时恰逢全国对文博单位进行免票、免费政策，我们也是赶上了最后一批。国家财政部、文化部对一些相对基层、比较困难的文物单位，做了一些适当的保护和人员限制方面有意的政策倾斜。政策结果就是免费开放。因为不免费开放，我们单位最早性质就属于那个差额补贴类。他虽然属于事业单位编制，但是他们工资有一部分差额就是要靠门票来把工资差填进去。真正的实施免费开放后，我们经济压力也比较轻了，运营更加有条理。

Q：现在博物馆大概有多少工作人员呢？他们的主要工作职责是什么呢？

L：目前我们单位的在职人员可能就是58人，博物馆原来是一个科级单位，2015年1月，我们这个单位就提升了，就是正县级单位。正县级单位的人员编制就扩大了，我们现在的事业编制是110人。目前呢，我们专业技术人员占到了70%。有专业职称的科研人员中，高职有3个，中职有七八个，初级有一大批。当然还有一些管理人员，后勤人员。单位目前的人员配置，有些还没有完全到位，目前在岗的只有58人。由于刚从科级单位升为正县级编制，我们有些人员配置还在筹划之中。

Q：那咸阳博物院的科室结构目前状况如何呢？

L：咸阳博物院的科室结构与那些大馆基本差不多，包括陈列部、保管部、修复室、研究室等一些基本科室，也有为了让文物"活"起来特别兴建的信技中心。信技中心为馆内"赛导游"等新型导览装备的引进和官网、官微的运行等都付出了重要努力。但与大馆相比，我们仍然不能算前沿。

Q：您多年主管陈列工作，您在这方面有什么心得吗？

L：目前在陈列这一方面，我们主要是分基本陈列、专题陈列和临时陈列。基本陈列就是进入博物馆看到的秦历史文物陈列，即一、二和三展厅。现在第三展厅有一些临时陈列。在今年（2019）八九月我们会对秦文物陈列进行全部更新。现在一些基本准备工作，研讨会、论证会都已经召开，下一次（明年）你们再来的时候，可能就能看到一个全新的秦文物陈列展览。基本陈列第二就是西汉兵马俑陈列，我们也称之为西汉兵马俑馆。我们为何称之为馆呢，因为它位于博物院的后院，分为三个展厅，且呈U字形西南东三面陈列。西展厅内我们也对兵马俑早期发掘成果进行展示。因为兵马俑数量多，陈列时特地采用大规模扎堆展示的方式，以保持文物的原真性。东展厅主要对一些个别俑、特殊符号俑进行展示。其中有些俑我们从脸形等判断它的兵源地。现在我们这方面的研究已经进入了深层次的阶段。我们还对兵马俑的墓主人进行了研究，与杨家湾四、五号汉墓进行联系。由于四、五号夫妻合葬汉墓一个被焚烧，一个被盗扰，也没有印章类的明确标识。以我们目前的研究来看，墓主人当为西汉开国大将军周勃夫妇或者其子周亚夫夫妇墓葬。专题陈列主要有两个展厅，最主要的便是宗教文物陈列，宗教文物陈列又主要是佛教文物陈列。其中包含了从西魏到明清时期的各种材质造像文物，结合后院幽静的环境，整个展览非常协调。我也给你们带了一些关于陈列的书，可以参考。至于临时陈列，我们结合国家政策和博物院文物实际情况，进行半年至一年一换的临时展览。例如，我们今年新推出的"镜花风月铜镜展"，我们也为此推出了一些宣传资料。我们博物馆也对本馆所藏的碑石进行专题展览。陕西大儒于右任先生高度评价的三大石碑现今仍藏于咸阳博物院。虽然文字多有磨损，我们对其仍多有保护。

Q：咸阳博物院平常都有哪些对外交流？

L：我们去年十一月曾赴深圳南山博物馆配合经济洽谈会进行"大秦故都，咸阳遗珍"专题展览，当时在全国引起了轰动。平常我们也会与陕历博等进行文物外展交流。总体来说，咸阳博物院对外交流还是比较频繁，尚有一定规模。

Q：您曾撰专文对比过公立博物馆和私人博物馆，您可以就私人博物馆的发展提一些意见吗？

L：我也去过几家私人博物馆，对他们有一定的了解。与公立博物馆相比，私人博物馆存在着一些问题。如这些博物馆都依靠企业，位于企业内部，不为国家政策所庇护。而且藏品类别相对单一，如衡器博物馆、红色记忆博物馆。从场地上来说，私人博物馆的展馆大都不正规，他们一般通过租赁村子或借场地来完成展览。从运营模式上讲，由于游客量少，其正常性开放可能都存在问题。

咸阳地区私人博物馆卖票的很少，多数参观者是熟人介绍。总体来说，私人博物馆的资金支持各方面都受到了限制。对此，我认为，短期内国家不会开辟专门的文化区为私人博物馆集群提供场地。为了持续发展，私人博物馆应与公立博物馆达成文物鉴定、陈列设计和展览场地等方面的合作。

Q：文物保护应与研究结伴而行，请问咸阳博物院与高校有协作吗？

L：我们与高校有过一些合作，但规模和形式都还比较单薄。当时咸阳师范学院有硕士课题论文做彩绘文物保护，我们就西汉彩绘兵马俑的研究相关事宜与其协作，取得了不错的成效。在这之前，我们也与陕西师范大学达成协作，他们曾经帮助我们进行古字画的修复和彩绘文物保护。在协作研究方面，我们非常欢迎你们（西北大学）与我们在数据管理、三维模拟显示技术和分类、整理藏品以及实习等方面的合作。

采访资料2（S，咸阳博物院宣教部主任）

2015年，咸阳博物馆升为咸阳博物院。根据前几年的统计，游客流量每年在33万至35万，为咸阳博物馆和古渡遗址博物馆两部分流量总和。日流量统计比较困难，目前团体性游客较少，散客较多，且存在淡旺季的现象。

Q：博物馆现在是否是中小学参观较多？

S：对，从2016年开始，教育部门和上级部门有研学文件要求之后，中小学学校参观人数有明显提高。大部分为寒暑假，有固定学校。非公办学校研学活动较多，公办学校研学活动较少。

Q：是否因为公办学校教学活动时间安排固定，没有民办学校时间灵活？

S：对，民办学校时间比较灵活。而且他们更注重学生的实践和全面拓展。我是从初中生身上发现这一点的。因为小学生（学校组织的）研学和参观一般都比较少、也比较平均，初中生的差异性就大一些。（他们的活动）每年时间比较固定。部分学校频率较高，部分学校较低。

Q：馆里是否有针对这一倾向，将展厅进行相对低龄化和简单化的设计？

S：我们在陈列这部分，其实有这样的想法，但是还没有达到。

因为什么呢？首先基本陈列已经很多年没有变过了。今年呢，是已经对一二三展厅进行了一些陈列改造。资金各方面也正在协调。新的陈列改造肯定会注重当下观众的要求。每次也都会邀请专家来进行评估、讨论、设计，可能会涉及这些问题。如果涉及了，我们宣教部当然也会提出来。因为，针对青少年和低龄孩子，他们参观的需求点和参观配套设施（与成年人不同），我们会进行一些调整，使得更能够满足他们的参观需求。如果有机会我们一定会提出。之前陈列部和保管部对文物展厅设计可能更趋向专业化，现在对公众教育这部分也开始重视了。

　　Q：博物馆这边的宣传途径有哪些？

　　S：我们有微信公众号、咸阳博物院和咸阳博物院志愿服务队两个官方微博和官网。平常活动咸阳电视台和一些报纸也会进行采访报道。多媒体现在的确很便捷。我们之前做的一些活动，新浪、搜狐等媒体也都很积极。我们也会根据活动规模的大小和不同媒体进行对接。为什么呢？媒体新闻报道主要还是抓亮点，我们的一些偏日常的或小规模的工作其实没有必要过多依赖外部媒体，自己的官网就足以满足这样的宣传需求。除了媒体宣传之外，在多媒体应用方面，主要应用的是"赛导游"讲解软件。进入博物馆之后，Wi-Fi无密码全覆盖。错过规定时间段的讲解的游客，可以通过下载这个软件全馆语音导览，非常便捷。而对于一些重要的文物，起先用的是语音导览器。但是因为免费语音导览器存在设备使用费用等问题，我们还是推荐"赛导游"，还可以下载下来反复听。其实这种讲解软件现在在全国应用非常广泛。我之前在四川成都发现，都江堰的讲解服务做得更加人性化。会根据不同的讲解员级别进行不同收费，全部景点都可以讲解，比较适合现代人的旅游需求。原有的跟团讲解已经不适应现在游客多方面的需求，比如有些喜欢自己看文物，有些不喜欢人挤人地跟团。考虑到这些情况，我们其实更推荐"赛导游"软件。我们对公众的服务呢，有三个时间段的免费讲解，分别是九点、十一点和下午三点半。这几个点我们在领票的地方都已经公示出来，游客可以根据自己的时间进行选择。如果错过了这些时间段，我们除了推荐讲解软件之外，对想听人工讲解的游客，在工作人员条件允许的情况下，也提供免费志愿讲解服务。现在的博物馆对公众服务也都十分重视。对于游客的需求，我们都会尽量满足。如果是因为设施之类达不到要求的话，我们也会跟游客进行讲解。

第六章

陇山以东丝绸之路遗址调查研究

2019年7月9日至13日,在贾志刚副教授、赵万峰副研究员的指导下,历史学院"陇山以东丝绸之路经济建设成就调研团"在进行了前期充分准备的基础上,以"探寻历史古迹,弘扬丝路文化"为主题,前往甘肃省、陕西省等地的相关遗址进行了为期五天的学术考察与实践,主要考察丝绸之路背景下陇山以东区段在现有政策支持下,对丝绸之路遗迹的保护与利用现状,并以此为主题进行与经济建设相关的调查和走访。了解各县市开发丝路文化资源的基本情况和特色,为此次调查报告收集资料,也为大学生了解基层运行和政策执行提供机会。此次考察形成《陇山以东丝绸之路遗址考察报告》。

1. 考察团队

(1) 学生团队:王青(2017国政 队长)、杨亚倩(2017国学)、张芷睿(2017国学)、王靖怡(2017国学)、周翔(2017国政)、徐洋(2018基地)、孟歌(2018国学)

(2) 报告撰写:全体调查队员

(3) 报告修订:王青

(4) 摄影作者:调查指导教师及成员

2. 考察目的

(1) 以"探寻历史古迹,弘扬丝路文化"为宗旨,在丝绸之路上感触丝路文化,思考丝路精神传承不绝的具体驱动力,实地了解丝绸之路东段沿线的历史文化资源和遗存现状。

（2）通过实地走访调研，了解各地如何将历史文化资源转化为现实优势，重新诠释历史学"述往事，思来者"的深刻内涵，深刻领会"通古今之变"的现实意义。以调查报告的形式记录所考察地区有关丝绸之路的风土人情和风俗习惯的现状。

（3）在知古鉴今和互学互鉴的前提下，通过实践考察把我们的专业知识与调研主题相结合，发现沿途丝路历史文化的现实价值，丰富我们对丝路专题的理解认识，促进当地对丝路文明的保护建设。

3. 行程规划

（1）7月9日，宝鸡市扶风县。我们分别考察了法门寺博物馆、东汉班固墓遗址、周原博物馆。

（2）7月10日，宝鸡市岐山县。考察队参观岐山县博物馆石刻展，随后前往凤鸣镇堰河村、陵头村进行考察。

（3）7月11日，甘肃省平凉市。考察队参观平凉博物馆未果。之后参观了延恩寺塔，又称大明宝塔。

（4）7月12日，甘肃省平凉市泾川县。考察队经泾川县团委联系接洽，参观考察了西王母石窟寺遗址、唐代大云寺遗址、泾川县博物馆。

（5）7月13日，调研活动结束。考察队乘车返回西安。

4. 考察收获

（1）从丝绸之路的起点出发，自东向西，分别经过扶风、岐山、陇县、平凉、泾川五地，走陇山以东丝绸之路。

（2）形成了有史料支撑，有考察记录，有思索感悟，有现实关照的考察报告。

（3）对当地文化习俗进行收集，形成以图片、录音为主的资料。

5. 改进建议

（1）提前对当地进行了解，做好与工作人员的联系工作，保证考察活动的顺利进行。

（2）准备计划应内容充足，面对突发情况应及时变更计划。

（3）在考察过程中做好资料汇总整理工作，防止资料丢失。

6. 相关获奖

徐洋获2019年西北大学暑期社会实践活动"先进个人"称号。

一 寻找古丝绸之路在特殊区段的新魅力

虽说"丝绸之路"（下文或简称丝路）命名稍晚，系德国地理学家李希霍芬（Richthofen）于1877年首次提出，但实际上，这条沟通欧亚大陆东西两岸的陆上交通道路形成时间可能早于传统认知。同时，丝路也不是一条或三条，而是在不同区段又分出众多细径小道，是散而复聚、聚而又散的道路网。这条通道不仅穿越无数沙漠、戈壁、绿洲，也穿越古往今来的无数动荡时局，不绝如缕，越伸越长，逐渐分出了沙漠丝绸之路、草原丝绸之路和海上丝绸之路。与海路相比，横贯欧亚大陆的陆上交通道路在古代的作用显然更为突出，中国的丝绸与西方的香药珠宝以及沿线各地的奇珍异宝经常借助丝路转贩贸易、行销各地。一直以来，欧亚大陆东、西方重要文明的进步无不与此相关，无论是物质领域的互利互惠，还是非物质领域的互学互鉴，沟通交流、碰撞协商成为常态，而这些正是丝路遗产最核心的价值所在。丝路的存在不仅促进沿线各区域、各政权、各部族之间的人员往来，也增加了他们之间物质领域的流通互补，更促进东西方文化风俗方面的传播渗透，其功至巨至大。其间，按地理位置又区分为东、中、西段，而各段又再细分出无数细路小径，限于各方面客观条件，我们组只能选取陇山以东的一条路线加以考察，这也符合丝路宏观上东西向和微观上网络状的基本特点，抽样解剖，了解所考察区段的区域特点。

"一带一路"是"丝绸之路经济带"和"21世纪海上丝绸之路"的简称，2013年9月和10月由中国国家主席习近平分别提出建设"新丝绸之路经济带"和"21世纪海上丝绸之路"的合作倡议。漫漫丝路，遗泽千年。多年来，"一带一路"建设逐渐从理念转化为行动，从愿景转变为现实，逐渐成为沿线各国的共识，得到国际社会的积极响应，传统的丝路精神又焕发出无穷的现实力量，一个政治互信、经济融合、文化包容的利益共同体、命运共同体和责任共同体呼之欲出。丝路陇山以东区段在如此新形势下，如何寻找着力点，发挥自身优势也迫在眉睫，愚者千虑，或有一得，这也是我们小组此次调查的重要任务。

二　调查范围内的丝路遗迹及相关内容

（一）历史文化角度

（1）从历史文化特色出发，宝鸡历史文化悠久，古称陈仓、雍城。从先秦时期开始，宝鸡就位于潼关沿渭水至陇山的古道上，属于古代中原通往甘、青地区重要的通道，战略位置十分重要。随着丝绸之路的开通，此处更成为丝绸之路主干道之一，常有外交使团、商旅过境出入长安。汉唐至宋元时期，此道仍是我国与中亚、欧洲交通通道上重要的一部分，亦是邮驿通往西部各地的必由之路，当然也分布着无数具有历史价值的军事遗址。陇山即今六盘山，西出关中必经此山，《三秦记》曰："陇坂谓西关也，其坂九回，不知高几许，欲上者七日乃得越。"① 自古就有道路循山而行，后周于此曾设置大震关，唐代将其定为上关，自古有言："震关遥望秦川如带。"古代行人至此而歌："陇头流水，鸣声幽咽，遥望秦川，肝肠断绝。"② 秦川难舍，故土难离。又《秦州记》曰："登陇，东望秦川，四五百里，极目泯然，墟宇桑梓，与云霞一色。"③ 言及行人登上陇山东望关中，古道如丝带萦绕于美丽秦川之间。大震关在交通上为要道，在军事上也是险关，在经济上为桥头堡，地位得天独厚。

平凉，位于甘肃省东部，六盘山东麓，泾河上游，为陕甘宁交会几何中心的金三角，横跨陇山，东邻陕西咸阳，西连甘肃定西、白银，南接陕西宝鸡和甘肃天水，北与宁夏固原、甘肃庆阳毗邻。平凉素有"陇上旱码头"之称，是古"丝绸之路"必经重镇，史称"西

---

① 乐史：《太平寰宇记》卷三十二《关西道八·陇州》，中华书局 2007 年版，第 686 页。

② 李吉甫：《元和郡县图志》卷三十九《陇右道上·秦州》，中华书局 1983 年版，第 982 页。

③ 《太平寰宇记》卷三十二《关西道八·陇州》，第 686 页。

出长安第一城"。平凉自古为屏障三秦、控驭五原的重镇，是兵家必争之地和陇东传统的商品集散地，中原通往西域和古丝绸之路北线东端的交通要道和军事要冲，不仅是西北地区的枢纽，而且是欧亚大陆桥第二通道的重要中转站。

（2）从中外交流的角度来看，丝绸之路自古以来就是中外经济、政治、文化沟通交流的重要载体。丝路陇山以东区段是出入关中平原的重要通道，也是中原文明与西域文明融会对话的中间地带，于漫长丝路为一小段，却是富有特色的吉光片羽。历史时期，无数使团、商队出入回翔其间，演绎了多少传奇故事，至今留下数不尽的有形和无形的历史资源，他们以不同形式参与到当今的区域建设和地方发展中。当然仍然存在继续开发和深入研究的内容，这就回到历史文化资源最大的特色，即越开发越丰富，取之不尽，也用之不竭。

（二）社会与经济角度

自 2013 年 9 月和 10 月中国国家主席习近平分别提出建设"新丝绸之路经济带"和"21 世纪海上丝绸之路"的合作倡议以来，"一带一路"成为社会各界关注的热点，陕西省持续开行的欧洲班列正如火如荼，基层县乡镇又有何举动？这成为我们调查的重点。此次教学考察以陕甘局部地区（陕甘六县）的丝绸之路为主，调查陇山以东丝绸之路经济带建设现状，了解本区域与丝绸之路相关的内容，在此基础上完成调研报告，争取为认识、理解"一带一路"规划找出自己的着眼点。同时通过撰写新闻稿，让人们了解作为绚丽古丝路的陕西段，仍然是介绍"一带一路"的必要环节，在推广普及丝路知识之同时，提升陕西丝路文化的知名度。

宝鸡周边地区及甘肃平凉地区作为古丝绸之路的重要节点，有着特殊的文化底蕴和区位魅力。新欧亚大陆桥的建立，欧洲班列的开行，既是传统丝绸之路的余韵，也是当今新丝绸之路的浓香，是历史发展趋势和现实发展需求的合力。构建得天独厚的历史（丝路）文化遗产廊道，将分散的、点状的、区域性的文化遗产穿珠成串，连接成片，打造成魅力四射的文化精品。以宝鸡、平凉为龙头，辐射周边古文化遗产的相互联动，势必为传播"一带一路"文化、带动本区域的经济发展，迎来全新的历史机遇。

三　围绕丝路主题的调查选点和实际进度

（一）资料整理

（1）翻阅史书，梳理宝鸡、平凉地区的古丝绸之路线路分布，并与当今"一带一路"倡议下的行政区划相对应。史籍资料主要有《史记》《汉书》《三辅黄图》《旧唐书》《新唐书》《元和郡县图志》《太平寰宇记》《雍录》《读史方舆纪要》等。

（2）查找地方志，如《陇县志》《陇县新志》《陕西通志》《平凉府志》等，从宝鸡市、平凉市的历史大背景具体分析宝鸡市、平凉市的历史地理信息，进而发掘历史文化旅游景点，探究古丝绸之路的现实意义。

（3）整理今人的研究论著，收集有关丝绸之路研究和经济建设的相关研究成果。如《丝绸之路陕西大遗址文化产业开放型发展研究》《丝绸之路古遗址保护》等。

（4）提前收集关于宝鸡市、平凉市的社会经济与交通地理相关信息，与宝鸡市团委进行联络，增进对宝鸡市、平凉市的了解并为本次活动打好基础，再结合本队教学调查的状况，明确本次活动的目标及范围，制订具有可操作性的调查计划。

（二）实地考察

2019年7月9日，我们一行七人从西北大学太白校区出发，由西安火车站乘火车赴杨凌农业示范区，再从杨凌乘大巴赶赴考察第一站——宝鸡市扶风县。在扶风县，我们与扶风县团委、扶风县委办对接，又分组调查了法门寺博物馆、东汉班固墓遗址、周原博物馆、扶风县新城区及城区湿地公园（七星小镇）。法门寺，因安置释迦牟尼佛指骨舍利而成为著名的佛教圣地。法门寺佛塔被誉为"护国真身宝塔"，是一座历史悠久的佛家名刹。法门寺始建于东汉，兴盛于唐朝，唐朝几代帝王七迎佛骨，曾经引发朝野极大争议。直到20世纪，法门寺及地宫重新被发现，引起海内外极大关注。现在法门寺作为宝鸡市的重要旅游景点，也是丝绸之路上一颗璀璨的明珠。对于丝路文化的发展，僧侣曾经作出极大的贡献，而寺院和古寺名刹如何为当代丝路作出贡献以及如何发挥其著名旅游景点的引领地位，也有待重新认识。

班固是东汉著名史学家、文学家。祖籍扶风的班固出身儒学世家，九岁即能属文，诵诗赋，十六岁入太学，博览群书，于儒家经典及历史无不精通。其父班彪过世后，班固从京城洛阳迁回老家扶风居住，开始在班彪《史记后传》的基础上，与其弟班超一同撰写《汉书》，后班超投笔从戎，班固继续撰写，前后历时20余年，于建初年间基本修成。此外，班固随大将军窦宪北伐匈奴，任中护军，行中郎将，参议军机大事，大败北单于，后撰下著名的《封燕然山铭》。《汉书·西域传》《汉书·张骞传》记载了汉代丝绸之路的历史，是今日研究中外交流和丝路历史的重要文献资料，从丝路研究的角度，有必要对班固进行重新认识。

班固墓位于扶风县杏林镇浪店村境内，靠近104省道，其墓碑默默竖立在路边，不知何故，其研究价值并没有得到重视。根据《大清一统志·凤翔府》记载："班固墓，在扶风县东十八里。"① 而《陕西通志·扶风县》记："班中郎固墓，在县东二十里（《关中陵墓志》），有碑（贾汉复《志》）。"② 二者差异不大，值得一提的是《陕西通志》专门征引黄炜《班氏广育庄记》，特别补记了一条："往余计偕，道过扶风，见路旁短碑，仅尺许，为班孟坚墓，字复漫漶，半没草土中。又三十余年，而余备兵泾原，按部岐凤。访班氏后，仅自江一人，贫苦憔悴。因捐空役饩金，檄扶风令置田七十亩，于班氏桑园故地，令自江力耕，教其子。府属并黄令亦捐俸，广地六十亩，构屋数间，为具牛种，庶几无艰于衣食，而蕃育其子姓乎。"③ 据此可知，清人黄炜有专门为保护班固墓而扶持资助班氏后人之举，并从撰写

---

① 乾隆二十九年钦定《大清一统志》卷一八四《凤翔府二》。
② 刘於义：《陕西通志》卷七十一《陵墓二·扶风县》。
③ 《陕西通志》卷七十一《陵墓二·扶风县》。

《汉书》开创纪传体断代史的史家角度，用实际行动推崇班氏。我们认为，从保存、记录丝路史料不二功臣的角度，应该给予班固墓特别的重视和有力的宣传保护。

周原遗址位于今陕西省宝鸡市扶风、岐山北部交界一带，是公元前11世纪到前8世纪的大型古遗址，出土了大量卜骨、卜甲以及大量珍贵的国宝青铜器。周原是周文化的发祥地和灭商之前周人的聚居地。我们在参观周原博物馆时也无意中得知西北大学考古学人曾经为周原考古作出了突出贡献。

7月10日，调研小组赶赴岐山县。岐山县，隶属陕西省宝鸡市，地处古丝绸之路、现代欧亚大陆桥沿线的关中西部。岐山县是中华民族的发祥地之一，是炎帝生息、周室肇基之地，是周文化的发祥地，历史悠久，文化灿烂，享有"青铜器之乡""甲骨文之乡""中国千年古县""民间艺术之乡"等美誉。上午调研小组先参观岐山县博物馆石刻展，随后分头采访考察了凤鸣镇堰河村和凤鸣镇陵头村。

在堰河村，我们参加了村委会每周一次的党代会，旁听村委成员激烈地讨论本村基础设施的建设问题和对贫困户的帮扶问题。我们还参观了堰河村的村史馆，它的规模虽然不大，但内容却很详细，记载了堰河村的历史由来、变迁和发展历程，也有它们的特色产业、特色文化。在采访的过程中，我们对堰河村的教育、卫生、经济发展和村民的文化生活有了一个全方位的了解。在陵头村，我们主要以走访村民的形式，针对村里村民生活和村办经济发展情况进行了一些访谈。当天下午，又前往岐山县团委联系接洽事宜，在团委的引介下，我们采访了岐山县发改委主任，主任向同学们热情介绍了岐山县经济发展特色和利用丝绸之路经济带优势的概况，并给予了我们相关的资料支持。

完成对岐山县的考察，时间已至傍晚，考察小组从蔡家坡站乘坐火车赴陇县，火车行进在从岐山到陇县的山川之间，地形从平坦平原逐渐进入丘陵、连绵山区，虽时值盛夏，但暑气渐行渐稀，正是因为岐陇一带温凉气候与水草佳美之特殊性，成全了盛唐著名的八马坊。唐代曾经在岐邠泾宁之间养马牧牛，以八马坊最为知名，处于陇右国家牧场和国都长安之间，用于作战和交通运输的马匹，既为唐朝的国防和边防提供有力保障，也为维护丝路和平与保证丝路通畅发挥关键作用。八马坊中的五坊就分布在岐州境内，为此唐人郏昂撰写了《岐邠泾宁四州八马坊颂碑》，成为八马坊历史的珍贵记录。胡马来天方，丝路通大食，可以为今日开发当地丝路文化提供新思路。

7月11日，因为调查岐山县时间稍晚，导致到达宝鸡市陇县很晚，所以陇县调研只限于城区建设概况和火车站附近实地观察，我们利用这段时间召开了总结会，对行程进行了临时的修改，提前前往甘肃省平凉市。

平凉乃古丝绸之路桥头堡，出塞入关，位于甘肃省东部，六盘山东麓，水土杂于河西，人烟接于北地，士则高尚其气略，人以骑射为先，系中原通往西域和古丝绸之路北线东端的交通要道和军事要冲。因为平凉博物馆正在翻修改造，所以我们临时改变行程，参观平凉的宝塔公园。宝塔公园因内有延恩寺塔而得名，延恩寺塔又叫大明宝塔，始建于明嘉靖十四年（1535），嘉靖二十五年（1546）竣工。寺院其他建筑均因年代久远而无存，仅留延恩寺塔，2006年，国务院公布为全国重点文物保护建筑。经调查后发现，虽然现在相关部门注重宣传文物保护，但由于没有围栏、部分游人文物保护意识较弱和修复问题，宝塔一角的风铃已经缺失，而且塔身的涂鸦随处可见，令人惋惜。

7月12日，调研小组来到甘肃省平凉市泾川县。在此我们与泾川县团委联系接洽，团委的接待人员十分热情地带领我们参观考察了西王母石窟寺遗址、唐代大云寺遗址和新寺院、泾川县博物馆。泾川县是西出长安通往西域的第一重镇。王母宫，又名回山王母宫，乃西王母祖庙，是西王母降生地、发祥地和其祖庙所在地。大云寺于隋代兴建，称大兴国寺，无论是大云寺博物馆还是之前的法门寺博物馆，可以感受到中外高僧从印度到中国，带回舍利供养，传诵佛经，与丝绸之路开通的大背景都是分不开的。下午，全体成员又前往泾川县博物馆，在讲解员的耐心讲解下，对宋龙兴寺窖藏佛像所体现的我国佛教的兴起、变化、发展和泾川县的发展历史有了更加深刻的了解。

7月13日，调研活动行程结束。我们乘坐从泾川到西安的长途大巴返回西安，在车站解散，结束了本次暑期考察之旅。

四 意料之中的收获与意料之外的惊喜

（一）丝绸之路陇山以东地区相关信息及历史沿革

陇山，现称六盘山，又名陇坂、陇坻、鹿盘山、分水岭等，地处宁夏和甘肃南部、陕西西部，位于西安、银川、兰州三省会城市所形成的三角地带中心。主峰在宁夏固原市隆德、泾源两县境内，海拔2928米。山体大致为南北走向，长约240千米，是陕北黄土高原和陇西黄土高原的界山、渭河与泾河的分水岭，曲折险峻。陇山东南陲有老龙潭胜迹，为泾水源头之一。陇山在古代是一个十分重要的地理坐标，有陇西、陇右、陇上等说法。此次调研考察的陇山以东地区指的是自丝绸之路始发点长安（西安）至陇山这一部分，调研对象主要为宝鸡市扶风县、岐山县、陇县以及平凉市和泾川县。下面将对各个地区分别进行介绍。

（二）扶风县历史文化旅游资源开发与经济状况

扶风县，隶属陕西省宝鸡市，地处关中平原西部，为周原和佛教圣地法门寺所在地。位于陕西省中西部，宝鸡市境东部沣河流域，是宝鸡市的东大门，因"扶助京师、以行风化"而得名。地势北高南低，以平原、台、塬地形为主，被称为"东方佛都"。

据实地考察发现，扶风县依托其丰富的历史文化资源和丝绸之路沿线的优势，近期参加了一项与丝绸之路相关的项目，县商信部参加了第四届丝绸之路经济带建设展览招商的一个项目，遗憾的是我们没有拿到与此有关的资料。但通过调查，发现其历史文化旅游资源较为丰富，也为当地社会经济发展发挥了作用。例如班固墓、周原博物馆、法门寺、湿地公园等。

班固墓位于浪店镇靠近104省道之农田旁边。班固，字孟坚，扶风安陵（今陕西咸阳东北）人，东汉著名史学家、文学家，所撰《汉书》影响深远，其《两都赋》《封燕然山铭》等列入古今名篇。

班固墓三面庄稼地，一面紧靠104省道，属省级重点文物保护单位。其墓冢现状如下：墓冢呈圆首柱状，青砖包砌，直径6米，高3米左右。墓园占地半亩左右，有墓碑三块：《班固线刻像碑》《启动整修班固墓记碑》《班固墓》（1983年列为陕西省重点文物保护单位），园内周植松树和景观树若干。虽有整修树碑之举，但距班固史学巨匠、断代史始创之地位相距甚远，其历史资源的开发潜力巨大，如何将来实现在保护文物遗迹的基础上，又能为地方经济带来增长，不仅要从史学巨匠方面考虑，也应该从丝路功臣方面着眼，唯有如此才有希望将此景点变成既是文人墨客瞻仰凭吊之地，又是普通旅游爱好者寻胜观览之点，这将成为考验地方政府执政智慧的难题。

宝鸡市周原博物馆是在周原遗址大规模考古发掘的基础上，于1987年建立的遗址性博物馆，馆址设在扶风县法门镇召陈村。作为新中国成立前最早开展考古工作的遗址之一，周原博物馆见证了中国考古学艰辛而又辉煌的发展历程，是寻找中华文脉、中华民族梦无可替代的专题性博物馆，博物馆建筑风格雄伟壮观，展器规格高，研究价值大，种类包含石器、玉器、青铜器等各种器型，涉及凤雏甲组建筑遗址、召陈宫室建筑群遗址、老堡子遗址等，展品有兴簋、伯先父鬲等，令人沉迷其中而流连忘返。这片周人先民的生活栖居地，曾经出土了著名的毛公鼎、仲义父鼎、小克鼎、大克鼎、师克盨、虢仲鬲等，引发了全世界的高度关注。其在"一带一路"规划中必将为提升陕西知名度再立新功。

法门寺，又名"真身宝塔"，位于炎帝故里、青铜器之乡——宝鸡市，全国重点文物保护单位。据传始建于东汉明帝十一年（68），约有1700年历史，素有"关中塔庙始祖"之称，周魏以前称"阿育王寺"，隋文帝时改称"成实道场"，唐高祖时改名"法门寺"。法门寺被誉为皇家寺庙，因安置释迦牟尼佛指骨舍利而成为举国仰望的佛教圣地。法门寺佛塔被誉为"护国真身宝塔"。寺庙所在的法门寺文化景区是国家5A级旅游景区。

法门寺地宫是迄今为止发现的最大的塔下地宫。宝鸡法门寺地宫出土了释迦牟尼佛指骨舍利、铜浮屠、八重宝函、银花双轮十二环锡杖等佛教至高宝物，法门寺珍宝馆拥有出土于法门寺地宫的两千多件大唐国宝重器，为世界寺庙之最。

七星河国家湿地集河流湿地、库塘湿地、沼泽湿地特征于一体，是典型的渭北黄土台塬河流湿地。园区占地1780亩，绵延4公里，重点打造了金色梯田、杉竹叠影、碧草芦飞、果红满陇、杏棠烟雨等26个景观，形成步移景异、四季有景的景象，七星河国家湿地公园，是近几年扶风县开发的一处大型旅游景点，供游客参观和当地人休闲娱乐。景色很好，绿化覆盖率高，目的是保护湿地，保护生态环境，这也是它与其他公园不同的地方。公园内部景色优美，有提供游乐设施、人民公社体验部分等，还有老旧的打水井、推磨工具等供人参观体验。从七星河湿地公园的建设，我们能够看出扶风县较为注重民众的娱乐方式以及环境的保护，修建湿地公园兼顾了保护环境和搞活地方经济，提高民众幸福指数（图1）。

图1　考察组参观周原博物馆

扶风县是一个粮食大县，支柱产业是农业和旅游业。在这里，新型农村的成功代表美阳镇，以农家乐为主要产业进行开发，建设较为成功。但扶风县对历史文化资源的开发保护仍有待提升。例如班固墓，我们发现当地人对其熟悉度并非想象中那么高，甚至有人还不知晓，不知班固为何人，班固墓存在边缘化和式微化倾向，怒其不争，哀其不幸，令人倍感遗憾（图2）。

图2 班固墓前的现代整修石碑

（三）岐山经济发展规划与特色农村建设

岐山县位于陕西省关中平原西部，北接麟游县，南连太白县，东与扶风、眉县接壤，西和凤翔、宝鸡毗邻。东起七里河，西到凤鸣沟，南自瓦房沟，北至孟家山。岐山是中华民族的发祥地之一，是炎帝生息、周室肇基之地，是周文化的发祥地，享有"青铜器之乡""甲骨文之乡"的美誉。

1. 经济发展目标

2017年，全县实现生产总值188.63亿元，完成"十三五"目标251亿元的75.15%，年均增长10%以上，"十三五"规划年均增速为11%左右，产业结构比调整到12.9∶58.9∶28.2。"十三五"规划期末目标为12.5∶55∶32.5；第一产业增加值达到24.3亿元，增长4.2%；第二产业增加值达到111.13亿元，增长12.4%；第三产业增加值达到53.2亿元，增长9.6%；一般公共预算收入3.92亿元，完成"十三五"目标6亿元的65.3%，年均增长7.2%，"十三五"规划年均增速10%；社会消费品零售总额达到60.25亿元，完成"十三五"目标70亿元的86%，年均增长14.3%，高于"十三五"年均增速13%的目标；全社会固定资产投资337.27亿元，完成"十三五"目标434.5亿元的77.6%，年均增长24.8%（原统计口径），"十三五"规划年均增速15%以上；进出口总额1.7亿元人民币（2650万美元），完成"十三五"目标2750万美元的96.36%，年均增长21.3%，超"十三五"规划预期增速11.3个百分点。

2018年上半年全县完成生产总值91.97亿元，增长9.0%。其中第一产业增加值7.95亿元，增长3.1%；第二产业增加值52.43亿元，增长10.3%；第三产业增加值31.59亿元，增长7.2%。一般公共预算收入2.5亿元，增长2.1%；固定资产投资增长15.9%；社会消费品零售额30.51亿元，增长13.1%。

2. 城乡一体目标

截至2017年底，城镇化达到55.9%，与"十三五"城镇化水平达到60%以上的目标还有一定差距；城镇居民人均可支配收入34151元，年均增长8.5%，低于规划年均增速10%的目标；农民人均纯收入12380元，年均增长8.8%，低于规划年均增速10%的目标；有线电视网络普及率48%，低于"十三五"有线电视网络普及率达到60%以上的目标；2017年城市公交线路23条，比上年新增4条，公共交通通村率达100%，全面完成"十三五"规划目标任务；城镇居民人均建筑面积28.11平方米，与"十三五"规划32平方米目标还有一定差距；路网密度为207.6KM/100KM，超过"十三五"规划206KM/100KM的目标。2018年上半年城镇居民人均可支配收入16214元，增长8.8%；农村居民人均可支配收入6502元，增长9.2%。

3. 社会和谐目标

2017年人口自然增长率4.2‰，控制在7.5‰的目标之内；城镇调查登记失业率2.94%，控制在规划4%的目标以内；高中教育普及率达98.54%，已超额完成"十三五"规划96.5%的目标；高等教育毛入学率99.86%，高于"十三五"规划90%的目标；每万人拥有卫生技术人员数达到74人，高于"十三五"规划目标；人均预期寿命76.2岁，接近"十三五"规划77岁的目标；全县上网手机数总计约26.9万部，占全县总人口48万人的56%，互联网普及率为56%，与"十三五"规划目标60%稍有差距。

4. 生态优美目标

截至2016年底，万元GDP综合能耗0.927吨标准煤，与"十三五"规划0.7吨标准煤的目标还有较大差距。2017年万元GDP水耗67.6立方米，控制在"十三五"规划70立方米的目标以内；工业用水重复利用率达到82.5%，超过了"十三五"规划80%的目标任务；城市污水集中处理率达到92.2%，低于"十三五"规划100%的目标；城市垃圾无害化处理率达到99.9%，基本达到"十三五"规划100%的目标；人均公共绿地面积达10.02平方米，根据近两年造林任务完成情况，可以实现计划目标。

5. 文化繁荣目标

2017年，村文化活动室为835个，低于"十三五"规划100%的目标；群众民间艺术社团357个，也比"十三五"规划目标400个少43个；精品旅游线路3条，低于"十三五"规划5条的目标；精品旅游项目3个，低于"十三五"规划5个的目标；精品旅游饭店与度假村5个，低于"十三五"规划8个的目标。以上指标通过后两年努力，均可完成。

6. 特色农村建设

岐山县在利用历史文化资源发展本县经济的同时，也充分利用已经开发的旅游景点带动当地农村的发展。以旅游景点为点，以公路为线串联起一个个村落，在便利游客的同时，促进当地农副产业快速发展，极大地带动了农村的发展。

乡村旅游示范村创建稳步推进，11个创建村也全都完成了《乡村旅游规划》编制，乡村旅游基础设施建设、产业开发等工作全面展开。政府组织举办非遗文化展演、民俗美食大赛、岐山渭水摄影等富有西岐地域特色的文化节庆活动。对140户民俗接待户进行改造提升，北郭村被命名为"中国乡村旅游模范村"；岐山臊子面、岐山擀面皮被评为"陕西金牌旅游小吃"；周公庙风景名胜区、西岐民俗村荣获全市旅游行业"游客满意"单位称号。2017年累计接待游客784.23万人，同比增长54.2%，旅游综合收入57.3亿元，增长63.25%。电商产业发展取得新突破，阿里巴巴"农村淘宝"项目扎实推进，全县建成县级服务中心1个，村级服务站70个。初步构建起覆盖全县城乡的农村电子商务网络。

政府积极落实城乡基础设施的建设。致力打基础、利长远，聚力重塑蔡家坡，城乡面貌焕然一新。岐山大道、凤凰路、高速出入口广场、城市展示中心建成投用，东四路跨渭特大钢桥、西三路下穿式隧道等项目顺利推进，"一河两岸"景观带成为城市新名片，蔡家坡被评为"全国文明镇""综合实力千强镇"。岐蔡路、文王路全程点亮，召公路、天柱路等断头路贯通运行，朝阳路等13条城区道路完成改造提升，县城"六横六纵"的城市道路交通更加完善，凤鸣、蔡家坡公交枢纽建成投用；凤鸣湖、大剧院、体育馆建成开放，太平塔周边和县医院、水东厂生活区棚改顺利推进；拆墙透绿127处，森林"四围"绿化8000余亩，绿化长度6830米，建成南大门游园等广场绿地25处，新建地下管网4.8公里。智慧城市建设全面启动，国家卫生县城复审通过省级验收，成功创建"国家园林县城""全省首批森林城市""全省县城建设先进县"。国道342麟蒲段建成通车，就枣路进展顺利。全面启动河长制、湖长制，形成生态水面174公顷，建成高标准农村生态涝池19座，省级节水型社会创建顺利达标。矿区复绿6.4万平方米，矿山综合整治全省领先，实施土地整治项目29个，整治规模105.71公顷，新增耕地80.71公顷。铁腕治污降霾成效显著，2018年上半年全县空气质量优良天数为110天，优良比率为61.5%，比上年同期增加33天。农村"五改"工作，累计完成气化23100户、改电14280户、改炕51462户、改暖4102户、改灶49792户。

脱贫攻坚工作扎实推进，贫困村、贫困人口实现政策、项目、帮扶全覆盖。建立市、县级创业就业扶贫基地 10 个，开发贫困劳动力公益岗位 765 个，聘用贫困户护林员 100 名；荣获全省移民搬迁"项目建设先进单位"，危房改造工作代表陕西省接受了住建部检查；4602 名贫困学生享受教育资助，募集的 260 万元社会扶贫基金惠及 11317 名贫困学生，"5 + 1"保障体系兜牢健康扶贫网底，实现贫困村爱心超市全覆盖，为 2.9 万名贫困人口购买大病补充医疗保险，贫困人口实现了新农合和大病保险全覆盖；2016 年以来，30 个贫困村摘帽出列、19069 人如期实现脱贫。统筹推进社会事业发展，养老、医疗等保险实现应保尽保，30 个村史馆顺利建成投用，86 个农村幸福院全面运行，启动周原遗址世界文化遗产申报工作，编创大型秦腔历史剧《凤鸣岐山》，充分挖掘了周文化的历史文化价值和现实意义，推动周礼文化传承（图 3、图 4）。

图 3　凤鸣岐山感受文明古街

第六章　陇山以东丝绸之路遗址调查研究　/　191

图 4　考察组与凌头村的村民交谈

（四）泾川县历史文化遗产与旅游

泾川县位于黄土高原中部秦陇交界处，东与宁县及陕西省长武县交界，西接崇信县、崆峒区，南邻灵台县，北靠镇原县，居丝绸古道要冲，自古以来是西出长安通往西域的第一重镇。王母宫，又名回山王母宫，乃西王母祖庙，是西王母降生地、发祥地和其祖庙所在地。

西王母石窟寺遗址位于泾川县境内的王母宫山上，开凿于北魏永平三年（510）。王母宫石窟为方形中心柱窟，中心柱的四面及窟壁的三面均刻有石造像和装饰物，有驮宝塔的白象、千佛、力士以及众菩萨等。泾川王母宫始建于西汉元丰年间，宋初、明嘉靖年间曾两次重修，清同治三年（1864）毁于兵燹。1992 年重修，现建有西王母大殿、东王公大殿、配殿等主体建筑。配殿左殿为三皇殿、周穆王殿；右殿为五帝殿、汉武帝殿。每年农历三月二十日王母宫举行西王母盛会，为泾川吸引了大量的游客，创造了经济价值。同时有许多信奉西王母的信徒为其捐款，而这些信徒大部分来自中国香港、中国台湾等地区，这一盛会的举办无疑增加了两岸人民的交往，而这种文化认同，对民族的认同感提升势必是有益的，对海峡两岸西王母故里民俗文化交流乃至两岸更加密切的联系具有重要意义。

大云寺于公元601年兴建，称大兴国寺，供养舍利。武则天称帝后，崇敬以女性经变故事为主题的《大云经》，敕令两京（长安、洛阳）和诸州各建一座大云寺，珍藏《大云经》，并总遣千名僧人，到各地升高座讲解《大云经》。泾州大云寺在隋代大兴国寺原址兴建，并把原塔基下的石函、舍利瓶和舍利取出，请了当时制作袖珍金银器工艺水平最高的工匠，选择了当时最珍贵的珠玉宝石，凝练了一个时代的最高智慧，镂金雕银，做成鎏金铜匣、金银棺椁，并用琉璃瓶盛装14粒佛祖骨舍利再配以石函，于公元694年重新瘗葬放入地宫，建塔供奉，大云寺也在每年三月举办佛教盛会，邀请海内外的名僧前来布经讲道，并吸引大量佛教徒来到此地。

泾川县以西王母宫、大云寺、崆峒山……历史文化资源为依托，作为佛教、道教文化的汇集地，其独特的文化吸引着无数游客慕名而来（图5、图6）。

图5 考察组在泾川县大云寺考察

图6　考察组在泾川县博物馆聆听讲解员讲解

五　结束语

陇山以东地区自古以来就是文化交汇与融合的地区，其独特的地理位置产生了丰富多彩的文化。无论是作为佛教圣地的扶风，还是以周文化和青铜文化享誉全国的岐山，或是作为佛、道交融圣地的泾川，"一带一路"倡议为这些历史文化资源积淀深厚的地方提供了一个全新的发展机遇。

当今世界是一个多元的时代，各个文明之间的冲突与融合不断，能否以开放包容的态度去面对多元化是对每一个国家提出的新挑战。陇山以东地区作为古代文化交融、文明互动的前沿地区，传统文化与外来文明之所以能够不断融汇，正因为丝路各区段以其特有形式推动丝路精神传承不息，地域文化不断以新姿态汇入主流文化，地区经济以新方式为国家作贡献，显示我们整体兴盛必然以局部振兴为基础。

新时代的中国致力于推广自己的文化，走进国际舞台的中央，要实现这个目标，更应该坚持海纳百川、有容乃大的原则。

同时，在新丝绸之路政策的支持下，陇山以东地区各地发展各有不同，各个县市在发展中有着不同的侧重。扶风县主要侧重于宣传当地的佛教（法门寺）文化，但在一定程度上对其他历史文化资源的挖掘不够充分，例如班固墓及周原遗址。班固墓在当地的知名度较低，在加强保护的同时，还要挖掘有形景点的无形价值，强化交通建设和历史文化建设。

岐山在历史文化方面打出的是"凤鸣岐山"这一名片，侧重于周礼文化和青铜文化的宣传。同时岐山发展独具特色的就是当地的新农村建设，每个村落都有自己的村史馆和乡村文化，以当地旅游景点带动附近村落的发展。

泾川在历史文化资源挖掘上落脚于当地独特的道教诞生地和佛教圣地这一特点，同时也打出了"一带一路"和丝绸之路建设的文化名片，又能积极与相邻县市进行文化交流和合作。

这种按照当地独有特点，因地制宜，沐浴新丝绸之路文化政策的春风，面向国际化世界形势，立足于传统区位优势，有利有力、不失时机地提升当地影响力，以开发历史文化资源的方式拉动经济增长，在我们小组看来对其他地区具有借鉴意义。如果能与周边县市合作，以某些显著题材、热点问题为主题（如丝路文化中某些题材），形成脉络式、互补式的历史文化旅游项目，或许可以作为一种尝试，来解决地区性旅游资源影响力不够的难题，突破历史资源多而散的瓶颈。

第七章

西安明秦王墓考察

2016年7月9日至17日，在赵万峰副研究员、李军教授、曹循副教授、张峰副教授的指导下，历史学院"西安明秦王墓考察队"在进行了前期充分准备的基础上，对西安明秦王墓的相关遗址进行了为期九天的学术考察与实践，并对考察资料进行整理，形成《西安明秦王墓考察报告》。

1. 考察团队

（1）学生团队：李博威（2014基地　队长）、于晨磊（2014基地）、邱洋（2014基地）、席境忆（2014基地）、董书豪（2014基地）、骆朦（2014基地）、李佳颖（2014基地）、王坤杰（2014基地）、李岩（2014基地）、朱艾宏基（2014基地）、马小涵（2014基地）、李泡尘（2014国学）

（2）报告撰写：于晨磊、邱洋、席境忆、董书豪、骆朦

（3）报告修订：于晨磊

（4）摄影作者：席境忆

2. 考察目的

（1）实地考察相应墓葬遗存现状，进而加深对明代藩王丧葬仪制等知识的理解。在此基础上，感悟明代秦藩王世系对陕西地方的政治、经济、文化的影响。

（2）借助社会调研手段记录秦王陵墓周边守陵人后代及村民的历史记忆，同时发挥本专业优势，加强对明秦藩王墓的文化宣传，向大众普及相关历史知识，加强历史使命感与文化归属感。

（3）通过实践走访调查陵墓周边散落的墓志铭、神道碑、石像等遗存，收集整理相关文物资料数据，掌握这一地区文物遗址保护状况，提升大众的文保意识。

3. 行程规划

（1）7月9日，前往西安市长安区大府井村入住。

（2）7月10日，大府井村附近秦愍王墓实地勘察，收集相应文物遗存数据。

（3）7月11日，愍王墓周边村落走访调查，对部分村民进行问卷调查。

（4）7月12日，东伍村对秦隐王墓实地勘察，收集相应文物遗存数据。

（5）7月13日，东伍村周边村落走访调查。

（6）7月14日，简王井村对秦简王墓实地勘察，收集相关文物遗址数据，并走访调查周边村镇。

（7）7月15日，康王井村与庞留井村对秦康王墓与惠王墓进行实地勘察，收集相应文物遗址数据，并走访调查周边村镇。

（8）7月16日，长安区博物馆参观明秦王墓葬出土文物，与相关文保人员进行交谈。

（9）7月17日，整理所得实地勘察数据资料，分组撰写考察心得体会，返校。

4. 考察收获

（1）实地收集整理了现存部分明秦王墓葬遗址文物的信息，了解具体墓葬形制的特征表现。

（2）对秦藩王墓冢分布有了较清楚的认识，结合相关史料发现，总结归纳秦藩王陵寝分布特点，形成调查报告并发表学术文章。

5. 改进建议

（1）行程实际进行与规划仍有差距，应该进一步妥善分配考察时间。

（2）提前做好资料收集、熟悉考察地点工作，提前做好踩点、歇宿地的联系等工作。

（3）积极寻求当地政府机构的支持，充分利用地方文化工作者的向导作用。

6. 相关获奖

（1）陕西省高校"一带一路"社会实践活动三等奖。

（2）西北大学暑期三下乡社会实践活动一等奖。

（3）西北大学第八届"挑战杯"大学生课外学术科技作品竞赛二等奖。

一　绪论

明初，太祖朱元璋开始将诸子分封至各地为藩王，洪武三年（1370），次子朱樉被封至西安为秦王，号称"天下第一藩"。①自朱樉起，至末代秦王朱存极，陕西明秦藩王共经历11代15位，前后共历时273年，伴随明朝始终。除末代秦王外，其余14位秦王的墓葬均位于西安城南台原一带，至今尚有许多封土遗存。明秦王墓群②占地规模宏大，守陵人群体也逐渐形成一个个村落，故而这一带素有"九井十八寨"之称。早在2003年，"明秦藩王家族墓地"就被列为陕西省第四批省级重点文物保护单位。2006年，"明秦王墓"又进入第六批全国重点文物保护单位名单。然而，明秦王墓的保护现状却并不乐观。

其一，作为全国重点文物保护单位，其所得到的保护、关注有限。各处封土墓冢及附近地表文物如石刻等，缺少必要的防护措施。封土减损、石刻风化、附近居民生活垃圾侵扰等问题严重，部分石刻甚至被村中农田或菜园环绕，令人担忧。

其二，清代、民国时期，明秦王墓区一带村落逐步兴起，新中国成立后，"平整土地"等运动的发展，私人盗墓行为的猖獗，一些村庄砖厂的建立，使得明秦王墓遭到了不同程度的损毁。今天，城市空

---

① 张瀚：《松窗梦语》卷二《西游记》，中华书局1985年版，第42页。另见于明秦惠王墓前神道碑。

② 明秦王世系中应当包括亲王和郡王。限于时间和精力，本次考察以亲王墓为主，未对郡王墓进行细致的考察，故下文论述对象中多以亲王墓为主。

间的发展，房地产业的扩张，大小企业的入驻，不断侵蚀着明秦王墓的存在空间。

其三，学界本身对明秦王墓关注也不足。西安作为"汉唐故都"，学界对周秦汉唐文化关注极高，对唐以后却关注甚少。明秦王墓也同样是被忽视的一部分，关注与研究不足。直至今日，对于明秦藩王墓葬的主人身份仍有争议。

综上，颇具价值的明秦藩王家族墓地现今的保护、研究和开发呈现出明显的脱节状态，引人深思。因此，我们希望通过对明秦藩王墓葬的进一步研究，提高认识，引起社会关注，使明秦王墓得到更好的保护与开发。

二　学术成果回顾

关于明代秦藩王墓的研究，学界的成果并不多，已有成果基本集中在近20年。其关注的学术问题，大多是秦王世系、墓主人身份、墓前文物等方面。现综述如下：

1985—1995年，王翰章等人最先对明秦王墓进行了系统调查，并撰写《明秦藩王墓群调查记》。[1] 此文对各个陵墓墓主人身份进行了考订，对陵前文物展开了较为详细的调查，为后人的研究奠定了基础。但其中部分结论值得商榷，后学已对此进行了一定的补充考证。

1997年，西安杜陵文管所的傅文琪、李梅、刘玖莉对秦藩王墓群陵墓前的石刻进行了系统调查和测量，对其艺术特点进行了分析，并撰写《明秦藩王墓前石刻调查与研究》[2]。文中对已存石刻的数据记录和形象描述都较为细致，但遗憾的是，在考察过程中，我们联系到杜陵文管所，并未能找到当时的原始测量数据。

2007年，肖健一在《明秦藩家族谱系及墓葬分布初探》[3] 中，对

---

[1]　王翰章：《明秦藩王墓群调查记》，载《陕西省历史博物馆馆刊》（第二辑），三秦出版社1995年版。

[2]　傅文琪、李梅、刘玖莉：《明秦藩王墓前石刻调查与研究》，载赵毅、林凤萍《第七届明史国际学术讨论会论文集》，东北师范大学出版社1999年版。

[3]　肖健一：《明秦藩家族谱系及墓葬分布初探》，《考古与文物》2007年第2期。

明秦藩王整个家族的世系、墓葬分布进行了较为详细的梳理，其中对藩王以下郡王世系的梳理尤具参考价值。此文观点大多承袭前人，对一些存疑之处也未能提出相应解释。

2010年，梁志胜、王浩远在《明末秦藩世系考》[①]中结合墓志材料与传世文献，对《明史》等诸多史籍中末代秦王世系的错误记载进行了纠正，指出末代秦王世系应为：敬王谊㴶—肃王谊漶—景王存机—嗣王存极。这为后人的进一步研究奠定了基础。

2013年，陈冰的《西安明秦王墓的考察与研究》[②]对秦藩王墓进行了系统的研究。文中对出土材料、传世文献进行了详细的分析，并结合实地考察、地名验证、陵园制度，对秦藩王墓的墓主人身份进行认定，提出了与学术界通行观点所不同的见解。这些新见解解决了现有认识上的一些矛盾，如《唐氏墓志》出土地点的疑惑等。在此基础上，此文还总结出秦藩王墓葬的一些规律性结论和考察时应当注意的问题。

2015年，薛雷平在《明秦王陵区的景观变迁研究》[③]中，在对明秦王墓身份进行修订的基础上，从整体景观营建、变迁的角度，对秦王陵区进行了考察。秦王陵区最初为农业景观，在秦王陵寝逐渐修建完成以后，形成独特的景观。从清代到民国，秦王陵区逐渐衰败，村落逐渐增多。1950年以后，明藩宗室的墓葬受到大量破坏，许多文物出土。进入21世纪，城市空间的扩大、房地产业和企业的经营日渐侵蚀着秦王墓的空间，急需引起人们的关注。

上文提及的学术界对几座主要陵墓墓主人认识的不同之处，参见表1。

[①] 梁志胜、王浩远：《明末秦藩世系考》，《陕西师范大学学报》（哲学社会科学版）2010年第5期。

[②] 陈冰：《西安明秦王墓的考察与研究》，硕士学位论文，陕西师范大学历史文化学院，2013年。

[③] 薛雷平：《明秦王陵区的景观变迁研究》，硕士学位论文，西北大学西北历史研究所，2015年。

表 1　　　　　　　　明藩王墓墓主认知分歧情况

陵墓所在地	墓主人身份（一般见解，亦即王翰章的观点）	陈冰的结论	薛雷平的结论
大府井村	愍王朱樉	隐王朱尚炳	愍王朱樉（隐王朱尚炳陪葬）
西安杜陵文管所	隐王朱尚炳	愍王朱樉	汉墓
简王井村	简王朱诚泳	宣王朱怀埢	景王朱存机
三府井村	宣王朱怀埢	保安怀僖王（愍王子）	保安怀僖王（愍王子）
康王井村	康王朱志㙺	康王朱志㙺（相同）	康王朱志㙺（相同）
庞留井村	惠王朱公锡	惠王朱公锡（相同）	惠王朱公锡（相同）

此外在一些专著中，亦有部分内容涉及秦藩王墓。例如，刘毅的《明代帝王陵墓制度研究》[①] 中涉及秦藩王墓的墓葬制度，史红帅的《明清时期西安城市地理研究》[②] 在西安城南部分的论述中讨论了明王陵区，对西安城南部分明王陵区进行了讨论。

一些关于明代藩王的其他方面论述也具有一定的参考价值。例如，陈清慧的《明代藩府刻书研究》[③] 涉及秦藩所刻书籍，王刚的《明代陕西宗藩与地方社会》[④] 分析了秦藩宗室与统治秩序、地方经济、社会生活等相关问题，罗莹的《明代宗藩的宗教信仰研究》[⑤] 中提到了秦藩王的佛道信仰，吕美的《明秦简王朱诚泳及其〈小鸣稿〉研究》[⑥] 则详细梳理了秦简王的生平与艺术创作。

出土墓志的考释对我们认识秦藩王家族有一定作用。例如秦造垣

[①] 刘毅：《明代帝王陵墓制度研究》，人民出版社2006年版。
[②] 史红帅：《明清时期西安城市地理研究》，中国社会科学出版社2008年版。
[③] 陈清慧：《明代藩府刻书研究》，博士学位论文，南京大学信息管理系，2011年。
[④] 王刚：《明代陕西宗藩与地方社会》，硕士学位论文，陕西师范大学历史文化学院，2013年。
[⑤] 罗莹：《明代宗藩的宗教信仰研究》，硕士学位论文，西南大学历史文化学院，2015年。
[⑥] 吕美：《明秦简王朱诚泳及其〈小鸣稿〉研究》，硕士学位论文，西北大学文学院，2015年。

的《明郃阳惠恭王朱公镗墓志考》①、孙钢的《明宗室朱秉㮊墓志考》②、肖健一的《西安明代秦藩辅国将军朱秉橘家族墓》③、张鸣铎的《新出土的几方明秦藩王宗族墓志》④等。

近几年，许多网友自发性地对明秦王墓进行了探索调查，并将相关内容发表在了博客上⑤，记录了明秦王墓及其附属文物与周边社会的变迁，留下了许多宝贵的影像资料。

三 明代藩王体制及秦王世系

1368年，朱元璋称帝，为了巩固明王朝统治，加强中央对地方的控制，朱元璋于洪武三年（1370）夏四月乙丑首次"册封诸皇子为王"⑥。朱元璋的26个儿子，除长子朱标封为太子、幼子朱楠夭折之外，其余24子陆续被封往全国各要地州府为亲王，"天下之大，必建藩屏，上卫国家，下安生民。今诸子既长，宜各有爵封，分镇诸国。朕非私其亲乃遵古先哲王之制，为久安长治之计"⑦。明代亲王享有崇高的政治地位及较大的实际权力，如礼制方面，"冕服车旗邸地，下天子一等。公侯大臣伏而拜谒"⑧；权力方面，"明制，皇子封亲王，授金册金宝，岁禄万石，府置官属。护卫甲士少者三千人，多者至万九千人"⑨；俸禄方面，"亲王，米五万石，钞二万五千贯，锦四十匹，纻丝三百匹，纱、罗各百匹，绢五百匹。冬夏布各千匹，锦二千两，盐二百引，茶千斤，皆岁支。马料草，月支五十匹，其缎匹岁给匠料，付王府自造"⑩，洪武二十八年（1395）"量减诸王岁给，以

---

① 秦造垣：《明郃阳惠恭王朱公镗墓志考》，《考古与文物》2003年第5期。
② 孙钢：《明宗室朱秉㮊墓志考》，《考古与文物》1995年第5期。
③ 肖健一：《西安明代秦藩辅国将军朱秉橘家族墓》，《文物》2007年第2期。
④ 张鸣铎：《新出土的几方明秦藩王宗族墓志》，《文博》1989年第4期。
⑤ 参见：http://blog.sina.com.cn/s/blog_3fcec5180101f0sf.html，http://blog.sina.com.cn/s/blog_7bb9645f0101m41r.html 等。
⑥ 《明太祖实录》卷五十一，洪武三年夏四月乙丑，上海书店1984年版。
⑦ 《明太祖实录》卷五十一，洪武三年夏四月辛酉。
⑧ 《明史》卷一百十六《列传第四诸王一》，中华书局1974年版，第3557页。
⑨ 《明史》卷一百十六《列传第四诸王一》，中华书局1974年版，第3557页。
⑩ 《明史》卷八十二《食货六》，第2000页。

资军国之用""亲王万石，郡王二千石，镇国将军千石，辅国将军、奉国将军、镇国中尉以二百石递减，辅国中尉、奉国中尉以百石递减。公主及驸马二千石，郡主及仪宾八百石，县主、郡君及仪宾以二百石递减，县君、乡君及仪宾以百石递减。自此为永制"[1]。除此之外，明廷又相继制定了亲王嫡长子继承、亲王配偶子嗣所享官职品级等一系列的规章制度。同时对明代亲王的世系，也有相应的规定："太祖以子孙蕃众，命名虑有重复，乃于东宫、亲王世系，各拟二十字，字为一世。"[2] 为秦王府拟定的二十字则为"尚志公诚秉，惟怀敬谊存，辅嗣资廉直，匡时永信敦"，还规定"子孙初生，宗人府依世次立双名，以上一字为据，其下一字则取五行偏旁者，以火土金水木为序"[3]。以秦王一系为例，第二代秦王为朱尚炳，"尚"为世字，"炳"为五行中火旁，第三代秦王为朱志壡，志为世字，壡为五行中土旁。代代依照世字，五行偏旁可循环使用。

朱元璋次子朱樉于洪武三年（1370）被封为"秦王"，洪武十一年（1378）就藩西安。明初，北元势力仍不断侵扰大明，太祖朱元璋为巩固明朝统治，在边境地区分封诸王，节制诸将，抵御北元，其中以秦王、晋王、燕王、宁王权势最为显赫，坐镇一方。秦王朱樉在镇守西安的同时，也对西安城进行营造，现今鼓楼、钟楼及包砖城墙等均是此时修建。自此以后在长达六百多年的时间里，西安城整体形制再未发生较大变化。

明代自秦王朱樉于洪武十一年（1378）就藩，到最后一位秦王朱存极于崇祯十七年（1644）被害，270 余年间共传 11 代 15 位秦王，且多次由于大宗后继无人而转为偏支袭封秦王。其家族墓地群均位于西安市南郊，其中大部分出土墓志藏于陕西历史博物馆、长安区博物馆、西安市文物保护考古所内，少量流落在村民家中。另外，还存在大量的郡王、将军及秦王女眷的陵墓，绝大多数陵墓虽遭破坏，但部

---

[1] 《明史》卷八十二《食货六》，第 1999—2000 页。
[2] 《明史》卷第一百《表一》，第 2504 页。
[3] 《明史》卷第一百《表一》，第 2504 页。

分石刻碑志仍保留至今，为研究秦王世系提供了有力的实物遗存。本调查报告根据文献和碑志资料，按照秦王世系，对秦王世系近三百年的情况做一简要梳理。①

（一）第一代秦王

秦王朱樉（1356—1395），太祖第二子。洪武三年封。十一年就藩西安。同年五月，太祖赐其玺书："关内之民，自元氏失政，不胜其敝。今吾定天下，又有转输之劳，民未休息。尔之国，若宫室已完，其不急之务悉已之。"② 并委以关西兵事，专行赏罚。每年亲自巡边，大将皆听节制，御军整肃，所过秋毫无犯，未尝妄戮一人，故戎狄威畏明军，朱元璋倚以为重。

洪武十五年（1382）八月，高皇后崩，朱樉与晋、燕诸王奔丧京师，十月还国。洪武十七年（1384），因奉祭马皇后，朱樉再次来朝，不久受命归藩。

洪武二十二年（1389），太祖改大宗正院为宗人府，任命朱樉为宗人令。洪武二十四年（1391），以朱樉多过失为由，召还京师，令皇太子巡视关陕。太子还，为之解。明年命归藩。洪武二十八年（1395）正月，朱樉受命率领平羌将军宁正前往洮州征伐叛番，多有擒获，叛番畏惧投降。其年三月薨。

太祖赐其谥册曰："哀痛者，父子之情；追谥者，天下之公。朕封建诸子，以尔年长，首封于秦，期永绥禄位，以藩屏帝室。夫何不良于德，竟殒厥身，其谥曰愍。"

樉妃，为元河南王王保保女弟。次妃，宁河王邓愈女。樉薨，王妃殉。其子隐王朱尚炳嗣爵。

（二）第二代秦王

第二代秦王朱尚炳（1380—1412），为愍王朱樉嫡子，洪武二十八年（1395）袭封秦王。永乐初，沔人高福兴等为乱，朱尚炳巡边境上捕盗。永乐九年（1411），明成祖派使者至西安，朱尚炳称疾不

---

① 如无特殊说明，以下诸王事迹内容皆出自《明史·诸王列传》与《诸王世表一》。
② 《明史》卷一百十六《列传第四诸王一》，第3560页。

出迎，见使者又傲慢。成祖遂逮捕王府官吏治罪，赐尚炳书曰："齐王拜胙，遂以国霸；晋侯惰玉，见讥无后。王勉之。"① 朱尚炳恐惧，进京来朝谢罪。明年三月薨，谥号隐。子僖王朱志堩嗣。

（三）第三代秦王

（1）第三代第三任秦王朱志堩（1404—1424），为隐王朱尚炳嫡长子。永乐二年（1404）由隐王妃刘氏生。永乐十年（1412）袭封秦王。永乐二十二年（1424）未娶薨，谥号僖。因其无子，庶兄渭南王朱志均继位。

（2）第三代第四任秦王朱志均（1403—1426）为隐王朱尚炳之子，秦僖王朱志堩之庶兄。初封渭南王。永乐二十二年（1424），袭封秦王，宣德元年（1426）未娶薨，谥号怀。未婚妻张氏，入宫守节终生。因无子，故其弟朱志㙍晋封秦王。

（3）第三代第五任秦王朱志㙍（1404—1455），隐王朱尚炳之子，怀王朱志均弟，宣德元年（1426）袭封秦王。其人好古嗜学。宣德四年（1429），护卫军张嵩等讦其府中事，康王畏惧不安，上书请辞三护卫。宣宗答书奖谕，予一护卫。正统十年（1449）诬奏镇守都御史陈镒，按问皆虚，而审理正秦弘等又交章奏王凌辱府僚，箠死军役。帝再以书戒饬之。景泰六年（1455）薨，谥号康。子惠王公锡袭封秦王。

（四）第四代秦王

第四代第六任秦王朱公锡（1437—1486），天顺二年（1458）袭封秦王，史仅载其"以贤闻"。在位28年。成化二十二年（1486）薨，谥号惠。子简王朱诚泳嗣。

（五）第五代秦王

第五代第七任秦王朱诚泳（1458—1498），成化四年（1468）封镇安王。成化二十三年（1487）袭封秦王。其性孝友恭谨，尝铭冠服以自警。秦川多赐地，军民佃以为业，供租税，岁歉辄蠲之。长安有鲁齐书院，久废，故址半为民居，其又能易地建正学书院。又旁建

---

① 《明史》卷第一百十六《诸王一》，第3560页。

小学，择军校子弟秀慧者，延儒生教之，亲临课试。王府护卫得入学，自诚泳始。所著有《经进小鸣集》。弘治十一年（1498）薨，谥号简。无子，从弟临潼王朱诚溁之子朱秉欂袭爵。

（六）第六代秦王

第六代第八任秦王朱秉欂（1481—1501），临潼藩王朱诚溁之子。弘治八年（1495）十一月袭封临潼王，弘治十三年（1500）嗣封秦王，追封父亲为秦庄王、祖父为秦安王。弘治十四年（1501）薨，谥号昭。其子朱惟焯继承秦王。

（七）第七代秦王

第七代第九任秦王朱惟焯（1499—1544），秦昭王朱秉欂庶长子。正德四年（1509）袭封。有贤行，有司以闻。嘉靖十九年（1540）曾敕表以绰楔。献金助太庙工，益岁禄二百石，赐玉带袭衣。嘉靖二十三年（1544）薨。谥号定。无子，由从子宣王朱怀埢嗣封。

（八）第八代秦王

第八代第十任秦王朱怀埢（1524—1566），定王从弟奉国将军惟燫之子，初为镇国中尉，嘉靖二十七年（1548）嗣封秦王。追谥其曾祖镇国将军诚润为恭王、祖辅国将军秉枘为顺王、父惟燫为端王。嘉靖四十五年（1566）薨，谥号宣。子靖王敬镕嗣。

（九）第九代秦王

第九代第十一任秦王朱敬镕（1541—1576）。庶出，初封隆德王，隆庆三年（1569）袭封。万历四年（1576）薨，谥号靖，其子秦敬王朱谊㴋继承秦王。

（十）第十代秦王

（1）第十代第十二任秦王朱谊㴋（1566—1586），原名朱谊旐。万历三年（1575），封世子。万历九年（1581），袭封秦王。万历十四年（1586）薨，无子，谥号敬，其弟朱谊漶嗣封秦王。

（2）第十代第十三任秦王朱谊漶（？—？）。万历十三年（1585）袭封奉国中尉，万历十四年（1586），兄敬王谊㴋薨，无子。同年加封其为紫阳王，管理秦王府之事，万历十五年（1587）进封秦王。朱谊漶卒年未知，谥号肃，其子秦景王朱存机继承秦王。

（十一）第十一代秦王

（1）第十一代第十四任秦王朱存机（1595—1641），《明史》未载其事迹，据现存陕西省西安市长安区博物馆院内的《大明宗室秦景王墓志》记载，朱存机生于万历二十三年八月初五日（1595年9月8日），崇祯二年九月初一日（1629年10月16日）册封为秦世子，崇祯十二年六月二十五日（1639年7月25日）袭封为秦王，崇祯十四年二月初七日（1641年3月17日）未时以疾薨逝，享年四十有七。女一未适。谥号景，无子，由其弟秦王朱存极继承王位。于崇祯十五年正月初三日（1642年2月1日）葬于韦曲里之阳。

（2）第十一代第十五任秦王朱存极（？—1644），为秦王朱谊漶之庶三子，《明史》未载其袭封，但《明实录》中有其封郡王的记录，而《明史》及《南明史》均误作为其兄长秦世子的名字朱存枢。据《陕西通志》等书记载，他在崇祯十四年（1641）袭封秦王，崇祯十六年（1643）降李自成，后被押至北京，崇祯十七年（1644）李自成讨伐吴三桂时随军至山海关，不久被李自成杀害（图1）。①

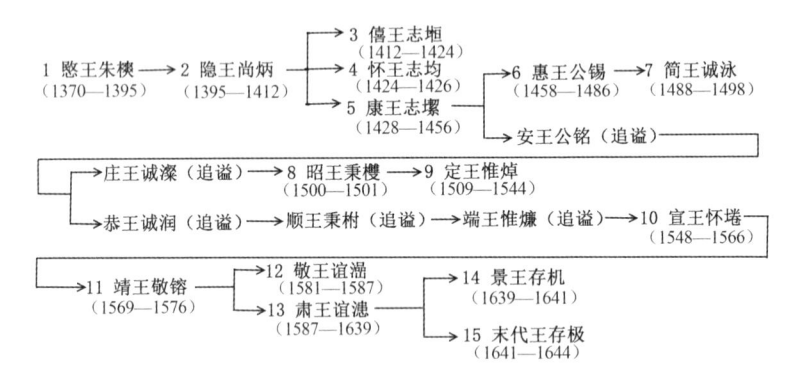

图1 明秦王世系沿革示意图②

---

① 有关末代秦王朱存极与朱存枢的事迹考辨，可参见梁志胜《明末秦藩世系考》，《陕西师范大学学报》（哲学社会科学版）2010年第5期。

② 陈冰：《西安明秦王墓的考察与研究》，硕士学位论文，陕西师范大学历史文化学院，2013年。

四 明秦王墓遗迹调查情况

西安明秦王墓作为全国范围内规模最大的明代直系藩王墓葬群和陕西地区少有的明代墓葬群的典型，早在2006年便被列为第六批全国重点文物保护单位。然而，明秦王墓葬所蕴含的历史文化信息并未为世人所熟知，社会、学界对其关注较少。随着工业化、城市化的不断推进，明秦王墓遗址也正面临着自然与人为破坏的威胁，其周边村落对其历史认知与守陵人身份的认同也正在不断地淡化（图2）。因此，针对明秦王墓的调研考察，深入挖掘其独特的历史意义与社会价值，保护明秦王墓葬遗迹周边地区的文化历史记忆就显得尤为重要。基于此，西北大学历史学院特成立"西安明秦王陵考察队"，前往明秦王墓进行考察调研，了解明秦王墓葬的保护

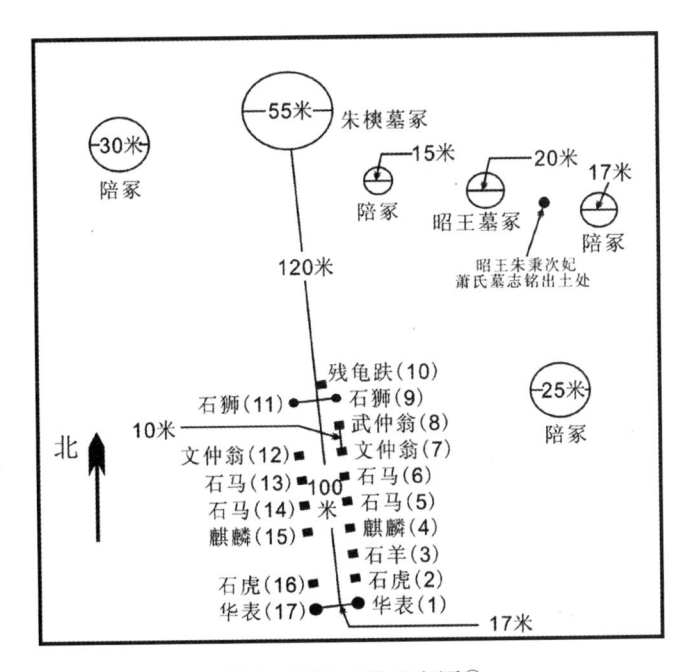

图2 秦愍王墓示意图①

---

① 图片来源自《少陵塬——大明秦藩王墓群》，http://blog.sina.com.cn/s/blog_954ab5c801018dzy.html。

现状和周边村落的互动关系。

此次考察对象主要涉及秦愍王、康王、惠王以及简王四位秦王的墓葬。考察队员对墓葬的位置、碑刻、石像以及封土等情况进行了调查，并测量登记了部分残存文物的基本数据。

明第一代秦王秦愍王朱樉的墓葬，位于长安区杜陵街道大府井村。坐标东经109.019882，北纬34.176855。墓葬坐北朝南，方位角328°。经过考察队本次实地的测量估算，相关数据与图2所示略有差异：主封土呈圆丘状，底部直径约55米[1]，底部周长约173米。使用罗盘仪通过测量仰角计算的封土高度约为17米。封土旁有五处近似圆丘形陪冢。封土西侧一个，东南方向四个。西侧陪冢最近处距离封土约39米，底部直径约31米。据推测为王妃邓氏墓。[2] 四个东南侧陪冢墓主人不详。其中三个距离封土较近，距封土最近的一个与封土距离约25米，底部直径约16米。其余两个陪冢中，位于中间的残冢呈椭圆状，长轴为东北—西南走向，长约30米，距封土最近处76米。另一陪冢底部直径22米，距封土最近距离122米。东南方向距封土最远的一个陪冢大致位于封土的正东南方向，距离154米，底部直径约31米。

封土前为长约240米的神道。北边100米神道两侧无残存文物，南边140米神道东西两侧有部分石像。石像东西对称分布，成对出现。目前残存石像16尊。考察队员对其基础数据进行了测量。同侧两石像间距为11米。每对石像间距17米。最南侧为一对残存望柱。[3] 两望柱为八边形，东侧望柱边长27—30厘米，西侧望柱边长23—25厘米。由于测绘设备限制，队员未能测得其高度。望柱北面是一对石虎。东侧石虎长116厘米，宽58厘米，高144厘米[4]，西侧石虎长129厘米，宽60厘米，高156厘米。石虎北面是石羊，西侧石羊缺

---

[1] 底部半径数据以及下文陪冢半径数据均由卫星图比例尺计算得出。
[2] 肖健一：《明秦藩家族谱系及墓葬分布初探》，《考古与文物》2007年第2期。
[3] 该处残存石柱以及其他秦王墓发现的残存石柱，考察队认为是当时所立华表的一部分。
[4] 如非特殊说明，考察队所测得石像高度均不含底部基座，下同。

失,仅残存东侧一尊,其长166厘米,宽53厘米,高140厘米。石羊北为两只麒麟。西侧麒麟长243厘米,宽74厘米,高184厘米,东侧麒麟数据与其一致。麒麟北边是连续两组石马。较南边一组,西侧石马长240厘米,宽72厘米,高161厘米;东侧石马长217厘米,宽62厘米,高176厘米。较北边一组石马,西侧长225厘米,宽61厘米,高184厘米;东侧长217厘米,宽71厘米,高178厘米。两组石马造型比例显然不协调。石马北边为一对文翁仲,西侧高293厘米,底座长85厘米,宽42厘米。东侧数据一致。文翁仲北边残存一东武翁仲。数据与文翁仲一致。以上各石像均面向神道,相向而立。武翁仲北边为一对石狮。石狮坐北向南,是否人为移动不得而知。两尊石狮形态不同,东侧石狮张口,西侧石狮闭口。东侧长106厘米,宽46厘米,高145厘米。西侧长103厘米,宽61厘米,高139厘米。

在石狮北面,神道正中间为残存龟趺。其背上神道碑遗失。龟趺整体长195厘米,宽132厘米,高75厘米。龟趺背部可见石碑底座凹槽,测得凹槽长53厘米,宽36厘米(图3)。

图3 愍王墓石像残存底座

秦愍王墓被列为第六批全国重点文物保护单位后,当地政府在其神道上平整道路,并在神道南侧开辟了大片空地。空地立有"文物保护单位,车辆禁止入内"的警示牌,但考察队进行调查时发现,在保护区内停有两辆渣土车以及一辆中型客车。在龟趺北侧有一石质香炉,据称是2016年朱氏后裔在此祭祀时所置。在封土前立有警示牌提醒游人禁止擅自攀爬封土,但封土上显然有一条小径,至于该路径何时形成,考察队未获得有效信息(图4)。

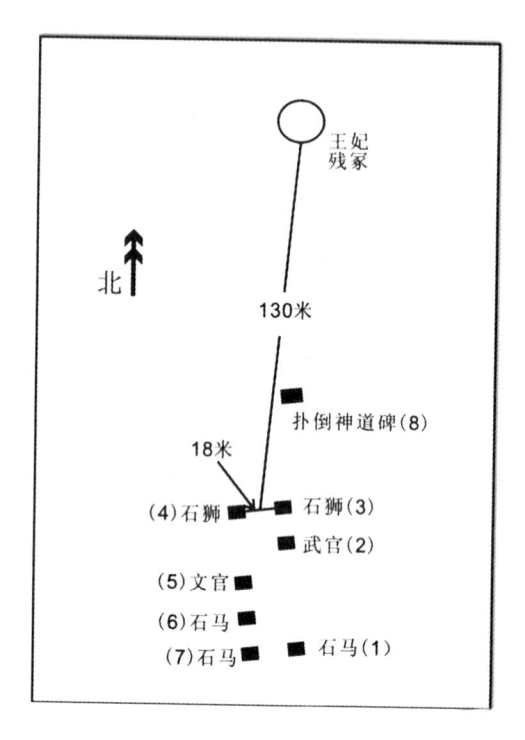

图 4　秦康王墓示意图①

秦康王朱志㙊墓位于长安区康王井村。地理坐标东经109.035147,北纬34.12594。墓葬坐北朝南。封土②成圆丘状。封土前神道已被庄稼

---

① 图片来源自《少陵原——大明秦藩王墓群》, http://blog.sina.com.cn/s/blog_954ab5c801018dzy.html。

② 此封土疑似康王妃残冢。

埋没，经考察队员步距踏量，从封土至最北边石像距离约 130 米。神道东西两侧分布有残存石像。同侧两石像间距约 10.7 米。① 最南边有一对石马。其北残留一尊西侧石马。再北是一尊西侧文翁仲，测得其底座长 102 厘米，宽 76 厘米，翁仲高约 290 厘米，与愍王墓基本一致。东侧文翁仲遗失，但仍残留底座，经测量，底座残长 102 厘米，残宽 38 厘米，其宽度恰为西侧翁仲底座的一半，且该残存底座有明显切割痕迹。文翁仲北为一尊东侧武翁仲，其底座长 130 厘米，宽 114 厘米，考察队发现底座有疑似黏合痕迹。以上石像均面向神道相向而立。北面为一对石狮，石狮坐北向南。据此推测秦愍王神道前石狮原本摆放即为南北向。西侧石狮闭口，东侧石狮开口。两石狮均有两层底座，西侧石狮下基座长 135 厘米，宽 97 厘米；上底座长 115 厘米，宽 64 厘米。东侧石狮下基座长 160 厘米，宽 88 厘米；上底座长 135 厘米，宽 53 厘米。西侧石狮上下底座后部同齐，东侧石狮下底座后部比上底座长，考察队推测西侧石狮下底座曾遭切割。考察队于石狮北侧一片灌木中发现扑倒的神道碑，据村民介绍，为当地文物保护者所埋藏。

康王墓封土保存状况极差。封土与当地建筑垃圾复耕回填点混在一起，已经分辨不清。加之前些年当地砖厂从封土取土烧砖，封土保护现状堪忧。

考察队员在村委会发现放置在水池旁的一方墓志，经辨认是康王妃陈氏墓志铭。据村民介绍，文物局曾征收该文物被村民拒绝，当问及村中是否还有类似物品时，村民遮遮掩掩不愿回答，并反问考察队是不是贩卖文物的。

经过实地考察，队员认为康王墓保护主要面临以下问题：其一，村民擅自切割石像石料；其二，封土遭到外界人为干扰；其三，当地疑似有倒卖文物现象，如不制止，恐会对保护区造成更大破坏（图 5、图 6、图 7、图 8）。

---

① 由于测量地点在庄稼地，障碍物较多，可能导致测量偏差。

212 / 采撷自田野的历史

图 5 康王墓周边环境

图 6 康王墓东侧文翁仲残存底座

第七章　西安明秦王墓考察　/　213

图 7　武翁仲

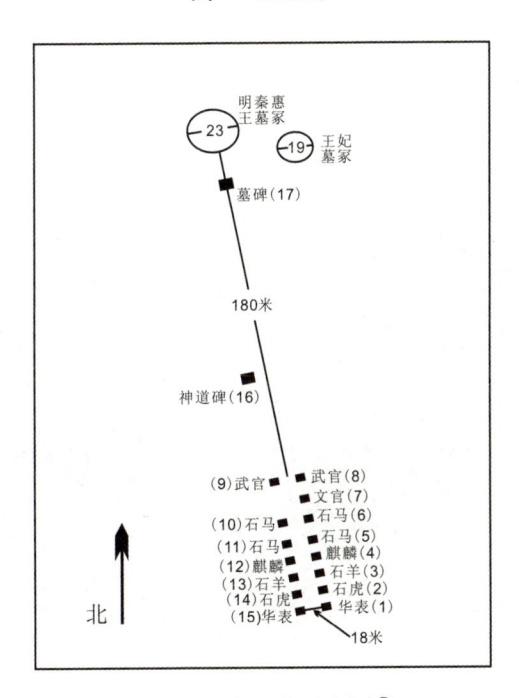

图 8　秦惠王墓示意图[1]

---

[1]　图片来源自《少陵塬——大明秦藩王墓群》，http://blog.sina.com.cn/s/blog_954ab5c801018dzy.html。

秦惠王朱公锡墓位于长安区庞留井村。坐标东经 109.044455，北纬 34.115241。墓葬坐北朝南。有三座封土呈"品"字形排布。惠王封土居中间，覆斗形。① 封土东西向长 27 米，南北向长 31 米。东西两侧为其王妃陪葬冢。两封土俱为圆丘状。西侧距惠王封土 32 米，东侧距 20 米。由于西侧封土范围难以辨别，考察队未对其进行测量。东侧封土底部直径 22 米。墓葬位于庄稼地中，神道长度难以测量。据此前数据，神道长 180 米。

封土前有一圆额石碑，上书"秦惠王暨妃王氏合葬墓"，碑座埋入土中。此石碑比较特别，其他明秦王墓未见如此形制石碑。惠王墓神道碑及石像位于村内，被铁栅栏圈围保护，但铁栅栏已被人剪开，可随意出入。神道碑除碑文外，在侧面书有"承奉巨贾监造"字样。正反面碑文均遭人为破坏。神道碑以南是石像。从南到北依次是东西望柱，东西石虎，东西石羊，东西麒麟，两组东西石马，东侧文翁仲，东西武翁仲。测得该墓葬武翁仲高 283 厘米，比先前两墓葬略矮。两望柱仍为八边形，西侧边长均为 24 厘米，东侧边长 26 厘米至 30 厘米。其余部分石像上发现有蚁巢（图 9、图 10、图 11、图 12、图 13）。

图 9　惠王墓遥感图②

---

① 惠王封土一说为圆丘形，经考察队实地调查，封土底部为圆形，上部为覆斗状，结合遥感图显示为覆斗状，考察队决定采纳覆斗状说法。

② 遥感图来源：http://map.baidu.com。下同。

图 10　惠王封土前石碑

图 11　神道碑碑文遭到破坏

图 12 部分石像有蚁巢

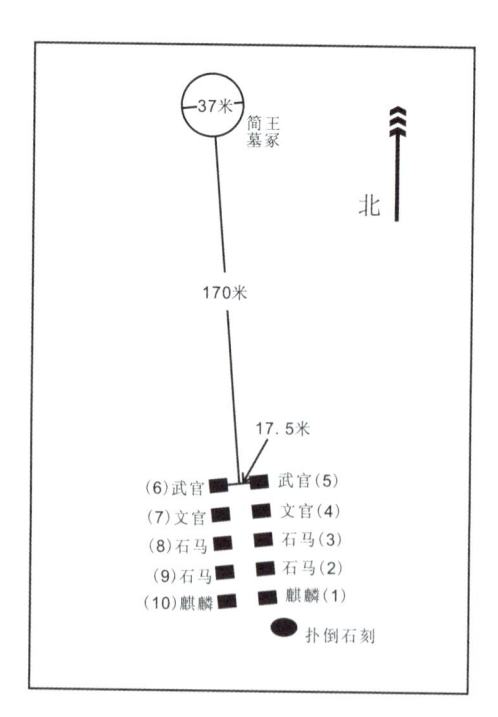

图 13 秦简王墓示意图①

---

① 图片来源自《少陵塬——大明秦藩王墓群》，http://blog.sina.com.cn/s/blog_954ab5c801018dzy.html。

秦简王朱诚泳墓位于长安区简王井村及西安市精神卫生中心院内。坐标东经109.011325，北纬34.17865。墓葬坐北朝南。自封土至最南端石刻，长约235米。

简王墓封土与神道两侧石像分别位于西安市精神卫生中心和简王井村，被铁栅栏隔开。封土为圆丘形，底部呈椭圆形，长轴走向为东北—西南方向。长轴长约37米。据当地居民反映，该墓葬前些年被频繁盗掘。

神道两侧石刻由南至北依次是西侧石虎，东侧朝天吼，东西麒麟，两对东西石马，东西文翁仲，东西武翁仲。石像面对神道相向而立。同侧两石像间距11米。在武翁仲北侧村民家后院中，发现两尊倒伏的望柱。所有石像均半露于地面上，地下埋藏部分较多。据之前网友描述，石虎与朝天吼已被扑倒，考察队此次实地调查发现两尊石像均已被扶正。但两尊石像间距明显小于其他石像。队员选取麒麟进行测量，西麒麟长218厘米，宽55厘米。[1] 东麒麟长242厘米，宽64厘米，高190厘米。倒伏的望柱亦为八边形，其边长分别为25.6厘米和24.3厘米。

简王墓保护情况不理想。封土与石像的分离，加大了保护难度。精神卫生中心是新落成建筑，选址时未考虑到墓葬情况，待开工建造后，文物局才与之沟通，责令其建设避开文物保护区，因此精神卫生中心被墓葬隔为两部分。考虑到精神卫生中心的工程建设以及病人的特殊性，考察队认为墓葬存在遭到进一步破坏的可能性。

由于石像距离住户太近，住户做饭时的炊烟已将部分石像熏黑。附近由于有菜地、水渠，空气潮湿，对石像保护亦不利，另外部分石像已经出现开裂（图14、图15、图16、图17）。

---

[1] 由于简王墓石像地下埋藏部分较多，故不测量其高度。只有东麒麟整体暴露于地面上，考察队对其高度进行了测量。

218　/　采撷自田野的历史

图 14　简王封土周边环境

图 15　石像已被炊烟熏黑

第七章 西安明秦王墓考察 / 219

图 16 倒伏在土中的望柱

图 17 石马面部已经开裂

五　周边村落的社会调查情况

依照明制，藩王、诸王出生后二岁，开始修建其陵墓，工程完成后只留一个天井，死后才封葬，故称"井"。长安区少陵原上的很多村落，都是看守明秦藩王陵墓住户和驻军的后代。按照看守旧制，每井有两名营兵把守，形成了"九井"，共十八寨，即所谓"九井十八寨"，现在每座陵墓所在村落便由此发展而来，因此很多村名都有"井"字，如庞留井村、简王井村。

为了进一步深入探讨明秦王陵墓的分布状况并方便对已做出的调查结果进行分析汇总，我们也对相关陵寝所在村落的经济发展状况、民众心理认知等方面进行了一定的社会调查，此外也对长安区文物管理局近几年的文物保护与开发工作进行了访谈。

我们选取愍王墓、简王墓所在大府井村、简王井村开展了社会调查。一方面，因为愍王墓为第一代秦王朱樉之墓，规模最大并且最具代表性；而简王墓遭受破坏比较大，反映出来的问题较为突出。另一方面，此二村毗邻诸多建设施工地且距离长安区航天城较近，属于西安市正在开发地带，村内居住外来人员较多。另外，简王井村邻近西安市精神卫生中心，简王墓在近十年来受此单位开发建设的影响较大。总的来看，明秦王墓所在村落经济发展水平受长安区整体的开发建设而获益不少，小规模性的集市较多、发展较快。在此情况下，明秦王墓的保护开发现状较为集中地呈现出相应的特征。

调查方式主要为问卷调查，首先是对大府井村的调查。调查对象为不同年龄阶段（60—80 岁、40—60 岁、20—40 岁）的该村村民以及村内的外来务工人员。所设问题如下：

（1）您了解村口的那座墓吗？

（2）您村里人跟那座墓有关系吗？有的话是什么关系？

（3）您平时会去那里看看吗？去的话主要是干什么？

（4）您这里平常会有外地人过来游玩吗？

（5）政府和相关文物管理部门曾有对这里进行过保护吗？

（6）您对于如何开发这座墓有何看法？

根据问卷统计情况，最后得出的主要结果如下：

（1）大部分村民都了解其为明代墓葬，但具体墓主是谁不太清楚，而且大部分人是通过政府所立石碑才得知部分墓主信息。这说明村民对憨王墓的认识较为被动且仅存留在知晓阶段，还谈不上了解。

（2）大多数村民都知道本村有该陵寝的守墓人（护卫兵），但具体到哪一户哪些人则不是很清楚。造成这种情况的原因恐与时间久远以及村内人员流动频繁等因素有关联。

（3）绝大多数村民都会去陵寝附近看看，但只限于乘凉、闲聊。一方面说明憨王墓已经被村民纳入了其生活方式之中，或已成为大府井村村民共有的心理认同。另一方面也体现了民众限于认知而难有开发保护意识。

（4）外地游客也有来此游玩，但基本上集中于妇女节、清明节。妇女节是为观赏樱花，清明节则是朱家后代进行祭祖活动。除此之外，平常来的外地人很少。

（5）政府在修路、征地时对墓葬有所保护，清明节或国庆节时对陵寝有所修缮，平时几乎不会涉及。文物管理部门经常来，但具体的保护措施并不明显。

（6）陵寝周围的一些封土在"文化大革命"时期已经被破坏，几乎被铲平。关于陵寝的开发，大部分村民表示只要政府有开发方案，对村子的发展有益处，就可以适当进行开发。大部分人都对投资开发成旅游景点或者公园表示支持。还有一部分村民表示没有必要开发，认为其与陕西境内其他帝王陵墓比起来价值不大，没有开发意义，此类人以年轻村民居多。

我们对简王墓保存现状进行了一个简单的考察：

（1）简王墓现已被分割成两部分（由于上述西安市精神卫生中心的建设），一部分石刻保留在简王井村内，另一部分（也就是封土）坐落在西安市精神卫生中心内。

（2）对简王墓封土真正所在地存疑，有一座外形类似圆锥状且被树木掩盖的封土有可能为真正的简王墓封土。

（3）简王井村内有政府于2013年所立的全国重点文物保护石碑来说明墓主人身份。简王墓石刻共五对，种类样式与隐王墓石刻相似，无保护措施，半裸露在外，破坏严重，靠近村民居住的两头石马表面已全被烟熏黑，大部分的石刻都已经陷入泥土中，其中文官翁仲与武官翁仲已有半截陷入土中。最南面两个石刻的摆放位置与其余石刻不同，距离更近，西面的为石虎，东边的为石狮。据村民讲，西边的石虎是原来的石刻，而那只石狮子并不是，是后来搬到这里的，不过具体情况他们也不了解。在石刻的东北方向发现两根与憨王陵前一样的八棱柱，经过查找资料猜测这个八棱柱可能不是华表，而应称作"望柱"。石狮子本名为"朝天吼"，可能原本是在八棱柱顶端。

（4）在资料查找过程中，对简王墓墓主的身份存疑，推测可能另有其人，由于缺乏证据支持因而暂认定其为简王墓。

对简王井村村民的问卷调查，所设问题如下：

（1）您知道村内的墓墓主人是谁吗？
（2）您村内的人与简王墓有什么关系吗？
（3）您这里平时来参观了解简王墓的外地人多吗？
（4）相关政府管理部门、文物保护单位有对简王墓采取过保护措施吗？
（5）您对于如何保护、开发简王墓有没有自己的想法？

调查对象主要选取了年龄阶段不同的二三十位村民，其对上述问题的回答结果较为统一，得出的结论主要集中在以下几个方面：

（1）大部分村民了解简王墓为明代墓葬，且清楚墓主人与朱元璋有关，但墓主人是谁不清楚。

（2）大部分人知道村内有守墓人，但具体是哪家哪户不清楚。

（3）限于简王墓的知名度和自身价值，平时几乎无人来此参观。

（4）2010年之前简王墓曾多次被盗，之后文物保护单位组织过几次保护性发掘，并将靠近简王墓石刻的两家村户设为文物保护员，另外政府也加大了对盗墓行为的缉查力度，此类情况便渐趋于无。

（5）村民普遍认为简王墓跟憨王墓比起来更无开发价值。

（6）在调查过程中能普遍感受到简王井村村民对明王陵的了解及认知以及保护意识弱于大府井村村民。

通过在大府井村、简王井村开展的相关社会调查，我们可以得出以下看法：村民对明秦王墓的认识限于知识水平，并且程度较低，但村民或因为明秦王墓的存在而具有较高的心理认同。每座墓似有守墓人，但因年代久远，寻访难度较大。政府、文物管理部门对明秦王墓葬采取了一定的保护措施，但行动时间较晚且力度不大。此外，个别陵墓因建设施工而遭破坏程度较大，村民对明秦王墓的开发保护多倾向于旅游业。

随着长安区建设加快，上述这些陵墓不同程度地遭到了破坏，其中以康王墓、简王墓尤甚。面对这种状况，相关政府和文物管理部门也曾采取了一些保护措施，例如立保护标识、围起栅栏、设立文物保护员（就近村民）等。但这些措施出台时间较晚，已被破坏或盗窃的文物损失已然不可弥补。另外，通过询问长安区民族宗教管理局文物稽查大队，我们得知：

（1）文物保护单位只对宣王、惠王墓做了相关保护、开发（如用栅栏将墓葬周边围起来），并雇用周边村民担任文物保护人员。其余墓葬则由于经费不足，外加其认为明秦王墓本身开发意义不大而未采取过多政府性保护措施。

（2）由于明秦王墓周边多航天、建筑等开发工程，故实行"谁开发、谁保护"原则，许多地方也因此处于"三不管"地带。愍王墓前神道也是由村委会组织人员清理修建。简王墓及其石刻被西安市精神卫生中心隔开，准备日后将简王井村内石刻纳入医院统一由其管理。现在的文保单位对明秦王墓多起监管、协助作用，具体的监督、执行多由村委会主持进行。

（3）康王墓周边的其余几座封土中，有一座疑为汉墓。隐王墓内王妃唐氏的石碑藏于长安区博物馆。

（4）明秦王墓遗址被划入全国重点文物保护单位不是申报的结果，而是国家认定通知的结果。其本身自主上报的意愿不大，原因在于文物级别越高，责任越大，而基层单位当前并无充裕经费进行保护管理。

（5）由于相关开发发掘资料还未公开，所以相关单位暂时不便给我们提供文字性资料。

六　秦王墓的身份再考证

（一）问题源起

现今地表尚存的明秦王墓冢封土有14座，其中作为主墓冢的共6座，分别位于大府井村东北、东伍村北、简王井村北、康王井村北、庞留井村西北以及三府井村附近，其余为陪葬墓。

由于诸墓尚未经正式的考古挖掘，墓主身份不明确，只能凭借相关县志及实物遗存进行推断，其身份认定在学界尚有争议。我们在上文研究现状梳理中已有列举，大体而言，康王与惠王墓身份已有共识，主要的争议在大府井村墓、东伍村墓、三府井村墓和简王井村墓上。下面就三种观点再做梳理。

最早关注西安明秦王墓的是王翰章，他在《明秦藩王墓群调查记》中对各秦王墓身份的认定，也是目前最为社会大众所认同的说法。他根据《西安府志》中的方位记载，推断位于大府井村东北处的大型墓葬群就是愍王墓园，对其他墓的认定则是建立在愍王墓身份基准前提之下进行的推测。例如根据《西安府志》中的记载推断东伍村北的大型墓冢应是隐王墓，另外除了其相对位置靠近愍王墓，其余依据便是墓前的类似石刻以及盗墓人"曾发现墓志铭为隐王"的口述。王翰章对于简王井村墓与三府井村墓的认定在我们看来缺乏有力的材料支持，只是单纯从简王井村村名以及墓的规模形制上判断所得，因而有待进一步的考证。但该说认定的明秦王墓身份在学界取得了广泛的认同，之后傅文琪的《明秦藩王墓前石刻调查与研究》、[1] 肖健一的《明藩王墓群调查记》[2] 以及刘毅的《明代帝王陵墓制度研究》[3]

---

[1] 傅文琪、李梅、刘玖莉：《明秦藩王墓前石刻调查与研究》，见赵毅、林凤萍《第七届明史国际学术讨论会论文集》，东北师范大学出版社1999年版。
[2] 肖健一：《明秦藩家族谱系及墓葬分布初探》，《考古与文物》2007年第2期。
[3] 刘毅：《明代帝王陵墓制度研究》，人民出版社2006年版。

中皆采纳此说。该说支撑下的明秦王墓分布可见图18。

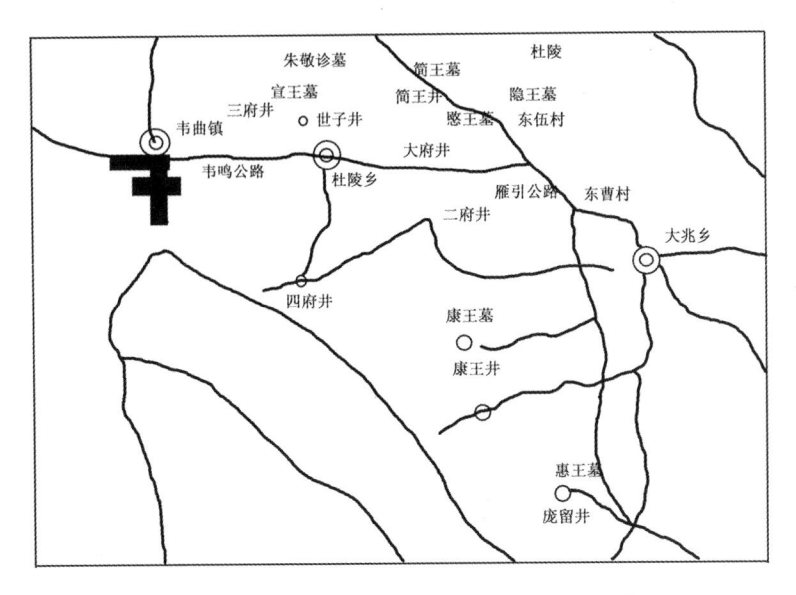

图18 王翰章观点所示明秦王墓群分布图①

另一种说法源自陕西师范大学陈冰的硕士论文《西安明秦王墓的考察与研究》。② 他首先通过出土墓志以及访谈调查佐证了王翰章关于康王井村和庞留井村就是康王、惠王两墓的认定，但是对其他几个墓的情况提出了不同的看法。对于大府井村墓和东伍村墓的认定，陈冰通过陵园大小、封土高度、地形变迁、风水堪舆学以及新出土的唐氏墓志铭，推断位于大府井村东北的乃是隐王墓，而在东伍村的才是愍王墓。对于简王井村墓，则是通过出土于该村的秦景王墓志和《咸宁县志》记载中的宣王、景王在同一墓群，推断出景王墓和宣王墓都应在简王井村，再根据宣王世子墓前石像判断位于简王井村的墓葬其实应是宣王墓。而对于三府井村墓，则通过周边村落的郡王墓分布推

---

① 傅文琪、李梅、刘玖莉：《明秦藩王墓前石刻调查与研究》，见赵毅、林凤萍《第七届明史国际学术讨论会论文集》，东北师范大学出版社1999年版。

② 陈冰：《西安明秦王墓的考察与研究》，硕士学位论文，陕西师范大学历史文化学院，2013年。

断其应为保安僖王墓。陈冰认定的明秦王墓分布情况如图 19 所示。

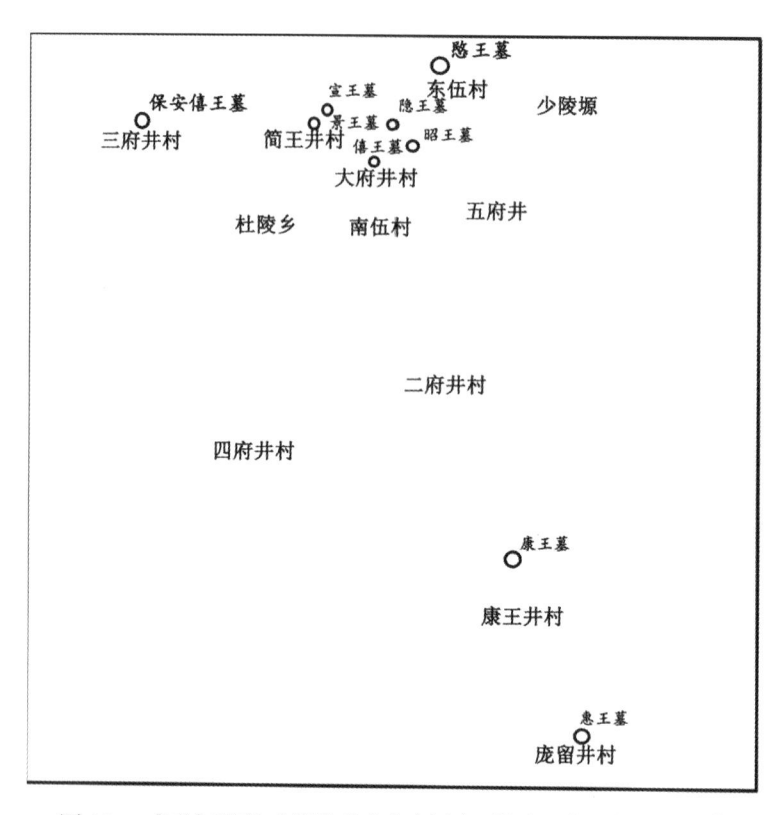

图19　《西安明秦王墓的考察与研究》所示明秦王墓分布图①

还有一种说法则是来自西北大学薛雷平的硕士论文《明秦王陵区景观变迁研究》。② 他在此文中部分采纳了陈冰对于几个有争议的墓主身份的论断，如他也认为真正的隐王墓应在大府井村东北的陵园内，但他不认为东伍村的墓冢是愍王墓，而认定为汉代的陪葬墓。再者他也认可景王墓、宣王墓都位于简王井村，但是他所获得的信息中，秦景王的墓志铭出土于简王井村所谓的简王墓中，因而他认定其

---

① 陈冰：《西安明秦王墓的考察与研究》，硕士学位论文，陕西师范大学历史文化学院，2013 年。
② 薛雷平：《明秦王陵区的景观变迁研究》，硕士学位论文，西北大学西北历史研究所，2015 年。

应是秦景王墓，而非宣王墓。《明秦王陵区景观变迁研究》中认定的明秦王墓具体的分布情况如图 20 所示。

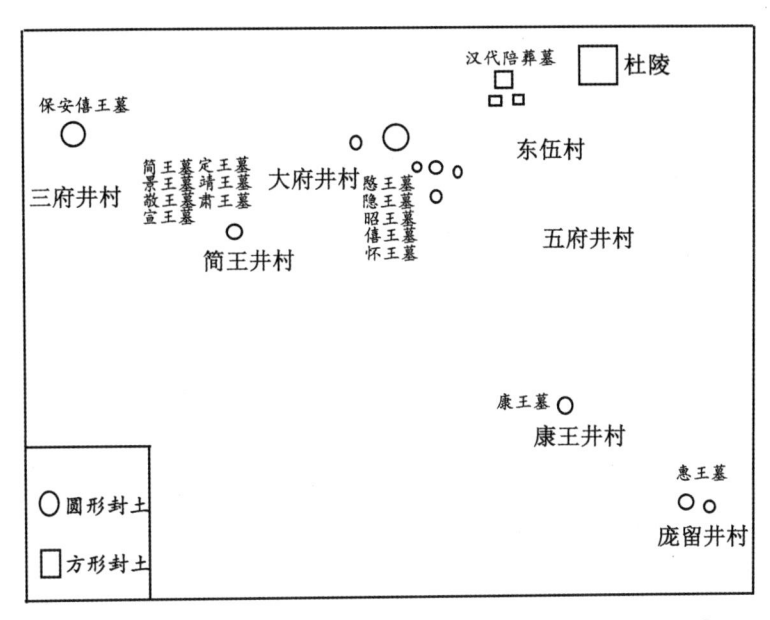

图 20　《明秦王陵区景观变迁研究》所示明秦王墓分布图[①]

目前在学术界，由于后两种说法都是近年内提出的新看法，其对明秦王墓的认定尚未为大众所接受，况且，这两种说法也未得到更为有力的材料支持，很多论证也都属于理论上的推测，还存有一定的漏洞与不严密之处。在参阅前人研究与实地考察之后，我们就相关墓主人身份的论证进行了一定的补充完善，寻找出更为符合事实的认定，以期能进一步推进相关研究。

（二）愍王与隐王墓身份认定

诸多方志中的明秦王墓分布情况记载互有歧异，必须考而信之。最早记载有关秦王陵的地方志是嘉靖时期《陕西通志》。据载，秦

[①] 薛雷平：《明秦王陵区景观变迁研究》，硕士学位论文，西北大学西北历史研究所，2015 年。

愍王墓、隐王墓及其诸妃俱在城南三十里鸿固原。[①] 之后如康熙、乾隆、嘉庆以及民国的县志大多引用此说法，如《咸宁县志》认为，秦愍王朱樉墓在鸿固原上，妃邓氏、烈妃王氏祔。隐王朱尚炳、妃刘氏、夫人唐氏、僖王朱志堩、怀王朱志均、昭王朱秉欆墓俱在左右。[②] 古时方志记载方位大多宽泛笼统，并未有较为精确的方位坐标，即使最详细的记载也只是说明其位于大府井村东北、位于某某左右的措辞，这样的范围记载可大可小，无法作为认定墓主人身份的主要依据。

王翰章认定东伍村墓时，提到盗墓人口述曾出土过隐王墓志，由于缺乏事实根据，未有实物印证，单凭其人口述，恐不能作为判断的依据。因此，真正能作为有力证据，其实还是实物遗存以及出土文物碑刻。譬如对于康王墓和惠王墓的认定，由于这两处分别有相关墓志出土和神道碑存在，其身份认定并无异议。但是对于另外几个墓，不仅缺失地表神道碑，也缺乏出土的墓志文物，给身份的认定带来了较大的困难。根据出土情况，现在能在认定过程中起到作用的主要有以下墓志（表2、图21、图22、图23）。

表2　　　　　　　　　　明秦王墓周边出土墓志碑刻表

碑刻墓志	出土地点	存放地点	年代	字数
唐氏墓志	大府井村东北墓园西门外	长安县博物馆	永乐十八年	146个
秦昭王次妃萧氏圹志盖	大府井村东北墓园内	大府井村村委会	不详	13个
秦僖王墓志盖	大府井村东北墓园内	大府井村某户村民家中	不详	8个

[①] 赵廷瑞修，马理等纂，董健桥等点校：嘉靖《陕西通志》，三秦出版社2006年版，第206页。

[②] 《咸宁县志》卷十四《陵墓志》，台北：成文出版社1969年影印本，第695页。

续表

碑刻墓志	出土地点	存放地点	年代	字数
秦康王妃陈氏圹志铭盖	康王井村北陈氏陪葬墓中	康王井村居委会以及一户村民家中	成化九年	约750个
御祭文碑	康王墓前	康王墓前	隆庆元年	不详
秦惠王妃毡氏圹志铭	庞留井村秦惠王墓旁被毁继妃墓中	长安县博物馆	弘治六年	328个
秦惠王神道碑	惠王墓前	惠王墓前	成化二十二年	785个
秦惠王暨王妃王氏合葬墓墓碑	庞留井村惠王墓前	惠王墓前	不详	10个
秦景王圹志	简王井村北	长安县文物局	崇祯十五年	221个
赐嫡子朱敬镕墓碑	世子井村	杜公祠	嘉靖三十年	531个

图21　秦惠王继妃毡氏墓志拓片

图 22　秦景王墓志拓片

图 23　隐王妃唐氏墓志拓片

从这些出土墓志碑刻来看，可以确定的是，秦僖王、昭王妃萧氏、隐王妃唐氏都埋葬于大府井村东北的墓园。根据明代王妃陪葬制度，藩王与王妃应埋葬于同一墓园之中，所以僖王、昭王以及隐王应该都葬于大府井村东北的墓园之中，这也与之前县志中提到的"明秦愍王樉墓在鸿固原，隐王尚炳墓、妃刘氏墓、夫人唐氏墓俱在左右"相互印证。如此一来，隐王墓的认定应该可以明确，隐王墓位于大府井村东北墓园内，并非在东伍村北。

确定了隐王墓就在大府井村墓园中是否可以推断愍王墓所在呢？这就需要确定大府井村墓园中的主墓墓主是否为隐王。陈冰认为其主墓是隐王墓，而薛雷平则认为其主墓是愍王墓，现在认定的隐王墓应为陪葬墓。我们认为，作为两代秦王，尤其是前两代在位时间较久、地位相对较重要的藩王，隐王陪葬于愍王墓园中的可能性不大。一方面，因为隐王作为愍王长子，承袭秦王爵位名正言顺，其在位时间长达17年，应有足够的时间营建自己的墓园。另一方面，按照明制，藩王无子嗣则可祔葬父王墓园中，如僖王、怀王，而隐王有正常的子嗣继承，祔葬愍王墓园不合礼制。或许有人会指出隐王谥号为隐，生前曾被成祖训斥，不受其待见，[①] 因此隐王有可能是在中央打压下被迫迁入愍王墓园。但是根据史料记载，其与中央冲突只是接待成祖使者不周，并无大过错，事后成祖也只是赐书责备，况且隐王还入京谢罪，中央不至于为此改变丧葬礼制。更何况如果隐王墓真的祔葬于愍王墓园中，那么东伍村墓前竖立同为明代的石刻便无法解释。

薛雷平针对这一问题给出了自己的论断，他认为位于东伍村的墓冢并非明墓，而是杜陵的陪葬墓，也就是汉墓。他判断的依据是，该封土的形状不是明代陵墓封土的圆锥状，而是与汉代封土一致的覆斗状。而且墓前的石刻，其种类、数量都远远地超出了明代藩王的石像规定，且不符合其他明秦王墓前石刻摆放的规律。这一看法在民间也为很多人所认可。但是我们以为此处有待商榷，主要

---

① 可参见《明史》卷第一百十六《诸王一》，中华书局1974年版，第3560页。

有以下两点。

一是，薛雷平认为位于东伍村的三座墓冢为汉墓，是因为其封土为覆斗状，其实不然。虽说覆斗状是秦汉时期特别是汉代墓冢的普遍样式，但是并不能说明覆斗状的墓一定是汉墓，汉之后许多王朝的墓冢封土也呈覆斗状，据学者研究，同为明代的皇陵，安徽凤阳皇陵就是沿袭汉代以来的墓制，封土呈现很明显的覆斗状。[1] 明代王墓多呈圆锥状，应该是在朱元璋改革墓制修建孝陵之后才流行开来的。因此我们以为明秦王墓封土采用覆斗状是有可能的。

二是，明代藩王墓的建造受帝王陵寝制度的影响最大，但又受当时政治环境、各藩王等级、地位、财力、受中央重视程度和个人喜好等因素影响。[2] 朱樉即位秦王在洪武三年（1370），卒于洪武二十八年（1395），一般的王陵修建基本是在藩王即位以后几年内开始，孝陵的始建时间是洪武十四年（1381），也就是说，愍王墓的营建很可能早于孝陵，当时明代的墓制尚未制定施行，与安徽凤阳皇陵一样是沿袭前代的墓制。据史料记载：

> 洪武二十八年三月癸丑，秦王樉薨……讣闻诏定丧礼。礼部尚书任亨恭奏曰："考之宋制，今遇时享，宜暂辍朝一日。皇帝及亲王、王妃、公主、世子、郡王、郡主及靖江王世子郡君服制皆与鲁王丧礼同。皇太子服齐衰期年因亲事，以日易月，亦十三日而除，素服期年。"从之。[3]

可见在朱樉去世时，中央政府并未出台成熟的墓葬仪制，丧礼只能效仿宋制。而其地处西安，有汉唐皇陵珠玉在前，我们以为在封土石刻等方面可能受邻近的杜陵影响更大一些，所以被怀疑是汉墓也就可以理解了。

---

[1] 刘毅：《明代帝王陵墓制度研究》，人民出版社2005年版，第54页。
[2] 张羽：《浅析明代藩王陵寝制度》，《才智》2014年第23期。
[3] 郭正域：《皇明典礼志》卷十，明万历四十一年刻本，第90页。

如果我们假设其为汉陪葬墓，则反证有三。其一，根据我们爬上大府井村主墓和东伍村墓封土观察，两者在封土顶端的天井形制基本一致，与其他明秦王陵天井也较为相似。而汉代的天井形制主要有三种，其中有一种确实也是开在封土顶端，象征其地位，但是汉代这类天井的面积远大于明代，类似于宫殿上方的藻井，所以这类天井又称"天窗"。① 而东伍村北的墓冢封土顶部的天井大小，据我们估量长宽只有10—15厘米。单就天井这一点而言，该墓就不太可能是汉墓。其二，若为杜陵陪葬墓，则其高度明显超过了其余杜陵陪葬墓，甚至不低于孝宣许皇后墓之封土。② 按照封土高度体现墓主人身份的规律，倘若真为杜陵陪葬墓，如此高度的陪葬墓，在皇后、丞相、大将军等重要陪葬墓皆已确定的情况下，所葬之人又是何人呢？③ 此外，东伍村三座封土的排列方式也应注意，其主墓在中，两陪葬墓分居东西偏南，三者位置呈"品"字形，这正是其他明秦王墓所共有的排列规律，而杜陵陪葬墓的排列很少有三座"品"字排列，基本都为两座，南北或东西排列。并且，杜陵陪葬墓主要分布于陵园东北与东南区域，而东伍村墓位于杜陵西南，此地附近并无明确发现的陪葬墓群（图24）。其三，墓前石刻乃是明显的明代石刻样式，与其他明秦王墓前石刻基本一致。或许有人认为这可能是人为搬运，但是我们询问了相关管理人员，确认其并未挪动过，一直立于墓前。这些都证明了东伍村的墓冢应该是明墓，而非汉墓。

我们认为，墓前石刻是破解东伍村明墓主人身份的重要线索。该墓前所摆放的石刻顺序和种类较为特殊，因为按照顺序来说，其他明秦王墓的石刻摆放，石马都是在石人翁仲之后，且石马最多不

---

① 侯宁彬：《秦汉墓葬天井述略》，《古代文明》2005年第00期。
② 根据《汉杜陵陵园遗址》一书中对许皇后墓封土的测量，其高度在22米左右，而东伍村三座墓中，有两座墓封土高度在20米左右。中国社会科学院考古研究所：《汉杜陵陵园遗址》，科学出版社1993年版，第100页。
③ 根据杜陵考古报告来看，杜陵陪葬墓中身份高贵者如王皇后、许皇后、丞相丙吉、大司马车骑将军张安世、卫尉金安上、中山哀王刘竟等人墓已确定，纵观整个孝宣朝，再无一人可有如此规模高度的陪葬墓。

会超过两对，但这里石马不仅有一对放在了石人之前，而且数量上达到了三对，非常不合理。有人认为这是一种明显的僭越礼制的行为。的确，秦王作为明代天下首藩，在规模、石刻数量上是会存有僭越的可能性。中央政府的确未对宗室藩王墓葬石刻摆放有过明确的规定，① 我们可以参见《明会典》和《明史·礼志》中对职官墓制的规定（表3）。②

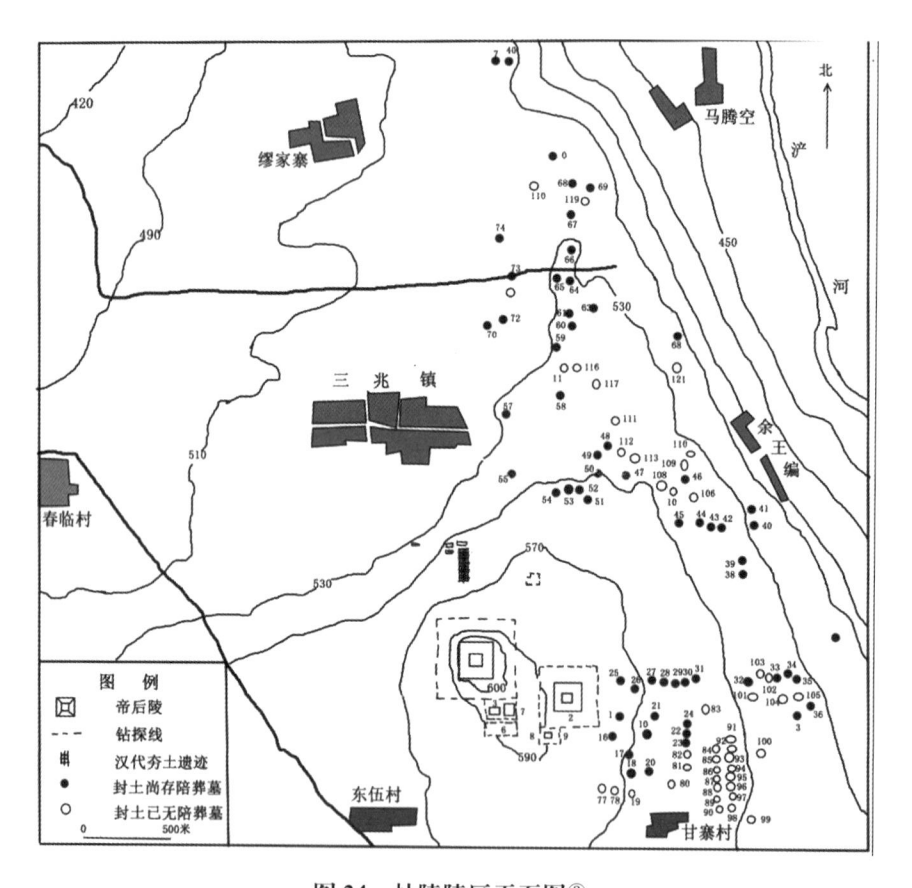

图 24　杜陵陵区平面图③

---

① 在明代相关史料记载中有对于亲王坟茔面积、尺寸以及享堂的明确规定，但是对于亲王墓前石刻并无说明。
② 具体参见《大明会典》卷二百三十与《明史》卷十四《礼志》相关记载。
③ 中国社会科学院考古研究所：《汉杜陵陵园遗址》，第5页。

表3　　　　　　　　　明代职官墓前石刻制度表

官员等级	《明会典》（洪武二十九年定）	《明史·礼记》（洪武五年定）
功臣殁封王		石人四，文武各二，石虎、羊、马、石望柱各二
公侯、一二品职官	石人二，石马二，石羊二，石虎二，石望柱二	石人二，文武各一，虎、羊、马、望柱各二
三品职官	石虎二，石羊二，石马二，石望柱二	虎、羊、马、望柱各二
四品职官	石虎二，石马二，石望柱二	虎、羊、马、望柱各二
五品职官	石羊二，石马二，石望柱二	羊、马、望柱各二
六品以下无石刻		

一般来说，宗室亲王在级别上还是要高于封王功臣的，所以亲王墓前石刻的种类数目即使有规定，也很有可能多于功臣"石人四，石虎、羊、马、望柱各二"的限定。而根据现存的明秦王墓前石刻种类[①]来看，比文献记载中的多出了麒麟一对、石马一对。倘若明秦王墓石刻僭越了礼制，亦不太可能每一代秦王都敢于违制。另外，从明朝对藩王的防范监视程度来看，显然这样的越制行为不会被中央允许。因此，只有两种可能，其一，中央如果有对亲王石刻的规定，那么明秦王墓前石刻应该有一个统一的规制，那么，每一代明秦王墓前石刻的种类数量应较为一致，不会出现种类数量不一的情况。更何况这样的规制必然也会出现在文献中，但我们未曾找到相关的记载，故而认为这一可能性较低。其二，明廷若是未对此有过明确的规定，在墓前石刻方面采取睁一只眼闭一只眼的态度，那么就如刘毅在《明代帝王陵墓制度研究》一书中对墓前石刻的推断：宗室亲王神道旁的石刻种类在正常情况下应为各种石兽各一对、石

[①] 大府井村墓前石刻除文武石人、石虎、羊、望柱各二以外，还有石狮和麒麟各二，石马两对；康王墓前石刻有文武石人、石狮各二，石马两对；惠王墓石刻则有文武石人、石羊、石虎、麒麟、望柱各二，石马两对；简王墓石刻有文武石人、麒麟、望柱各二，石马两对。

人两对、文武各一对，总体数量不得超过 10 对。这正是由于中央政府缺乏对此方面的制度规定，因此各地的藩王墓前石像各不相同，可能会视各藩祖陵情形斟酌而行，也可能跟藩王个人喜好主张有关，所以才造成了诸藩王陵前石刻排列不一、品类不一的现象出现。① 这也能解释为何同为明代藩王，明秦王墓前几乎都有石像，而鲁荒王墓前却没有的现象。

虽然中央对藩王墓前石刻未做明确规定，但对于秦王这一系来说，愍王墓作为其祖陵，应是其他明秦王墓石刻形制所参鉴的对象。现存的几座明秦王墓，除东伍村墓石刻较为特殊以外，其余墓前石刻摆放种类顺序数量基本一致。排除人为挪动、盗失的可能性，在所有明秦王墓中，位于大府井村的墓前石刻数量最多、样式最为丰富，相较于东伍村墓石刻，不仅石刻数量上远胜后者，而且在种类上多了石羊、石狮、石虎、望柱。看似大府井村墓无论在石刻数量上还是种类的样式上都可能是祖陵，但是还存在一个问题，即东伍村墓前石马有三对，其余所有明秦王墓地表遗存的石马皆为两对，仅就石马这一种类来看，后代秦王显然不太可能被允许在石马数量设置上超越祖陵。因此若是将大府井村墓视做祖陵，则拥有三对石马的东伍村墓便难以解释。

从刘毅对明藩王墓石刻制度的研究来看，在明初的很长一段时期内，相关制度尚未完善，墓葬制度直到孝陵修建完毕后才真正确立。因此在孝陵之前的朱明皇室墓葬很多都是依照前朝旧制设立的。所以明秦王墓前的石刻也可能有这样一个确立的过程，那么在这样变动的过程中，我们以为，最早朱樉营建自己的陵墓时，因为当时中央对藩王墓葬制度没有明确规定，可能是受唐陵神道石像的影响或是缘于个人喜好，设立了三对石马、一对麒麟、两对石人这样有别于其余王陵的石刻摆放样式，所以这里的石马数量是所有明秦王墓中最多的。之后的其他秦王为尊祖陵，自隐王起所有石刻都只立了两对石马。至于其余明秦王墓前的石像，在种类上多出了望柱、石羊、石狮，其实更

---

① 刘毅：《明代帝王陵墓制度研究》，第 270 页。

可能是受明孝陵的影响。孝陵作为明代宗室的祖陵，其墓前石像的规制必然会影响到其余藩王。其他各地的藩王直到孝陵建成以后，对墓前石像的摆放顺序和种类才有了可资借鉴的对象。因此，直到隐王墓，秦王世系的石像样式才真正得以确立，成为后代秦王参照的对象。所以，朱樉之后的几代明秦王墓前石像的摆放才在种类、数量上形成了较为统一的定制。这也是我们倾向于认为东伍村墓才是真正的愍王墓的主要依据。

（三）简王井村墓认定

对简王井村存有封土的墓冢墓主的看法，现今也主要有三种，分别是王翰章认为的简王墓，陈冰认为的宣王墓以及薛雷平认为的景王墓。虽然该墓曾在1989年被盗，在追回的文物中，却没有出土墓志铭。[①] 因此该墓也就无法依靠墓志判断墓主身份，只能通过其他实物资料推断。根据出土于简王井村的秦景王墓志可以确定，景王墓就在简王井村。根据《咸宁县志》记载，宣王墓、靖王墓、敬王墓、肃王墓和景王墓俱在高望原，可知这几座墓应该都位于简王井村附近，也就是说，陈冰所认为的宣王以及薛雷平所认为的景王，其实都有可能是该墓的墓主。至于简王墓，王翰章判断的依据正是所在村就是简王井村，说明简王墓定在该村。但是，"简王井"这一村名并不像大府井、二府井这类的自明秦王墓出现便产生的村名。该村名出现较晚，据陈冰考证，嘉庆二十五年（1820）时尚未有"简王井"这一村名，而直到民国二十五年（1936）新修方志时才有了简王井一说。[②] 所以不排除有县志撰写过程中误写、改写的可能性。

根据刘毅在《明代帝王陵墓制度研究》中对藩王承袭情况的研究，藩王子嗣在继位以后，若无子嗣而亡者，祔葬于父王墓之中。陈冰据此认为僖王乃是隐王子，无后而终，只能祔葬于隐王墓旁。由此规定来看，简王乃是惠王子，无后而终理应祔葬惠王墓。但是在《明

[①] 薛雷平文中写到该墓出土了秦景王墓志铭，但是在我们找到的其他资料中并未找到相关记载可以证明该墓志出土于简王墓中。

[②] 陈冰：《西安明秦王墓的考察与研究》，硕士学位论文，陕西师范大学历史文化学院，2013年。

会典》中，弘治五年（1492）曾有诏令："亲王、郡王、镇国将军各于始封父祖茔序昭穆葬。"① 也就是从弘治五年起，明藩王若无后，死后便要归葬于他这一系的祖陵附近。简王所在年间便是弘治时期，因此他应该是遵从此规定的第一个藩王。所以简王死后，并没有祔葬于惠王墓附近，而是回葬于该支祖陵大府井村周边，因此，昭王为何会葬于大府井村陵园之内，靖王、肃王、敬王、景王为何会祔葬于宣王附近也就可以解释了。

所以，我们以为简王井村的那座墓冢不太可能是简王墓，应该是宣王这一系的墓群所在地。② 而相较于景王，我们更为倾向于宣王是该墓冢的主人。因为景王所在时代乃是明朝末年，他于崇祯十二年（1639）即位秦王，崇祯十四年（1641）薨，只在位了短短两年，在时间上不太可能营造如此大规模的墓葬石刻。并且这一时期陕西动荡不安，破坏严重，这时的秦王已经不太可能有如此大的精力、财力去营造景王墓。另据傅文琪的《明代藩王墓前石刻调查与研究》所描述的石刻制作工艺精美程度以及从该墓被盗追回的陶俑乐阵来看，只可能在国力较为强盛、财力有富余的背景下方能有如此石刻和陪葬物。因此，我们更倾向于该墓是宣王墓。

此外对于三府井村的宣王墓，陈冰与薛雷平等人一致认定是朱樉的第三子保安怀僖王之墓。因为根据二府井村出土的永兴懿简王石碑和刻有"大明□□永兴□□之墓"的墓志盖以及在伍府井村出土的永寿怀简王墓志、四府井出土的兴平恭敬王墓志推测，在秦王陵所在的所谓"九井十八寨"中，二、三、四、五府井应分别对应了朱樉的另外四个儿子。所以三府井现存墓冢应为郡王墓。但是我们未曾亲自去考察，也未见到这几方墓志，还不敢妄下定论。

以上从古代王室墓葬在地形分布上体现的尊卑习惯来看，明秦王墓在杜陵原这一大区域中主要形成了三大墓葬群，分别是以大府井村

---

① 李东阳等撰，申时行等重修：《大明会典》，广陵书社2007年版，第2732页。
② 按世系上看，宣王乃是惠王旁支，其血缘距离简王非常疏远，因此独立出来作为宣王这一脉的祖陵。当然也有可能是因为大府井村周边地区已经被大量的墓群占据，所以宣王只能另选墓址。

为核心的墓葬群、以简王井村为核心的墓葬群和康王、惠王墓葬群。其中大府井村这一区域内的墓冢都是宣王以前的秦王,在血脉关系上应是隐王直系血脉。而在简王井村的以宣王为核心的墓葬群则是隐王的旁系,其地位上要明显低于前者。所以在地形分布上也能较为直观地体现。我们截取了这一区域的地形等高线图,并标注出了墓址所在(图25)。

图 25　大府井村附近地形等高线示意图①

从该等高线图中可以很清楚地看到,东伍村的墓冢位于该区域的最高处,仅低于汉宣帝杜陵,大府井村附近的墓葬在地形高度上则高于简王井村。这也直接反映了这三个主墓墓主的地位高低,佐证了我们之前对三者的身份判定。

总之,结合前人的研究成果、考察组的实地考察以及出土文物的验证,我们认为现在能够确认的墓有:位于康王井村的为康王墓,位于庞留井村的为惠王墓和杨氏陪葬墓;位于大府井村墓园内的为隐王墓与夫人唐氏墓、其子僖王墓、昭王以及次妃萧氏墓。而在尚未有更直接的证据出现前,我们更倾向于认定位于东伍村的墓冢应为愍王

---

① 图片截取自民国二十四年(1935)"西京市区地图"东南部分,地图来源转引自薛雷平《明秦王陵的景区变迁研究》,硕士学位论文,西北大学,2015年。

墓,位于简王井村的墓冢应为宣王墓,位于三府井村的墓冢可能为保安怀僖王墓。

七 结论与收获

明秦王朱樉一系世居西安,有明一代共经历十五位秦王,除了末代秦王客死异乡,其余秦王都葬于西安城南杜陵原之上。鉴于调查时间和人力、财力等方面的限制,在为期一周的调查过程中,我们主要考察了愍王墓、宣王墓、简王墓、康王墓、惠王墓等墓葬。整个调查过程分为前期的资料、文献整理,相关知识背景储备,具体的实地考察调研以及后期的调查结果整理和考察报告撰写。到目前为止,通过对已掌握的调查结果和数据的分析,结合史料中记载的明秦王世系、明朝藩王墓葬制度、明朝守陵人制度等内容,我们对明秦王墓葬有了更深入、细致的认证,取得一系列成果,主要包括以下四个方面。

第一,在实地考察过程中,我们对每一座秦王陵墓的神道及相关石(碑)刻(具备测量条件)都做了尽可能细致的测量,得到了较为精确的一手数据。

第二,我们根据所掌握的出土墓志、墓前石刻摆放类型等信息,突破前人对几处陵墓身份认定的旧识,结合秦王陵寝分布特点的归纳,对陵墓墓主身份提出了新的看法。

第三,我们对明秦王墓葬的考察不仅仅局限于具体文物、墓制、墓主的调研,而且尽可能地从更多的角度去追溯秦王世系并探讨明秦王墓的历史变化,通过开展社会调查的方式对周边地区的经济社会、民众生活及心理状况有了一个基本认识,以此使我们的研究工作能够立足于实际。

第四,考察和研究明秦王墓葬不是目的,最终的工作还是要落在开发保护方面。长安区现行的开发建设状况给文物保护工作带来了一系列亟待解决的问题。城市发展建设、房地产开发、航天城建设等社会发展进程与历史文明保护成为了矛盾的存在。

总体而言,明秦王墓及其相关遗址的保护情况并不乐观,在长安区城市建设如火如荼的发展进程背景下,大府井村等村落的文化遗产保护工作几乎都会面临城市化发展的困境。一方面陵寝等遗址的保护必不可少，尤其是对于周边守陵人后代的村民群体而言，他们希望祖先流传下的历史使命继续得以守护。现实是对于陵寝的守护，不太可能仅依靠相关村民的自发性看护，相关政府部门需要发挥主导作用。另一方面城市化进程中带来的乡村人口频繁流动问题以及现代产业的建设，往往也致使相应的保护与开发出现了矛盾。各级管理机构职权不明，也难以形成统筹的管理协作机制，这导致几处秦王陵寝的保护状况基本处于放任状态。同时，社会上对于明秦王陵寝的认识仍然停留于个体化认知的层面，缺乏整体宏观性的把握，若是能够全面地将明代西安地区诸多明秦王陵寝遗址联系起来综合考量，将其视同汉唐帝陵系列的遗址群加以保护与开发，或许是这一失落的明珠重新绽放光芒的最佳途径。

第八章

三原县古代书院遗址现状考察

2017年7月6日至9日，在王军营副教授、裴成国副教授、张峰副教授、赵万峰副研究员的指导下，经过前期充分准备，历史学院"三原县古代书院遗址现状考察队"全体成员热情洋溢，冒雨出行，集体乘坐西安市发往三原县的长途大巴车，对位于陕西省三原县的几处古代书院相关遗址进行了为期四天的学术考察与实践，此次考察活动形成《三原县古代书院遗址现状考察报告》。

1. 考察团队

（1）学生团队：李旭东（2015国学 队长）、王成伟（2015国学）、王婧怡（2016国学）、余义丰（2016国学）、邱佳琪（2016国学）、杨婧（2016基地）、朱宸（2016国学）、高铭渲（2016国学）、李梦希（2016国学）、路遇明（2016国学）

（2）报告撰写：全体考察队成员

（3）报告修订：李林泽

（4）摄影作者：高铭渲

2. 考察目的

（1）结合专业课堂教学内容，充分调动参与者从事生动的实践活动，增强历史学习的积极性。通过实地考察三原县宏道、学古、正谊、嵯峨等书院的保护及开发情况，运用课堂所学，形成对三原书院文化的整体性认识。

（2）考察成果将由团队成员汇总，形成书面调研报告，对三原各个书院历史沿革、辉煌成就、衰落原因、保存现状及社会认知情况做一详细说明。

（3）调研考察的最终目的是希望以此为契机，吸引更多人关注三原书院乃至整个关中历史文化遗存的保护及科学开发。深入挖掘和利用各地区传统文化资源，推动地方特色旅游项目开发，形成保护与利用的良性循环。

3. 行程规划

（1）7月6日，抵达咸阳市三原县，并联系住宿旅店。考察队员分为两队，分别考察了三原县正谊书院及学古书院，并实地测量数据，走访当地居民询问书院相关信息。

（2）7月7日，一队成员负责联系三原县政府、政协及文物局，取得相关许可并了解三原县文物保护政策。二队成员负责在档案馆及图书馆内查阅有关三原县书院的相关资料。

（3）7月8日，一队成员走访宏道书院，鉴于宏道书院处于封闭修缮状态，故对书院外围情况做整体性调查，并采访附近居民。二队成员采访三原县书画协会，了解当地对书院遗址的保护开发情况。

（4）7月9日，一队成员负责前往三原县城隍庙寻找相关资料并随机采访当地居民。二队成员负责考察嵯峨书院现状。

4. 考察收获

（1）通过多天实地调研及走访，调研团成员对号称"三原四大书院"宏道、学古、正谊、嵯峨书院的历史沿革、辉煌成就、衰落原因、保存现状及社会影响度有了完整准确的认知。

（2）基于实地调研及走访的一手资料形成关于三原书院的考察报告。

5. 改进建议

（1）需提前熟悉当地情况，对考察地点现状做好准备工作。

（2）应在出发前确定队员们各自的实践任务，并在调研过程中及时调整。

一　三原古代书院遗址考察的背景与意义

（一）课程考察背景

国家"十三五"规划纲要（2016—2020年）指出："构建中华优秀传统文化传承体系，实现传统文化创造性转化和创新性发展。"为弘扬中华优秀传统文化，振奋民族精神，加强民族团结，增强中华民族的自豪感和凝聚力。"陕西三原古代书院遗址状况考察团"十一名西北大学在校学生在四位老师的指导下，开展针对三原书院的课程考察。

本次课程考察活动通过对书院这一古代教育载体的实地调查，针对书院文化的历史渊源、发展态势、保存现状进行认识。考察人员发挥专业优势，运用历史专业知识，将国家政策、社会实际、历史文化遗存等多方面相结合，探究三原地区书院的发展演变历史，挖掘其在传播传统文化中的巨大作用。通过此次课程考察活动，传播了"发扬优秀传统文化"的主旨，增强学生历史专业素养，感受传统文化的魅力。

（二）课程考察目的与意义

此次课程实践活动具有较强的学术价值，同时还注重对大学生个人意志的磨炼、学术素养的培养等方面。

其一，此次课程考察具有很强的实践性。考察团成员在本次课程考察期间，能够应用课堂所学的专业知识，在理论与实践相结合的过程中，培养动手能力与学术研究能力。

其二，通过对三原书院遗址的考察，能够更加深入地发掘书院背后所隐含的历史文化信息，从而为古代书院研究的领域提供新的史料。同时，研究者也能够以古代书院的历史文化为视角，来研究古代的社会，尤其是明清以来的社会文化教育。

其三，在文化遗产保护方面，考察团根据对三原县书院遗址的现状调查，并以此为参照对象，管窥整个陕西省文化遗产的管理、保护和利用的现状。考察团发现，关中地区虽然有着大量丰富而且优质的历史文化遗产，却长期以来重视程度不同。

其四，在经济文化价值方面，考察团队希望通过对三原书院遗址的调查，为书院遗址的保护与利用提出比较合理的建议。发掘书院历史文化底蕴，开办书院文化专题展览，加强宣传工作；将三原县书院遗址与书院知名人物所留存的文化遗产整合起来，开发利用，作为旅游资源，发展相关的文化产业；将书院遗址打造成集文化教育与旅游为一体的基地，加深与扩大民众对三原历史文化更加深入地了解。通过对书院遗址和相关文化产业的引导，希望能够在对书院遗址进行保护的基础上予以合理开发利用。

二　三原古代书院遗址现状考察内容

（一）　文献整理与研究调查

三原书院是三原历史文化的重要组成部分和典型代表，近年来随着中国传统文化的复兴，三原书院逐渐受到各级政府和研究单位的重视，围绕与书院相关的一系列文化研究，涌现出了一批成果。

张征主编的《三原书院》以及《三原书院人物》两本专著最为全面。两书旨在全面梳理书院的教育经验，弘扬"以礼为教"的道德思想，使之古为今用。祝北京主编的《三原县教育志》，以时间为顺序，上启秦汉，下迄民国乃至当代，完整记述了三原县特别是在明清时期的历史沿革，使考察团成员对三原县的书院演变有了一个整体的把握。

《三原书院》[①] 全书分九部分，分别为《发根起源　历史演变》（叙书院建立故事）、《四大书院　烛照古今》（叙各学院精神文脉）、《肇始发轫　泽被后世》（叙建立之初硕学鸿儒事）、《硕士名流　英才辈出》（叙书院所培养历代名人事迹）、《个性教育　科学发展》（总结三原书院对三原文化发展的重大作用）、《考古文汇　启思明智》（整理关于书院的诸多历史记载）、《诗词联赋　怀古求新》（展示古今关于三原书院的诗词文章）、《珍贵资料　还原历史》（收集整

[①] 张征主编：《三原书院》，三秦出版社2012年版。

编了一批历史珍贵实物史料)。《三原书院人物》[1]则在此基础上，以明清两代王恕、王承裕父子和马理、杨子江、李子敬等人为代表，对《三原书院》二、三部分做进一步拓展，共记载181人，着重突出了各大书院所培养的优秀人物，填补了陕西书院人物专题研究的空白。两书较为系统和全面地对三原书院相关内容做了归纳和梳理，是研究三原书院必不可少的重要参考资料。《三原县教育志》[2]梳理了三原县教育事业的发展脉络。三原县书院上承私塾、下启学堂以及新式教育，是明清时期三原县乃至陕西教育事业的主要承载者；同时也对三原县历史上存在过的学古书院、宏道书院、正谊书院、嵯峨书院以及近代两个基督教会创办的崇真、美丽书院等都有较为详细的介绍，有利于考察团成员比较全面地把握三原县各个书院的整体脉络。

此外，还有少量有关书院的词条和篇章散布于《三原县志》《三原辞典》《三原地名探源》等一批地方文史资料中，多为基本情况的简要介绍。以中国知网为检索源，分别以"三原书院"为主题、篇名、关键词、摘要进行检索，得到的数字依次是24、1、0、24，以宏道、学古、正谊、嵯峨四大书院的名称分别作为检索主体，得到的数字依次是17（22）、35、101、6。总量虽大，但其中涉及三原书院者寥寥。以正谊书院为例，101篇文章当中，多以福州、苏州两地同名书院为研究对象，涉及三原正谊书院者仅3篇。相较而言，对于三原书院的研究仍显单薄，有广阔的空间可以探索。

以三原书院为主要研究对象的专著和专论中，现有研究成果亦有侧重。首先，注重"人"是一个典型特征，书院人物尤其受到研究者的青睐，不仅有专著《三原书院人物》，还有一批专门对书院典型代表的研究，如《万叠烟云万叠山——于右任生平轶事》[3]《易俗社的

---

[1] 张征主编：《三原书院人物》，三秦出版社2012年版。
[2] 三原县教育志编纂委员会：《三原县教育志》，三秦出版社2010年版，第5—18页。
[3] 章高原：《万叠烟云万叠山——于右任生平轶事》，《青少年书法》2003年第24期。

父子社长》①《康耀辰与陕西省历史博物馆》。② 其次，重视三原书院文化教育的影响，《教育强县谱新篇　特色创建百花艳——陕西省三原县教育发展纪实》③ 一文中就着重突出了这一点。最后，关注书院当中孕育出的文化。米文科的《三原弘道书院的讲学与明代关学之发展》④、邢春华的《明中期关中四家易学研究》⑤ 和梁育的《陕西维新教育人物群体理论与实践研究》⑥，这些成果对不同历史时期书院文化进行研究。尽管著作颇丰，但更多强调书院对三原地方历史及现今发展的强大助力与突出贡献，而对书院主体情况关注不足，尤其对书院之现状鲜有涉及。

通过此次考察，考察团成员希望引起对三原书院本身的关注，并以此为依托开展相关讨论，进而保护、利用好祖先留给我们的宝贵遗产。在此基础上，推广书院文化，在充分保护基础上进行有意义的开发探索。

深入挖掘三原书院的历史文化价值和时代价值。三原书院是教学活动和学术研究相结合的文化、教育、学术中心。历任主讲都致力于开展学术研究，故对管理制度和讲学方法亦多有所创新，正如宏道书院门口的一块牌匾上所书"崇文重教，经世治国"所述，宏道书院上承儒学传统，重视教育，同样坚守儒学"经世治国"的传统，"博学之、审问之、慎思之、明辨之、笃行之"也是书院明确提出的教育原则，直接源于儒学，这些学习方法和勤学博文、以求义理、因材施教的教学原则在任何时候都不过时。作为中国古代特有的集人才培养、学术创新、文化传播等功能于一体的教育机构，三原书院承载了中华

---

① 秦沣、付晓梅：《易俗社的父子社长》，《新西部》2012 年第 8 期。
② 张礼智：《康耀辰与陕西省历史博物馆》，《碑林集刊》2013 年第 1 期。
③ 陕西省咸阳市三原县教育局：《教育强县谱新篇　特色创建百花艳——陕西省三原县教育发展纪实》，《中国教育学刊》2012 年第 2 期。
④ 米文科：《三原弘道书院的讲学与明代关学之发展》，《安康学院学报》2011 年第 3 期。
⑤ 邢春华：《明中期关中四家易学研究》，博士学位论文，福建师范学院，2011 年。
⑥ 梁育：《陕西维新教育人物群体理论与实践研究》，硕士学位论文，陕西师范大学，2013 年。

民族优良传统，应当继续被弘扬、被传颂，为当代的教育事业写下浓墨重彩的一笔。

(二) 现场考察进展情况

此次调研历时四天。考察团以三原县的书院文教传承为基础，深入探究了三原县乃至关中地区的社会历史状况。考察主要开展书院资料收集、书院遗址调研、地域社会调查等活动，取得了丰硕的成果。在资料的收集过程中，考察团成员分赴三原县图书馆、县政协、县博物馆、县档案局以及县文体旅游局，查找有关书院的历史资料。并有幸得到了工作人员的帮助，收集到了许多有关当地书院的历史文献，如《三原县志》《三原书院》《三原书院人物》《三原文史》等，还在博物馆参观了马理、于右任等不少书院历史名人的碑刻以及墨迹。通过对这些资料的整理和研读，考察团成员对三原书院的历史有了较为清楚的了解，对其自元代至近代历时数百年的文化教育传承亦有了明晰的认识。

考察团先后对学古、正谊、嵯峨、宏道四大书院进行了实地考察。学古书院遗址是三原县人民政府于1992年4月确立的第二批县级重点文物保护单位，现位于三原县城西北隅南道村内。新中国成立后，学古书院一度作为咸阳市卫生职业学校校址，故书院原有建筑格局已被完全破坏，刻板及藏书亦散失一空。目前书院的遗址已被废弃，留存的苏式砖瓦平房亦经过20世纪70年代和90年代末的两次大规模翻修，整体风格已有变化。正谊书院情况与学古书院大致相同。正谊书院位于三原县鲁桥镇，新中国成立后成为鲁桥中学校址。1991年8月，正谊书院遗址被确立为三原县第二批重点文物保护单位。现有遗存多为鲁桥中学遗留建筑，正谊书院的相关遗迹已难寻踪迹，仅剩若干孔废弃窑洞以及位于山顶的书院创办人贺瑞麟的墓葬。考察团对嵯峨书院遗址的寻找则颇费一番周折，后发现嵯峨书院遗址本在今三原县北城西街的王家埠（旧称田家壕），早已毁于清末回乱。民国时期赵古如先生曾在嵯峨书院旧址立碑，后在解放后遗失。宏道书院是四大书院中遗址保存最为完好的书院和保护级别最高的书院，陕西省人民政府于2003年9月确立为第四批省级重点文物保护单位，国务院于 2013 年 7 月确立为全国第七批重点文物保护单位。遗址位于三原县城内北城西社巷，目前存留民国时期所修建的西式回字形二层教学楼以及部分明清以来的碑刻。考察期间，宏道书院因整修的原因，处于半封闭状态，故不能形成完整的调查。考察团成员亦对书院附近的居民、普通三原民众以及部分社会贤达进行了采访，获得许多关于三原书院遗址现状的信息。

三 三原古代书院遗址现状考察报告

（一）三原书院历史概况

三原县自古以来文风兹盛，尤其在明清两代，名士辈出，学术鼎盛，王恕、马理等人更是在关学的基础上开创三原学派。而这些成就，则与元明清时期三原兴起的书院教育有很大关系。自元代伊始，三原便开始陆续出现不少书院，影响最大的是学古、宏道、嵯峨、正谊这四大书院，此外还有学一草堂、崇真书院、美丽书院等。为了突出研究重点，考察团此次主要对上述四大书院进行了调查。

学古书院是三原乃至整个陕西创建最早、存在时间最长的书院之一。元朝延祐七年（1320），邑人李子敬、李子懋兄弟出资五万缗，于县西北筑室储书，号曰"学古"，学古书院由此开创，当时程瑁、白慎独等名士相继前来讲学，一时文士云集。[①] 元至正十八年（1347）停办，后改建为三官庙，至明弘治元年（1488），时任吏部尚书的三原人王恕主持恢复书院并加以扩建。清代道光初年，关中硕儒李㒂主持书院，并得到督学张岳崧支持，一跃成为陕甘两省士人共同研习的知名学府。光绪二十四年（1898），朝廷废科举，办学校，书院被改为三原高等小学堂。民国八年（1919），小学堂迁走，于右任创办的渭北中学迁入。学古书院首开三原书院教育之先河，以培育立德为主的"君子儒"为宗旨，提倡以"博约"为主

---

① 张征主编：《三原书院》，第 1—2 页。

的学习方法①，延续几个世纪，推动了当地乃至影响整个陕西教育事业的发展。

宏道书院是三原教育史上影响力最大的书院。明弘治七年（1494），尚书王恕之子王承裕（后官至户部尚书）随年老离职的父亲回乡，在其书室授徒讲学，称弘道书屋，后因学生甚众，以此为基础，于三原北城建弘道书院，王恕父子在此讲学。因王恕父子为当朝名臣，又是理学名家，故从学者甚多，名士云集，书院建立伊始便成为陕甘地区著名学府。书院以"明纲常之道，知修齐之理"为宗旨，提倡"博学、慎思、明辨、笃行"②，主修程朱理学。时任陕西提学的何景明曾来三原视学，钦佩弘道书院的规模设备，题诗赞曰："梁栋起曾云，松筠散夕曛。九峻瞻太华，清渭接河汾。冠盖时时集，弦歌夜夜闻。登堂持节印，衰薄愧斯文。"③首颔两联写出了弘道书院对关中以至河汾地区的巨大学术影响力，颈联描绘了书院浓厚的学术氛围，尾联的"愧斯文"一语更是表现了其对弘道书院作为学术名府的高度赞扬。弘道书院自建立以后便不断发展，有明一代，培育了大量人才，书院学子中名士众多，如康海状元及第，马理、秦伟等人亦出任朝廷要职，名震一时。及至清代，避乾隆皇帝讳，更名为"宏道书院"，此时的宏道书院因其教学成就突出，深受历任督学重视，成为西北最高学府，关系一省学风。光绪十九年（1893）后，朱佛光主讲学院，宣扬新学，使民主思想得到了广泛的传播，培育了李元鼎、井勿幕等大量革命人才，为陕西响应辛亥革命起到了重要作用，因此书院又被称为西北革命熔炉。④戊戌维新时，宏道书院更名"宏道大学堂"，1902年改名"宏道高等学堂"，成为陕西传播西学的最高学府之一，培养了一大批蜚声海内外的精英，如于右任、李仪祉、张季鸾等。以后书院之名几经更改，其遗址现为陕西省重点文物保护单位。

---

① 三原县教育志编委会：《三原县教育志》，第6页。
② 三原县教育志编委会：《三原县教育志》，第7页。
③ 何景明：《题宏道书院》，载引自《三原书院》，第1页序言。
④ 张征主编：《三原书院》，第6页。

嵯峨书院，也称嵯峨精舍，始建于明正德、嘉靖年间（具体时间难以考证），由三原县佥事周镐倡建，佥事桑溥相助，三原县令钱士聪督办，建于马理（王承裕弟子）居所处，以便马理讲学。马理学识渊博，继承王恕和王承裕之学，创立三原学派，其讲学时弟子云集，嵯峨书院亦留一时美名。马理之后，嵯峨书院逐渐衰落。清乾隆和道光年间，书院曾加以修葺。清代末年，书院毁于兵燹。民国期间，理学名士赵古如曾于书院旧址立一碑刻，以表对马理这位理学大师的崇敬，然此碑在解放后遗失。书院始建之时，马理以"居敬穷理"为宗旨[1]，强调学以致用，此为嵯峨书院师生之信条。嵯峨书院历时数百年，为三原乃至关中地区培养和造就了不少人才，虽然现今已无片瓦残存，然其功德却值得后人铭记。

正谊书院，是继学古与宏道书院之后又一重要的三原书院。清朝光绪初年，邑人贺瑞麟在清麓精舍（贺瑞麟造）的基础上修建书院，以儒家"正其谊不谋其利，明其道不计其功"为办学宗旨[2]，取名"正谊书院"。正谊书院创立后，贺瑞麟为主讲，主要传授程朱理学。不同于清末的其他书院自改为学堂、传播西学，正谊书院一直沿袭中国传统书院讲述理学的传统。书院在清末声誉颇高，当时的关中名儒牛兆濂曾来此讲学。名儒掌教，恪守正统，名流云集，使正谊书院成为当时理学研究的西北著名学府。正谊书院一直办学至1948年，是陕西保留到最后的一所著名书院。可惜书院旧址及院内版刻藏书在"文化大革命"期间损毁散佚，现今旧址只有几口当初作为学舍的破旧窑洞及残存山顶的贺瑞麟墓。

三原书院自元代开创以来，不断为三原当地乃至关中、陕西地区造就了大量的人才，成就了诸多名扬海内外的英杰。明清两代，以学古、宏道、嵯峨、正谊四大书院为主，吸引了当地和陕西其他地区的诸多学子赴三原求学，治学求道方面，王恕、王承裕、马理等人开创了三原学派，详记于黄宗羲《明儒学案》；培育英才方面，张原、来

---

[1] 张征主编：《三原书院》，第8页。
[2] 三原县教育志编委会：《三原县教育志》，第9页。

复、王弘祚等人皆一时名臣，名垂后世；发展教育方面，马理、贺瑞麟、牛兆濂等人，开办学院，兴学授徒，使三原文风传布数百年而不息。及至近代，三原书院传扬西学，又培养了一批革新的人才，如国民党元老于右任、报业宗师张季鸾等人，直接促进了三原当地的社会进步，也推动了中国社会的发展。

在中国古代社会，"学成文武艺，货与帝王家"是寒窗苦读学子的共同价值追求，参加科举考试是他们最主要的出路。宋代以来，以岳麓书院、白鹿洞书院等为代表的各书院逐渐成为传播文化的民间学术中心，入书院读书成为士子学习知识、参加科举考试的重要途径，书院也由此逐渐演变为朝廷培养官僚士人的基地。因此，书院与科举息息相关，书院教育水平的高低，直接体现在书院学子的科考成绩之上，而三原书院的发展就是以科举考试为直接目的。

据统计，明清时期三原籍进士及第者达138人，多数出自三原四大书院。宏道书院更是培养出状元康海，这在西北地区极为罕见。就读于三原书院的士子在科举考试中所取得的优异成绩，显示了三原书院突出的教学水平。这些成就的取得为书院的发展吸引了大量的优秀人才，包括就读于书院的士子和慕名而来的讲师，都为书院的发展起到了极大的推动作用。从三原书院走出的士子，不论为官、为商或是为学，大多都是德才兼备之人，为国为民作出了不少贡献，无形中又提升了书院的声望。同时，曾就读于书院的学生，也有许多人在日后投身于教育事业，就职于书院，为书院的发展提供了直接的传承动力。

自元至清，三原书院的教授科目主要是理学，而且极强调理学中的修身精神。受其影响，在办学过程中，三原各书院的历任主管都顺应时势，采取较为低调谦逊的态度，带领学生专心于学术与教育，极少参与朝廷内部的党派之争。这样的办学态度也为三原书院的发展创造了稳定的外部条件。即便是明代嘉靖后期、万历前期，在明末党派之争异常激烈、大力禁毁书院的时代，三原书院都没有被毁废，反而逐渐地得到发展。

特别值得一提的是，清康熙六十一年（1722），陕甘总督年羹尧曾因宏道书院在西北地区的学术地位较高的缘故，奏请将原设置于省会城市西安的陕西学台（相当于今天的陕西省教育主管部门）迁于三原，乡试也在三原举行①，这些举措使得三原的教育水平逐渐超过了西安，三原书院的发展亦臻至极盛。在当时，以三原为文化中心，文化教育的发展辐射整个陕西。直至近代，仍有不少陕西其他地区的学子不辞路途艰辛，前赴三原求学，如杜斌丞、张季鸾等人，就曾从陕北来到三原书院学习。

近代的三原书院盛极而衰。社会的变迁、陕西地处内陆闭塞、理学不振、人才严重缺失等种种原因客观上造成了三原书院的发展渐趋式微。清末科举考试的取消，则几乎断绝了三原书院进一步发展的可能性。自此时起，三原书院只能在近代剧烈的变革中逐渐被历史淘汰。虽然后来西学的传播使三原书院短暂地恢复元气，获得发展的机遇，如宏道书院在陕甘地区最早教授西学，一度成为西北地区传播西学的中心，但人才的匮乏和教学改革的失败使宏道书院快速衰落，其影响力后来甚至不如坚持讲授理学的正谊书院。

纵观三原书院的发展历程，近代的培养英才最多。也正是在这一时期，三原书院的传承却断裂了。在近代历史上，活跃于政治、经济、文化领域的三原书院学子比比皆是。在辛亥革命时期，仅宏道书院学子加入同盟会者就多达38人，三原书院学子为辛亥革命在陕西的成功贡献巨大。然而，因为清末科举考试的取消，这些学子与书院之间原有的紧密关系变得极为疏松。三原书院出身的学子中成名者甚多，然显扬书院之人甚少。受近代以来社会剧烈动荡的影响，书院学子多从军或从政，从事教育事业者较少，而就职于书院者更是少之又少。书院固有的发展模式就这样断裂了，其传承也断绝了。书院难以吸引到优秀的讲师与学生，便只能消磨着旧有的底蕴，勉强办学，三原书院发展就这样走向衰落。而在对待西学的问题上，三原各书院的态度亦有差异。虽然都曾大力提倡西学，通过不断改革来寻找适合其

---

① 张征主编：《三原书院》，第5页。

发展的道路，这从其近代史上的数次易名即可知一二，但均以失败告终。至于固守理学的正谊书院，在新的时代，也逐渐走向衰败。

三原四大书院都曾辉煌一时，但其具体发展情况却不相同。学古书院建立最早，在三原的影响力持久，有根基，得到认可，能在长期的历史中不断发展，甚至屡废屡兴，最后在近代改建为小学堂，遗址被渭北中学所用。宏道书院在三原书院中发展最好，影响最大，培育英才最多，新中国成立后在书院遗址上相继设立了诸多其他的学校，其遗址保存也相对完好。嵯峨书院建立虽早，但书院自马理以后，发展缓慢，影响较小，清末毁于战乱。正谊书院，清光绪年间由贺瑞麟私人建立，其在近代一直教授理学，在教育领域内独树一帜，培养了以段湘如为代表的诸多人才，是三原县诸多书院中最后停办的书院。其遗址毁于"文化大革命"，仅有几口窑洞和山顶的贺瑞麟墓残留了下来。

通过此次考察实践，考察团还了解到，虽然三原县号称四大书院，但这四大书院从来没有同时出现过。正谊书院建立之前，三原主要书院为学古、宏道和嵯峨书院，而在正谊书院建立之时，嵯峨书院已被毁废，这一时期三原的主要书院则为学古、正谊与宏道书院。

三原书院兴办以来，继承并发展北宋关中硕儒张载开创的关学，主授理学，在长期的教育实践中，以"为天地立心，为生民立命，为往圣继绝学，为万世开太平"为核心理念，注重学生道德教育，培育了许多为国为民的英杰之士。近代以后，书院传播西学，又造就了一批近代实用人才，为国家的发展作出了贡献，功在千秋。受到书院历史文化的影响，今天三原县的文化氛围较周边县区更为浓厚，三原县的教育处于全省的较高水平，三原人重德兴教的意识也深深地根植于他们的精神当中。现今各书院虽仅存部分遗址，也仍值得后人去保护，保护书院遗址，其实就是存养三原的历史文脉。

(二) 三原书院遗址现状及实地调查情况

考察团通过对书院遗址的实地探查以及遗址内部相关遗物、遗迹的测量和拍摄记录，对照相关文献资料，对学古、宏道、嵯峨、正谊四大书院遗址的实况有了更为准确和清晰的认知。

1. 学古书院

调研小组于 7 月 6 日下午至学古书院遗址进行调查。学古书院遗址位于三原县城西北隅南道村内，该遗址的大致保护范围，东西约 200 米，南北约 150 米，占地面积约 30000 平方米。[①] 学古书院在中华人民共和国成立后一度被作为咸阳市卫生职业学校校址，原有的建筑格局已被完全破坏，刻板及藏书亦散失一空。

目前书院旧址所存留的建筑，包括一栋"文化大革命"时期修建的苏联风格建筑，一块被磨损得比较严重的学古书院遗址纪念碑及若干现代建筑。据了解[②]，所存建筑在 20 世纪 70 年代和 90 年代末经过两次大规模整修，因此有明显的现代痕迹。鉴于书院旧物不存，考察团成员仅能对现存建筑进行测量。现存旧房址中南北向建筑五间，多为宿舍等附属建筑，位于南侧中间的一栋建筑上有"自尊自爱""注重仪表""真诚友爱""礼貌待人"的标语，应为新时期教育机构的常用语言；东西向建筑一间，为新中国成立后学校的教学建筑，建筑内部因长期无人打理，有大量废旧桌椅堆叠，较为混乱，无法进入其中展开数据测量与统计。另外，考察团成员还在该建筑外围对其中的一间老旧建筑房屋主体结构进行细致测量，以期对书院建筑风格推想有所助益（表1、图1）。

表1　　　　　　　　学古书院建筑指标测量表

建筑指标	数据
东西向长度（米）	16.22
南北向长度（米）	7.78
高度（米，这里的高度指：从地面到屋顶的垂直距离，并非从地面到屋檐的距离。）	6.3

[①] 引自"学古书院遗址"碑，该碑为三原人民政府所立，碑后载："1. 学古书院遗址保护范围：东西200米，南北150米。2. 在保护范围内严禁随意取土，辟作坟地，搞其他建筑或者破坏标志碑。3. 违纪者，按照文物法有关规定严肃惩处。"

[②] 课程考察小组对周边居民进行实地采访了解情况。

续表

建筑指标	数据
椽（个）	86
檩（个）	6
窗户（个）	10
门（扇）	2
石础（个）	2（直径约0.5米）

图 1　学古书院测量

根据以上测量数据估算得出，废旧房屋遗址占地面积较小。书院遗址所立之石碑记载书院原遗址占地 30000 平方米，今天划定的只是其中一小部分。可见，书院遗址的绝大部分并没有被保护起来，周围修建起来的现代化建筑应该侵占了原书院遗址的一大部分。在旧房屋周围，并未发现学古书院的丝毫痕迹，只有满目的荒草。这些现代化建筑之下是否遗留着曾经的学古书院的遗物、遗迹，不得而知。

在旧房屋附近，考察团成员在政府仅凭目测贴出的布告中看到，学古书院遗址已被纳入政府的"三原老街"项目。布告中提到"政府坚持'保护建设，合理利用'的原则，对学古书院现有屋舍进行保护建设"①，将会通过"人物塑像、博物馆、国学堂、藏书阁的建设，以及各种文化活动的开展，使学古书院的文化资源在未来得到继承和延伸"②。2017 年三原县政府虽然对附近地区有开发的规划，但考察团成员并没有见到任何动工的迹象。附近居民也对此事不甚了解，亦表示未听说过开发之事。作为清末陕西"五大书院"之一，学古书院有巨大的文化研究价值，这是毫无疑问的。然就现状而言，学古书院遗址的保护情况不容乐观。

2. 宏道书院

调研小组于 7 月 7 日下午至宏道书院遗址进行调查。宏道书院遗址位于三原县城内北城西社巷，书院坐北向南，呈长方形，东西长 126 米，南北宽 115 米，总面积约 1.5 万平方米，东至北城中学北院，西至北城前街，南至清峪河北岸，北至北城中学后操场。③ 遗址内部分东、中、西三院，中院为宏道堂、考经堂，东西两院为学舍，

---

① 摘引自《三原老街项目布告》。
② 摘引自《三原老街项目布告》。
③ 引自"宏道书院碑"，该碑为陕西省人民政府于 2015 年 10 月所立，碑后载："宏道书院始建于明弘治七年（1494），为明南京户部尚书、三原人王承裕所建，宏道书院平面呈长方形，东西长 126 米，南北宽 115 米，总面积约 1.5 万平方米，关中著名书院之一。书院保护范围分为两部分：A 区：东至北城中学东院，西至北城前街，南至清峪河北岸，北至北城中学后操场。B 区：A 区四面外延，东 375 米，西南各 45 米，北 315 米。"

现存一栋民国时期修建的回字形西式二层砖楼（教学楼），教学楼前有两块纪念碑石，其后有九块清代的相关碑刻。相对而言，其保存情况较好。教学楼共两层，因三原县文物旅游局正在对教学楼进行保护性修缮，当时并不对外开放，故调研团成员仅对教学楼外部结构进行了测量，获得部分数据（表2、图2、图3）。

表2　　　　　　　　　宏道书院教学楼指标测量表

建筑指标	数据
立柱数量（根）	8
立柱高度（米）	2.35
立柱周长（米）	2.5

图2　宏道书院外景

图 3　宏道书院教学楼走廊

宏道书院遗址教学楼后面北墙壁上有九块碑刻,我们从左至右对碑文主题释读如表 3 所示。

表 3　　　　　　　　　宏道书院碑刻释读整理表

序号	碑文主题	年代
1	太极动静图说（附有动静图）	道光九年（1829）岁次乙丑冬月谷旦
2	计开捐输官绅姓银数	模糊不清，无法辨认
3	宏道书院添设学舍增广高火碑记	道光二十三年（1843）癸卯夏六月
4	宏道书院捐助姓名碑	道光十三年（1833）
5	杏圃夫子（李宴春）德教碑	光绪岁次癸未（1883）
6	宏道书院捐助姓名碑	道光十三年（1833）
7	咸丰辛亥科乡试提名	咸丰元年（1851）
8	道光辛卯科乡试提名	道光十一年（1831）
9	清峪河开修五渠碑记	康熙朝（具体年代被水泥抹平）

各碑刻形状大小、保存完整度不一，其中第六块和第九块损毁严重，碑文内容磨损殆尽，无法辨认。各碑刻年代多为道光、咸丰朝（1820—1861年），但未按照刊刻年代依次排列。

目前，宏道书院原遗址大部分为附近的北城中学及其他建筑所占，仅部分残留为政府所保留维护。这部分遗址现由当地政府安排专门人员看管，处于半封闭的状态。

3. 嵯峨书院

嵯峨书院因废址不存，故政府对该遗址尚未有保护和开发规划。嵯峨书院的大致位置在今三原县北城西街王家埠（旧称田家壕），与宏道书院相邻，距宏道书院遗址以西约800米处。嵯峨书院遭到了清代同治年间陕甘回乱的波及，毁于战火。书院被毁之后，再未重建。民国时期，赵古如先生曾在遗址处立碑，但中华人民共和国成立后亦遗失。

7月9日，调研小组开始探查嵯峨书院的位置，经过几番周折（大部分当地人都不知道嵯峨书院的具体位置），终于找到了其大致的位置。

嵯峨书院作为三原县明清四大书院之一，即便遗址已经不存，可就其重要程度而言，也应当有一块纪念碑。但调研人员却发现除部分资料上简短的记载以外，竟然没有任何存留纪念物。

4. 正谊书院

7月6日下午，考察团成员对正谊书院遗址进行了实地考察。正谊书院遗址位于三原县鲁桥镇鲁桥中学旧址，1948年停办，新中国成立后成为鲁桥中学校址。现存遗迹多为鲁桥中学时期的遗留建筑，正谊书院相关建筑已基本破坏，仅剩依山而建的若干孔废弃窑洞（正谊书院师生宿习之处）和山顶的贺瑞麟墓以及几块正谊书院遗址的纪念碑石。正谊书院遗址内部所剩窑洞多存在塌方、填埋、不合理挖掘等现象，因此难以确定遗址内的窑洞数量。正谊书院遗址在"文化大革命"期间被当作"四旧"而遭到大肆毁坏，书院藏书洞中的版刻图书散佚一空。据了解，自鲁桥中学搬离之后，正谊书院遗址已经完全被废弃。窑洞中未发现当年书院的遗迹，调研团成员选择对其中保存较为完好的一孔窑洞进行测量（表4、图4）。

表 4　　　　　　　　正谊书院遗址窑洞测量表

	窑洞外部	窑洞内部
高度（米）	2.98	3.2
宽度（米）	4	1.98

图 4　正谊书院窑洞测量

在对书院的考察结束之后，调研团成员为了解三原县四大书院在当地的知名度，在三原县城内随机对居民进行采访，共计获得有效数据 100 份（表 5）。

表 5　　　　　　　　三原书院知晓情况统计表

书院名称	了解人数（人）
宏道书院	94
学古书院	65
正谊书院	60
嵯峨书院	12

统计情况显示，宏道书院在当地知名度最高，学古、正谊书院在三原县当地的知名度虽不及宏道书院，但远高于嵯峨书院。书院在历史上的教育成就是影响各书院知名度的重要因素。各书院地理位置、保存现状的差异以及政府对各书院宣传力度的不同亦是造成四大书院知名度不同的原因。从遗址的保护与开发的角度来看，这些因素也是影响四大书院遗址未来开发潜力的重要条件，如何根据各书院的知名度开发利用好四大书院遗址资源应当是三原县政府重视的问题，未来三原县的文化遗产保护工作仍然任重而道远。

（三）社会调查情况

在本次课程考察活动中，考察团成员除了对书院遗址历史进行实地考察，也通过调查问卷的形式，对书院附近的居民、普通三原民众以及部分三原社会贤达进行了随机采访，了解三原县民众对于书院遗址保存现状的看法、书院遗址对他们生活的影响以及他们希望通过何种方式书院遗址进行保护和宣传（图5）。

图 5　调研组随机采访三原图书馆周边人员

在街头采访当中，我们发现普通民众对书院历史了解甚少。调研团成员在走访调查中，在三原县图书馆、各大书院周边及政府机关附近，随机抽取了100名涵盖各文化层次的群众进行采访，其中近四成群众对学古书院以及嵯峨书院一无所知，即使是知名度较高的宏道书院，也了解不深；大多群众表示没有接受过有关书院遗产的宣传教育，所了解的内容大多数来自于口耳相传。

三原社会贤达对三原县书院历史的了解程度较高，能够较为系统地向成员们介绍书院的历史文化和现状。通过对他们的采访，调研组也获得了部分相关史料或遗物，为本次考察的展开提供了新的视角。三原县文化界、教育界、政界的人士对书院的数量、大致的位置、各自的历史都有较为清楚的认识，并且对书院未来的保护发展方向也有自己的看法。

在采访中，三原县原政协委员陈先生系统介绍了目前三原县关于宣传书院文化的书籍与政策条文、三原县政府对于书院保护做出的实际努力以及三原县政府有关方面的规划。对于三原县各个社会阶层对书院认识不同的现象，陈先生认为，"群众还是知道得少，像现在社会开放，人们都各自关心各自的东西，做生意的就不管这些事情，光看怎么挣钱，农民都在看怎么多打粮，人家都不管这件事"（图6）。①

图6　调研组赴陈先生家中采访合影留念

---

① 出自陈先生采访录音整理。

陈先生告诉我们,"书院的情况现在就是那样,一个书院都没有开放,只是在宣传,就是那个宏道书院的遗址还存着,但是没有开发,原来说开发。学古书院现在已经成了那样的了,也没有人保护,也没有人看,那里原来是中学,人家南郊中学在那边,后来咸阳卫校那些学校都在那里办学,现在可能都闲下来了"。[1] 这些话正好印证了考察团对书院遗址现状的调查情况。

三原书院遗址作为三原县重要的文化教育遗产,本应在三原当代的社会教育中发挥更大的作用。政府虽然举行过多次会议讨论书院教育文化遗产的开发利用,但由于种种因素始终没有充分落实到位。事实上,当地政府对于书院遗址的保护工作一直都在推动,却收效不大。例如,考察团成员在针对宏道书院的采访中了解到,三原县政府曾有建立"宏道书院纪念馆"的规划,以发挥其爱国主义教育的现实价值,但因经费问题而开发进程放缓,现在的宏道书院则因为修缮而处于半封闭状态。学古书院遗址所属的"三原老街"项目规划,虽已将学古书院遗址纳入项目范围,但我们却无法得知具体开发内容。

习总书记曾有过"让文物活起来"的文化寄托,考察团亦希望可以"让书院活起来","把历史智慧告诉人们,激发我们的民族自豪感和自信心,坚定全体人民振兴中华、实现中国梦的信心和决心"。[2] 发挥文物和历史文化遗产的当代价值,让其传递中华古老文明的优秀因子,这不仅是本次考察想要解决的重点问题,也是所有中国人应有的责任与担当。

四 考察总结及建议

(一)总结

本次考察活动以"探寻古代书院,弘扬优秀文化"为目的,对三原书院现状进行考察。活动分为前期准备、课程考察、后期整理三大部分。考察团队不仅对计划内的四所书院现状进行了实地考察,成员

---

[1] 出自陈先生采访录音整理。
[2] 杜娟:《习近平总书记关心历史文物保护工作纪实》,《法制日报》2015年1月10日。

们亦发挥历史学专业优势，翻阅古籍资料、调查碑刻、走访调查周边村民与政府工作人员，从各方面开展活动，取得了较大的成果。

三原四大书院除嵯峨书院外，其余三座书院均存有遗址。书院建成年代的建筑遗存较少，石刻石碑、楹联等保存数量较多，有一定的保护传承价值。现存书院在清代、民国时期被多次修缮，新中国成立后仍保留其使用价值，多作为学校使用，现代化改造痕迹较明显，书院原有风貌破坏严重。受经济、地理位置等因素影响，现存三座书院遗址现均被废弃。其中，学古书院作为三原县"三原老街保护项目"的重要组成部分，正在进行保护开发。

三原书院作为三原文化的重要组成部分，在三原县历史发展进程中发挥了突出的社会文化教育作用。书院的开办推动了三原县教育事业的发展，同时也为三原县百姓提供了读书科考的机会。随着读书人数的增加，三原书院的名气与影响力不断提高，吸引了一批外地知识分子的注意，他们来到三原，加入三原教书育人求学为人的行业中，他们在教学求学的同时将不同的文化思想传入三原，推动了三原文化的发展，拓宽了三原士子的视野，为三原文化发展与近代化思潮传播等作出了巨大贡献。

三原书院在明清时期发展迅速，带动了三原县的文化教育事业，使三原县成为整个西北地区的教育中心，其中宏道书院一度成为西北最高学府，名震全国。宏道书院亦是明清时期著名的藏书地，藏书丰富程度引起全国学子关注。书院的兴办使得三原地区学术氛围浓厚，使中国优秀传统思想得以不断发展，以王恕及其门人为代表的三原学派就是儒家思想在三原地区丰富发展的典范。

（二）相关建议

本次考察活动，以三原书院为切入点，探寻中国古代书院，深入考察关中地区教育文化遗产的保存现状。通过实践调查，考察团队对三原书院文化与遗址进行了深入了解，对三原县书院文化及书院遗址的保护与开发提出以下六点建议。

其一，响应国家号召，重视中国书院文化。书院文化是中华传统文化的组成部分，三原县拥有丰富的书院文化资源，应科学继承，古为今用。加大对优秀书院文化的弘扬与继承，对书院遗址、优秀书院文化的衍生文化进行保护，开发创新出与时代相适应的中国特色社会主义书院文化。

其二，加强文化遗产的保护力度，以保护为前提进行开发和利用。通过几天的实地考察，我们发现三原县书院保护现状堪忧。多数书院遗址遭到破坏，残存部分的后期修缮工作也未能及时跟上。当地政府部门应在现址基础上加以修缮与保护，在未有具体开发方案之前应遵守《中国文物古籍保护准则》的相关要求，做好遗址遗存的抢救与保护工作，保证文物原来的形制和结构不变，在有条件、有保证的前提下，采取有限复原的原则，保持与文物相协调的环境风貌等。

其三，应全方位、多角度开发利用书院遗址的有效资源。对三原县书院遗址的开发不应只局限于书院本身，而应该与三原县整体现状发展及需求相结合。可以结合城市改造项目，整体考虑，一体开发，如针对学古书院，三原县政府设计了"三原老街"项目。也可以以"书院"为线索，利用三原县丰富的书院文化资源，从旅游、教育等多个方面发展项目。宏道书院虽未得到较多修缮，但其现存遗址建筑保存完好，院内植被覆盖较好，景观可塑性较强，曾多次作为影视作品拍摄地点。可以此为基础，发展摄影基地建设，重塑古代书院或民国讲堂风貌。

其四，发掘书院文化内涵，传承中华文脉。三原县拥有丰富的传统教育文化资源，应以此为依托大力发掘优秀文化内涵，开发以书院文化为核心的关学文化、民俗文化等，可以建立"三原书院博物馆""国学文化大讲堂"等多种文化设施或形式。

其五，立足书院文化，弘扬民族优秀传统文化。三原书院在古代享有盛誉，与其所营造的学术氛围、宣扬的思想文化有着密不可分的联系。政府部门可以组织学界力量对书院所教习的课程文化内容进行发掘与调查，取其精华、去其糟粕，对有益部分进行宣传与推广，发扬中国优秀传统文化。

其六，扎根群众，在实践中推广书院文化。政府应该加强对优秀书院文化的宣传与推广，为大众普及相关知识，增强主人翁意识，推动对书院遗址的保护工作，传承中华优秀传统文化。

五　附录

附录一　三原书院大事记①

学古书院

时间	重大事件
元延祐七年（1320）	三原县民李子敬、李子懋兄弟共同出资五万缗，于县城西北角书院门街（今山西街西端）建立学古书院，首聘泾阳人程瑁为主讲，后白慎独、张宏等人也前来讲学，一时盛况空前，名震三秦。
元至正十八年（1358）	书院因战乱而被迫停办。
明永乐年间	邑民张秉等借学古书院旧址改建三官庙。
明弘治元年（1488）	时任礼部尚书的三原人王恕力主重建学古书院，得到陕西按察使娄谦、西安知府徐政的支持，拆除神像，恢复书院并扩建讲堂。
明嘉靖四十年（1561）	书院因地震沦为废墟。
明嘉靖四十六年（1567）	县丞张九功重修学古书院，按察使乔世宁撰碑。
明万历四十七年（1619）	巡按傅振商重修，提其堂为"传心"，榜其门"学古书院"。
清雍正二年（1724）	督学王公捐俸重修书院，聘贡生袁仁林、举人孙硕肤继相授课。
清乾隆十四年（1749）	邑监生门子超妻张氏捐资重修并建斋舍10楹于讲堂左右。
清乾隆二十九年（1764）	知县张象魏劝捐建书斋10间，并将清河沿岸官地收入及房租划拨为书院经费。
清嘉庆四年（1799）	邑人刘锡爵重修学古书院。
清道光初年	关中硕儒李僎主持书院。督学张岳崧带头捐千金，支持书院建设。书院图书设备更为充实，一跃而为陕甘两省士人共同肄业的著名学府。
清同治七年（1868）	三原人贺瑞麟任书院主讲，扩建藏书阁并购书充实。
民国四年（1915）	书院改为三原高等小学校，废四书五经，用民国课本。

---

① 张征主编：《三原书院》，三秦出版社2012年版；张征主编：《三原书院人物》，三秦出版社2014年版。

续表

时间	重大事件
民国八年（1919）春	陕西靖国军总司令于右任在书院旧址倡建"渭北中学校"，小学堂迁至管家巷。
民国十年（1921）	李子洲从北京来到渭北中学任教，宣传马列主义。
民国十四年（1925）2月19日	中国社会主义青年团派员在渭北中学成立"渭北青年社"，创办《渭北青年》社刊和《三原学生》期刊。
新中国成立后	渭北中学更名三原县中学，三原南郊中学。书院旧址也曾为咸阳教师进修学校，咸阳卫生学校校舍，现已废弃。

宏道书院

时间	重大事件
明弘治六年（1493）	王承裕中进士，陪父回乡，诸如生前来求教，为方便讲学，遂建弘道书屋。
明弘治八年（1495）	众人商议募捐，借北城永清坊普照寺废院建弘道书院。书院建成后，王恕、王承裕父子于此讲学，西北诸省学子慕名前来，弘道书院成为西北最高学府。
清康熙六十一年（1722）	陕甘总督年羹尧转折陈准朝廷将学台迁于三原县城，三原县成为陕甘两省教育中心，弘道书院成为西北最高学府。
清乾隆年间	避乾隆皇帝讳，弘道书院更名为宏道书院。
清道光十年（1830）	陕西督学周之桢重修学院，更名为"陕甘宏道书院"。
清道光二十三年（1843）	学政沈兆霖倡议募善款扩建宏道书院。
清同治十二年（1873）	陕西督学许振祎筹资整修书院。
清同治十三年（1874）	陕西督学吴大澂为振兴陕西学风特给宏道书院师生捐拨膏火经费。
清光绪十九年（1893）	朱佛光主讲宏道书院，传播西学。
清光绪二十四年（1898）	陕西推行新政，"废科举，兴学堂"，改宏道书院为"宏道大学堂"。
清光绪二十八年（1902）	泾阳味经、崇实两院并入宏道，更名"宏道高等学堂"，成为陕西传播西学的最高学府之一。
宣统初年	省提学司余坤改宏道高等学堂为宏道中等学堂。
宣统二年（1910）	改称宏道高等工业学堂，设织染、窑业两科，赴日本请教习、购机器。

续表

时间	重大事件
民国二年（1913）	易名陕西省第一甲种工业学校。
民国十三年（1924）	改称陕西省立第三职业学校。
民国二十三年（1934）	更名陕西省三原初级职业学校。
民国二十九年（1940）	称陕西省立三原工业职业学校。
解放后	在书院旧址相继设立陕西省水利学校、三原女中、中共三原县委党校、陕西省三原教师进修学校。现原址大部分为三原北城中学使用。

嵯峨书院

时间	重大事件
明正德、嘉靖年间	三原县金事周镐倡建，金事桑溥相助，县令钱士聪督办，以马理居所为基础建成嵯峨书院，亦称嵯峨精舍，马理讲学于此。
清乾隆癸未年（1763）和道光年间	书院曾重加修葺。
清末	嵯峨书院毁于回民暴乱的兵燹之中。
民国期间	理学名士赵古如曾为先师在嵯峨书院旧址立一碑石，解放后遗失。

正谊书院

时间	重大事件
清光绪七年（1881）	三原知县焦云龙捐集资金，在贺瑞麟清麓精舍的基础上建一书院，取名正谊书院。贺瑞麟任主讲，主授理学。
清末之时	关中名儒牛兆濂曾于正谊书院担任主讲。
清末"废科举，兴学堂"后	作为民间书院的正谊书院独树一帜，仍沿袭理学，不随时俗。
1948年	书院停办。
"文化大革命"时期	书院旧址拆损殆尽，刻板及藏书散佚一空，遗址曾建有鲁桥镇正谊中学。原址现存窑洞数处及山顶贺瑞麟墓。

附录二　三原书院知名人物一览[①]

时代	姓名	生卒年	籍贯	原籍	名	字	号	相关书院	身份	事迹	人物评价
元代	程珪	不详	陕西泾阳			君用	悦古	学古书院	讲师	经商	悦古先生
	李子敬	不详	陕西三原			恭甫		学古书院	创办者	学古书院创始人	学古功勋
明代	王恕	1416—1508	陕西三原			宗贯	介庵石渠	弘道书院	创办者	正统十三年（1448）进士 三原学派创始人 宏道书院创始人	铁骨端毅
	王承裕	1465—1538	陕西三原		经师	天宇		弘道书院	创办者	弘治六年（1493）进士 三原学派创始人 宏道书院创始人	一代宿儒
	秦伟	不详	陕西三原			世观		弘道书院	学生	弘治十八年（1505）进士	铁面知府
	马理	1474—1556	陕西三原			伯循	溪田	嵯峨书院	主讲	正德九年（1514）进士	关学翘楚

[①] 张征主编：《三原书院》，三秦出版社2012年版；张征主编：《三原书院人物》，三秦出版社2014年版。

续表

时代	姓名	生卒年	籍贯	原籍	名	字	号	相关书院	身份	事迹	人物评价
明代	康海	1475—1540	陕西武功	河南固始		德涵	对山浒东渔父	弘道书院	学生	弘治十五年（1502）状元	瘦梅傲骨
	吕柟	1479—1542	陕西高陵			大栋仲木	泾野	弘道书院	学生	正德三年（1508）状元	持正文简
	赵瀛	不详	陕西三原			道甫		弘道书院	学生	嘉靖八年（1529）进士	勤著和美
	李伸	不详	陕西三原				峻东	弘道书院	学生	弘治十五年（1502）进士	铁腕御史
	张原	？—1524	陕西三原			士元		弘道书院	学生	正德九年（1514）进士	忠良贤臣
	雒昂	不详	陕西三原			仲俛		弘道书院	学生	嘉靖二年（1523）进士	耿直名臣
	温纯	1539—1607	陕西三原			希文（一作景文）	亦斋（初号一斋）	弘道书院	学生	嘉靖四十四年（1565）进士	忠孝清正
	温子知	1562—1615	陕西三原			无知		弘道书院	学生	明清时期著名关学人物，晚年主讲关中书院	清平公子
	张问达	？—1625	陕西泾阳			诚宇（一作德允）		弘道书院	学生	万历十一年（1583）进士	才堪重负

272 / 采撷自田野的历史

续表

时代	姓名	生卒年	籍贯	原籍	名	字	号	相关书院	身份	事迹	人物评价
明代	温日知	1593—1633	陕西三原			与恕	天柱继一	弘道书院	学生	中举后进士不第	诗词名家
	来复	不详	陕西三原			阳伯		弘道书院	学生	万历四十四年（1616）进士	书艺双绝
	温自知	1597—1663	陕西三原			与亨		弘道书院	学生	朴庵士弟子员	孝靖先生
	王弘祚	1603—1674	云南永昌	陕西三原		懋自	王铭思斋	弘道书院	学生	崇祯三年（1630）举人	清代重臣
清代	袁仁林	不详	陕西三原			振千		学古书院	课士	贡生	虚词之父
	梁世勋	1651—1718	陕西三原			廷镛	鹤汀	弘道书院	学生	一品荫生	守疆功臣
	温仪	不详	陕西三原			可象	纪堂	弘道书院	学生	康熙五十一年（1712）进士	娄东画家
	路德	1784—1851	陕西周至			润先	鹭洲	弘道书院	讲师	嘉庆十二年（1807）进士	关学明儒
	李锡龄	1794—1844	陕西三原			孟熙	星楼	弘道书院	资助者		乐善好施
	段宗浩	1803—1869	陕西三原	山西榆次	又名段成绵			弘道书院	学生	道光年间双科举人	双科举人
	杨彦修	1817—1891	陕西临潼					正谊书院	学生	咸丰元年（1851）举人	家学渊源
	毛汉诗	1821—1892	陕西三原		亚裴	汉诗	爱吾庐主	弘道书院	学生	咸丰年间乡试中举	德才双馨

续表

时代	姓名	生卒年	籍贯	原籍	名	字	号	相关书院	身份	事迹	人物评价
清代	贺瑞麟	1824—1893	陕西三原		均，榜名瑞麟	角生	复斋	正道书院	创办者	中举后进士不第 正道书院创始人	理学师范
	白遇道	1836—1926	陕西高陵			心悟五斋	镇箖完谷山人	弘道书院	学生	同治十三年（1874）进士	清代翰林
	焦云龙	1840—1901	山东淄博			雨田		正道书院	资助者	同治十三年（1874）进士	爱民县令
	毛班香	1841—1910	陕西三原		经畴	班香		学古书院	学生	同治年同举人	私塾名师
	杨蕙	1845—1918	陕西泾阳			风轩	小瀫井上耕夫	正道书院	学生	光绪十四年（1888）举人	崇实求真
近代	晏安澜	1851—1919	陕西镇安		本名晏文采	海澄	丹右虚舟	弘道书院	学生	光绪三年（1877）进士	盐政专家
	张元际	1851—1931	陕西兴平			晓山	仁斋	正道书院	学生	贡生	关学薪传
	朱佛光	1853—1924	陕西三原		原名朱光照	漱芳佛光		弘道书院	讲师	光绪十九年（1893）举人	西北泰斗

274 / 采撷自田野的历史

续表

时代	姓名	生卒年	籍贯	原籍	名	字	号	相关书院	身份	事迹	人物评价
近代	采伯鲁	1854—1932	陕西礼泉			芝栋（一作子栋）	芝田纯叟	弘道书院	学生	光绪十二年（1886）进士	硕学鸿篇
	李异材	1858—1937	陕西蒲城			仲特	俱非子，一如居士	弘道书院	学生（肄业）	廪膳生	反清志士
	米岩	1860—1935	陕西蒲城			晏周	丰山道人	正谊书院	学生	中举后进士不第	蒲城俊才
	段练	1860—1920	陕西三原			午峰		正谊书院	学生	弘道书院主讲	正谊纯学
	李桐轩	1860—1932	陕西蒲城		良才	桐轩	莲舌居士	弘道书院	学生	光绪四年（1878）中秀才	剧作大家
	邵涤源	1861—1945	英国人					崇真美丽书院	创办者	陕西教会创始人 崇真美丽书院创始人	文化使者
	敦崇礼	1861—1906	苏格兰人					崇真美丽书院	创办者		声明藉甚
	孙乃琨	1861—1940	山东淄博			仲玉	灵泉	正谊书院	学生	从贺瑞麟为师	儒林名士
	张元勋	1863—1955	陕西兴平			果斋		正谊书院	讲师	讲学正谊书院	著名学者

续表

时代	姓名	生卒年	籍贯	原籍	名	字	号	相关书院	身份	事迹	人物评价
近代	范卓甫	1865—1924	陕西三原		克立	卓甫		学古书院	讲师	光绪十七年（1891）举人 学古书院主讲	思想先觉
	王凭章	1865—1936	陕西礼泉			斌卿		弘道书院	学生（肄业）	朴博士弟子员	教育先驱
	毛俊丞	1865—1932		江苏扬州	昌杰	俊丞俊臣		弘道书院	讲师	光绪二十三年（1897）举人	一代名师
	裴尼丞	?—1924	陕西神木	山西兴县				弘道书院	讲师	毕业于京师大学堂	弘道讲师
	马鉴源	不详	陕西兴平			养之		正谊书院	学生	贡生	匡正时弊
	牛兆濂	1867—1937	陕西蓝田			梦周	蓝川	正谊书院	学生	光绪十五年（1889）举人 关学代表	关中大儒
	张仲良	1867—1932	陕西武功		师渠	仲良		正谊书院	学生	廪膳生	浩气长存
	茹欲可	?—1914	陕西三原			怀西		弘道书院	学生	光绪三十年（1904）进士	政声卓著
	冯光裕	1867—1948	陕西兴平			孝伯		弘道书院	讲师	拜刘古愚为师	人文寿世
	张渊	1868—1916	陕西兴平			深如		正谊书院	学生	朴博士弟子员	讨袁烈士

续表

时代	姓名	生卒年	籍贯	原籍	名	字	号	相关书院	身份	事迹	人物评价
近代	孙春圃	1869—1944	山东益都		原名王芳	香圃		崇真美丽书院	学生	三原救世堂第一位牧师	爱国牧师
	胡均	1870—？	陕西三原					弘道书院	监督	光绪十七年（1891）举人	血荐轩辕
	王兆离	1870—1942	陕西扶风			伯明		正谊书院	学生	拜贺复斋为师	民国议员
	柏筌	1870—1937	陕西泾阳			厚甫		正谊书院	学生	阻止外国势力偷盗昭陵六骏	护宝功臣
	张秉枢	不详		陕西临潼		密臣广平洽平		弘道书院	讲师	光绪二十三年（1897）举人	学堂名师
	冯捷三	1871—？	陕西武功			子甲		弘道书院	学生	光绪十一年（1886）秀才	金石学者
	高祖尧	1871—1943	陕西米脂			又尼又宜		弘道书院	讲师		勤学爱国
	张西轩	1872—1929	陕西大荔		效铭	西轩	铁崖	弘道书院	讲师		兴学育才
	雷文荣	1872—1943	陕西澄城			召卿		弘道书院	学生（肄业）	光绪二十年（1894）举人	澄城名仕
	孙仁玉	1872—1934	陕西临潼		瑷	仁玉		弘道书院	讲师	易俗社创始人	秦腔巨匠
	高普煦	1873—1924	陕西榆林			晴轩		弘道书院	讲师		数学名师

续表

时代	姓名	生卒年	籍贯	原籍	名	字	号	相关书院	身份	事迹	人物评价
近代	毛元懋	1873—1933	陕西三原			树谷		弘道书院	学生		仁义督学
	王授金	1873—1928	陕西礼泉		梦简	授金（一作绶金）		弘道书院	学生	西安红十字会副会长	革命先烈
	顾熠山	1873—1962	陕西华县		耀寓	熠山		弘道书院	学生	创建模范女校	华县名士
	刘涂	1874—1948	陕西富平			介夫（一作介福）		弘道书院	学生	廪膳生	首任议长
	贺伯箴	1875—1944	陕西三原			箴甫少方	白贞道人笑竹山民清麓	正谊书院	学生	创建模范女校	书艺并豢
	马子健	1875—1954	陕西西安			象乾		弘道书院	学生		心存正义
	胡坪	1875—1944	陕西三原			荷汀		弘道书院	学生	光绪二十五年（1899）武举人	崇文尚武
	程运鹏	不详	陕西三原			搏九		弘道书院	学生		忠信笃敬
	姚伯麟	1877—1953	陕西三原			鑫振		弘道书院	学生	陕西派遣官费留日学生	鹿原学人
	朱重尊	1877—1952	陕西三原		志彝	重尊		弘道书院	学生	陕西省立三原工业职业学校教师	桃李满门
	邹炳炎	1879—1914	陕西三原	甘肃宁州		子良		弘道书院	学生	加入同盟会	辛亥英烈
	马天闲	1878—1951	陕西耀县		骏			弘道书院	学生	加入同盟会	德政昭彰

278 / 采撷自田野的历史

续表

时代	姓名	生卒年	籍贯	原籍	名	字	号	相关书院	身份	事迹	人物评价
近代	刘蔼民	1878—1938	陕西扶风			润泽		弘道书院	学生	创办三原第一所女子初等学校	济世兴学
	井岳秀	1878—1936	陕西蒲城			崧生		弘道书院	学生	光绪末年考取武秀才	民国枭雄
	范紫东	1878—1954	陕西乾县		凝绩	紫东		弘道书院	学生	著名秦腔作家	秦腔巨擘
	杨铭源	1878—1926	陕西宜君			西堂		弘道书院	学生	同盟会陕西分会会长	辛亥志士
	萧荣绥	1883—1918	陕西合阳			锡臣		弘道书院	学生	民国三年（1914）投身靖国军	靖国中坚
	宋向辰	1879—1917	陕西耀州		元恺	向辰一作相臣		弘道书院	学生	光绪三十一年（1905）官费留学日本	民主英烈
	于右任	1879—1964	陕西三原		伯循	右任		弘道书院	学生	加入同盟会	民国元老
	李元鼎	1879—1944	陕西蒲城			子彝（一作芝逸）	老曼鲁曼	弘道书院	学生	光绪三十一年（1905）官费留学日本	漫西居士
	李约祉	1879—1969	陕西蒲城		博	约祉	金粟逸衣	弘道书院	学生	加入同盟会，秦腔剧作家	博学广智
	马宗燧	不详	陕西汉中			勖丞勖臻		弘道书院	学生	光绪三十年（1904）秀才	回族先贤
	杨仁天	1879—1939	陕西蓝田		寿昌		仁山	正谊书院	学生	加入同盟会	抱义戴仁

第八章 三原县古代书院遗址现状考察 / 279

续表

时代	姓名	生卒年	籍贯	原籍	名	字	号	相关书院	身份	事迹	人物评价
近代	康耀辰	1879—1953	陕西汉中			乐山		弘道书院	学生	加入同盟会	谋深虑远
	郑云章	1880—1947	陕西华县		炳蔚	云章		弘道书院	学生	师从刘古愚	革命先烈
	李铭诚	1880—1953	河南卢氏			子谦	穆轩	正谊书院	学生		清麓新传
	郭希仁	1881—1923	陕西临潼	原名忠清	思斋希仁			弘道书院	学生	光绪二十三年（1897）赴日本考察	辛亥先烈
	刘允丞	1881—1941	陕西富平		守中	允丞允臣允诚	留运城	正谊书院	学生	加入同盟会	护法志士
	高培支	1881—1960	陕西富平		树基	培支	悟皆	弘道书院	学生	加入同盟会	艺届楷模
	王炳灵	1881—1930	陕西三原		炳灵	麟生		弘道书院	学生	加入同盟会	民立报人
	曹位康	不详	河南沁阳			建安		弘道书院	学生	加入同盟会	铁骑英雄
	张延赞	1882—1958	陕西户县		协	恢元	化佛	弘道书院	学生	光绪三十四年（1908）考入京师大学堂	工学硕士
	李仪祉	1882—1938	陕西蒲城			宣之		弘道书院	学生	亚洲近代水利建设先驱	功在九牧
	田种玉	1882—1945	陕西三原			蕴如		弘道书院	学生	加入同盟会	重教兴研
	李丰功	1882—1944	陕西三原			瑞峰		正谊书院	学生	加入西北革命党	劝学能文
	李述膺	1882—1955	陕西耀县			龙门		弘道书院	学生	陕西派遣官费留日学生	民国报人

续表

时代	姓名	生卒年	籍贯	原籍	名	字	号	相关书院	身份	事迹	人物评价
	陈同熙	1883—1914	陕西华阴	陕西潼关		会亭	敬甫	弘道书院	讲师		反清勇士
	茹欲立	1883—1972	陕西三原			卓亭		弘道书院	学生	加入同盟会	刚直不阿
	景志伊	1884—1964	陕西富平		莘	莀翁柏叶		弘道书院	学生		中医百科
	马亚时	1884—1958	陕西富平		庸中	亚时		弘道书院	学生	宣统元年(1909)贡生	博学广识
	徐朗西	1884—1961	陕西富平		原名应庚	朗西	峪云	正谊书院 弘道书院	学生	光绪三十一年(1905)赴日留学	民间奇士
	杨叔吉	1884—1966	陕西华县		鹤庆	书吉		弘道书院	学生		民国名医
近代	张景秋	?—1939	陕西三原		宗福	景秋		弘道书院	学生	留学日本	以身殉国
	常自新	1885—1920	陕西蒲城		又名铭卿			弘道书院	学生(肄业)	加入同盟会	蒲案主角
	严少儒	1885—1971	陕西临潼		原名严学通	仰光		弘道书院	学生	民国四年(1915)入北京大学	渭北名师
	景岩徵	1885—1961	陕西富平		志博	岩徵		弘道书院	学生	光绪三十一年(1905)赴日留学	爱国义士
	曹世英	1885—1944	陕西白水			俊夫		弘道书院	学生	加入同盟会	辛亥将领
	樊毓秀	1884—1917	陕西耀县			灵山		弘道书院	学生(肄业)	加入同盟会	北伐少将
	混峻毓	1886—1912	陕西礼泉		西华			弘道书院	学生		民国英烈

第八章 三原县古代书院遗址现状考察 / 281

续表

时代	姓名	生卒年	籍贯	原籍	名	字	号	相关书院	身份	事迹	人物评价
	史积诚	1886—1963	陕西扶风		又名书勋			弘道书院	学生	加入同盟会	扶风干才
	段湘如	1886—1934	陕西三原		侠子	湘如		正谊书院	学生	加入同盟会	少年英杰
	高明德	1886—1951	陕西泾阳			又明	师佛子	弘道书院	学生	加入同盟会	实业救国
	温铭	1886—1958	陕西耀县			冰解宾阶		弘道书院	学生	易俗社创始人之一	师表典范
	薛其昌	不详	陕西耀县			卜五		弘道书院	学生	易俗社创始人之一	忠孝职守
	党廷佐	不详	陕西富平			又青		弘道书院	学生	贡生	言行果断
	崔焕九	1886—1957	陕西绥德		又名映霄			弘道书院	学生		文人学士
	吴聘儒	不详	陕西乾县			希真		弘道书院	学生（肄业）	廪庠生	尽瘁国事
近代	胡子恒	1887—1931	陕西蓝田		景晋	子恒		弘道书院	学生		古城名医
	张午中	1887—1962	陕西富平		丙昌	丙昌		弘道书院	学生	光绪三十一年（1905）留学日本	三秦功臣
	张立卿	1887—1960	陕西三原		庆像	庆像		弘道书院	学生	光绪二十九年（1903）举人	天下为公
	杨子廉	1888—1968	陕西澄城		原名杨直			弘道书院	学生	加入同盟会	功高名重
	井勿幕	1888—1918	陕西蒲城		原名井泉	文渊		弘道书院	学生	加入同盟会最早会员之一，陕西辛亥革命先驱	辛亥先驱
	张义安	1888—1918	陕西富平		养诚	义安		正谊书院	学生	加入同盟会	靖国首义

续表

时代	姓名	生卒年	籍贯	原籍	名	字	号	相关书院	身份	事迹	人物评价
近代	张季鸾	1888—1841	陕西榆林		炽章	季鸾		弘道书院	学生	光绪三十年（1904）留学日本 中国新闻史上划时代人物	一代论宗
	杜斌丞	1888—1947	陕西米脂		原名丕功	斌丞		弘道书院	学生	民国二年（1913）进入北京高等师范学校学习	虽死犹生
	柏惠民	1888—1940	陕西泾阳			筱余（一作效愚）		弘道书院	学生	加入同盟会	毁家纾难
	猴克敬	1889—1974	陕西三原			尧钦（一作尧卿）		正道书院	学生	陕西省立第三职业学校校长	功在桑梓
	张奚若	1889—1973	陕西大荔			熙若	耘	弘道书院	学生	加入同盟会	棱角先生
	徐友陵	1889—1958	陕西三原					弘道书院	学生		功铭碑石
	成柏仁	1889—1958	陕西耀县		又名家璧			弘道书院	学生	清末乡试状元 陕西四大报人之一	正义之士
	贺连城	1890—1958	陕西米脂					弘道书院	学生		敬业公正
	王子元	1891—1964	山东邹平		玉堂			崇真美丽书院	董事长		修身兴学

续表

时代	姓名	生卒年	籍贯	原籍	名	字	号	相关书院	身份	事迹	人物评价
近代	胡文豹	1891—1958	陕西三原			仲候	潜龙	弘道书院	学生	宣统二年（1910）进入北京大学	博学仁厚
	刘润民	1891—1966	陕西三原		滋庶	润民		弘道书院	学生	加入同盟会	文武双全
	韦焕章	1891—1963	陕西三原			文轩		学古书院	学生	加入同盟会	兴教良师
	刘杰三	1892—1965	陕西绥德		天禄	杰三		弘道书院	学生	民国二年（1913）官费留学日本	乱世寻真
	杨汉臣	1892—1922	陕西韩城		大奎			崇真书院	讲师	入四川讲武堂	陕西楞娃
	王价	1892—1959	陕西咸阳			潘城		弘道书院	学生	民国七年（1918）走日留学	贤明校长
	张瑞庭	1892—1982	陕西扶风			秀岐		弘道书院	学生	入广东韶关讲武堂	抗日团长
	杨季衍	1892—1959	陕西华县		鹤瑞			弘道书院	学生	加入同盟会	矿业专家
	胡景翼	1892—1925	陕西富平			笠僧励生立生		正谊书院	学生（肄业）	加入同盟会 陕西靖国军右翼副司令	民国上将
	刘纯一	1893—1946	陕西三原	山东青州	又名刘素贞			美丽书院	学生	宣统三年（1911）走日留学	巾帼英雄
	李寿亭	1893—1948	陕西三原			百龄		弘道书院	学生	光绪三十一年（1905）留学日本	数理学家

续表

时代	姓名	生卒年	籍贯	原籍	名	字	号	相关书院	身份	事迹	人物评价
近代	何顺天	不详	陕西泾阳			应人		正谊书院	学生		忠勇才武
	胡文骥	不详	陕西三原			德卿		弘道书院	学生	创办陕西杂志	宁死不屈
	田毅安	1894—1948	陕西临潼					弘道书院	学生		民国中将
	刘绍庭	1894—1973	陕西绥德		原名宏绪			弘道书院	学生	加入同盟会	民国使者
	许权中	1893—1943	陕西临潼		名斌	权中		弘道书院	学生	入广东韶关讲武堂学习 渭华起义组织者	爱国守信
	胡子祺	1895—1980	陕西蓝田		又名景寿			正谊书院	学生	民国十六年（1927）加入国民党	人民公仆
	吴宓	1894—1978	陕西泾阳		原名玉衡改名陀曼	雨僧亦作雨生		弘道书院	学生	宣统三年（1911）考入北京清华学校，哈佛三杰之一，国学大师，教育家	国学大师
	左国宝	1893—1944	陕西耀县			善楚		弘道书院	学生	加入同盟会	劲气内敛
	任耕三	1897—1943	陕西临潼					弘道书院	学生	入广东韶关讲武堂学习	人民功臣
	李仲观	1897—1971	陕西华阴			方矩		弘道书院	学生	陕西省立三原工业职业学校校长	职教先贤
	赵庆生	1899—1972	陕西临潼					弘道书院	学生		开明人士

续表

时代	姓名	生卒年	籍贯	原籍	名	字	号	相关书院	身份	事迹	人物评价
近代	张坤生	1899—1965	陕西临潼		诚厚	坤生		弘道书院	学生（肄业）	入四川讲武堂	重教助学
	李玉亭	1900—1984	陕西三原					弘道书院	学生（肄业）		著名画家
	徐经济	1900—1951	陕西临潼			子材		弘道书院	学生	民国十三年（1924）加入国民党	抗日勇士
	刘振支	1901—1957	陕西泾阳			毓畴		弘道书院	学生	陕西省图书馆任馆长	辛勤园丁
	刘尚达	1901—1985	陕西三原			德三		弘道书院	学生	创办《贡献》月刊	文化名人
	冯一航	1903—1977	陕西三原	陕西临潼		德润		弘道书院	学生	民国十四年（1925）考入北京大学	爱国志士
	房温如	1903—1981	陕西富平		又名仕周			正谊书院	学生	师从牛兆濂、张元勋	名老中医
	白超然	1903—1981	陕西绥德					弘道书院	学生（肄业）	民国九年（1920）入南开大学	地质专家
	姜金铭	1903—1985	陕西三原					弘道书院	学生		军营才子
	雷志学	1903—1929	陕西泾阳					弘道书院	学生	民国十五年（1926）加入中国共产党	革命烈士
	张仲实	1903—1987	陕西陇县		原名张安仁			弘道书院	学生	民国十三年（1924）加入共青团	译著等身

续表

时代	姓名	生卒年	籍贯	原籍	名	字	号	相关书院	身份	事迹	人物评价
近代	姚文青	1903—1996	陕西泾阳					弘道书院	学生	民国十三年（1924）考入北京大学	爱国儒商
	李复元	1906—1948	河南卢氏			继贞		正谊书院	学生	入陕西省立渭北中学	亲仁爱众
	孙和亭	1907—2004	山东淄川		汝钧	和亭		正谊书院	学生		崇尚儒学
	段森	1908—1992	陕西三原					正谊书院	学生（肄业）	入黄埔军校	爱国将领
	秦敬修	1910—2004	甘肃崇信		汝齐（一作汝泽）			正谊书院	学生		一代名仕
	田种琪	1910—1992	陕西三原					正谊书院	学生		社会贤达
	马宏山	1914—2004	陕西三原					正谊书院	学生	民国二十四年（1935）加入中国共产党	笃志好学
	刘自棱	1914—2001	陕西三原		又名刘仲书		墨痴迟斋嵯峨山民	正谊书院	学生		大篆魁首
	段宜	1917—2000	陕西三原		化名张备			正谊书院	学生	民国二十七年（1938）加入中国共产党	赤胆忠心
	段植	1917—2005	陕西三原		化名丁一肖理			正谊书院	学生	民国二十六年（1937）加入中国共产党	身经百战
	米伯让	1919—2000	陕西泾阳			锡礼		正谊书院	学生		苍生大医

附录一

这里的历史不容错过

——西北大学"陕西历史与中国文化"特色课程建设的思考

赵万峰　刘蓉　白立超

学院是本科人才培养的基础单位，必须要明确人才培养方向和目标。人才培养方案是实现培养目标的重要保障和依据。新时代的培养方案需要根据实际情况不断做出修订。2015年，西北大学又一次进行本科生人才培养方案的修订工作，借着这个时机，历史学院也对历史学本科人才培养方案进行了修订和完善工作。其实在此之前，历史学院也在其他优秀高校进行了相应的调研工作，对他们的本科课程设置进行了研究。

在前期的了解和调研工作中，我一直在思考一个问题：我们历史学本科生人才培养方案中的课程到底应该以专业标准为原则进行设置呢？还是应该以专业标准为基础，同时结合现有老师专长为主进行灵活设置？我们对所提出的问题进行了充分的论证，最终进一步明确了以专业标准为主，辅以特色课程的人才培养方案修订原则。我们进一步对特色课程的设置进行了论证，特色课程是适应社会经济发展、人们观念变化、学生个性需求的需要，我们要开发的特色课程一定要能体现全面发展、以学生为本的人才培养目标，是能够反映优势学科、特殊地域、特殊师资的特色课程!

由我负责迅速成立工作小组,工作小组以培养目标为指导,以我们的实际情况为出发点,经过多次反复商榷之后,决定打造一门新的特色课程"陕西历史与中国文化",这门课程以辉煌的陕西历史为基础,以陕西历史中中国文化体系的建构为线索,以其在器物、制度、文化等方面的贡献为重点,全面集中讲述陕西历史在中国文化体系中的重要性、一体性。课程分别由擅长各自领域的专业教师讲授,我们精心遴选专业教师组成教学团队,大家分工合作,呈现各自的专长,合则收获 1+1>2 的效果。

经过反复磋商和调整,"陕西历史与中国文化"课程内容及课时分配确定为:

"陕西历史与中国文化"课程各章节内容及课时安排

章节	内容	课时
陕西历史概论	对陕西历史与文化进行全面概括讲授	4
陕西的制度文化	全面系统解读在陕西这片土地上发生的重要制度变革,并深入阐释其对整个中华文明的重要价值和意义	8
西安古都的历史命运	讲述周秦汉及隋唐时期长安城作为形胜之地在古都选址中的重要意义,以及各个历史时期西安作为都城是如何进行管理的	8
陕西宗教历史与文化	重点介绍陕西在中国宗教文化史上的独特地位	4
丝绸之路的历史与文化	主要讲解作为丝绸之路起点的西安在中西文化交流中的非凡地位	4
陕西与中国革命	重点讲解进入近代,尤其是中国共产党在陕北13年,陕西对中国革命的贡献	4
陕西历史人物	主要讲述陕西历史上的重要人物对中国历史发展进程的重要贡献	4

在保证学院本科生课程师资的情况下,为扩大辐射和宣传作用,教学团队又申请将该门课程作为通识课为全校本科生开设,并获得审

批。不久之后，配合"讲好中国故事"的要求，这门课程又被纳入了陕西省委组织部干部培训基地的培训课程体系中。

在打造这门特色课程的过程中，我有以下几方面的思考，条列出来，供各位感兴趣的老师同学批评指正。

一　开设"陕西历史与中国文化"特色课程的必要性

首先，这里的历史不容错过——陕西历史的独特性。

陕西作为中华民族古代文明的发祥地和华夏文化的摇篮，自秦朝开始，有十多个王朝在这里建立都城，悠悠历史中，留下了极其丰富和宝贵的历史资源，拥有许多中华文明、中国革命、中华地理的精神标识和自然标识，被称为"十三朝古都""天然历史博物馆"。可以说，陕西历史就是摊开在三秦大地上的天然的中国历史教科书，这是国内其他省份不可比拟的地域优势与特色，是生活在陕西大地上的先民留给我们独特的宝贵遗产。学习认识中国历史文化甚至世界历史文化，陕西这个地方绝对不能错过！在课程中通过现代多媒体手段，展示相关历史图片和视频，使学生能有更加直观的感受，从而激发学生的历史使命感，增强学生的学习兴趣。

其次，一方山水养一方人——西北大学历史专业师资的独特性。

梁启超曾说："中国于各种学问中，惟史学为最发达；史学在世界各国中，惟中国为最发达。"[1] 这是由中国自古重视修史的传统决定的。西北大学从 1902 年开办现代高等教育陕西大学堂开始，最先设立的科目中虽无明确的"史学科"，但在文科里面，史学无疑是最为得力的支撑科目。从办学至今，历史学科就是西北大学的传统优势学科，一代又一代研究周秦汉唐历史蜚声学界的史学工作者，如黄文弼、侯外庐、陈直、马长寿、陈登原、张岂之、林剑鸣、周天游等，在这里留下了丰硕的研究成果。现在，西北大学历史学科继承和延续着优良的教风、学风传统，一大批以研究陕西历史、研究周秦汉唐历史的历史学研究工作者，保持着鲜明的陕西地域历史研究特色，我们

---

[1] 梁启超：《中国历史研究法》，东方出版社 1996 年版，第 11 页。

的师资完全可以开发出这样的特色课程。

最后，不拘一格降人才——人才培养标准的独特性。

2018年9月召开的全国教育大会强调："培养什么人，是教育的首要问题。"我们的人才培养目标关乎人才培养的质量和学生最终的学习结果，而合理的课程设置、课程内容是实现人才培养目标的强有力支撑。我们希望培养出的学生不仅是有着丰富的历史知识，还应该是有自己独特见解的个体。西北大学历史专业的毕业生属于历史学专业的毕业生，同时，因为独特的陕西历史资源，通过独特的师资资源以及"陕西历史与中国文化"这门特色课程的浸润，他们还应具有鲜明的历史大省"陕西"毕业生的特征。这其实也是我们当初设计这门课程的初衷之一。

二 建设这门课程要体现"特色"

建设"陕西历史与中国文化"特色课程，我们最关注的就是"特色"，具体表现在以下四个方面。

首先，集中展示陕西区域地理与文化特色。

课程的内容与基础边界就是地理和文化意义的陕西三秦大地，课程关注的基础就是历史上发生在陕西大地上的人、事、物，这个地理与文化框定不仅仅限于历史教学，配合课程的实地考察也遵循这个原则。

其次，突出陕西历史文化与中国文化的内在联系。

在深挖陕西历史文化资源的基础上，利用陕西作为中华民族文化发源地和中华文化核心形成区的独特角色，寻找陕西历史文化在构建中华文化体系过程中的主要贡献。

再次，形成完整体系。

中国文化是世界上独具特色的文化体系，陕西历史文化又是构建中国文化体系中最重要的资源。讲好陕西故事，讲好中国故事，增强民族文化自信，我们给"陕西历史与中国文化"特色课程赋予了非常重大的现实责任。历史学院组建了优秀的教学团队，精心设计了为全校本科生开设的人文通识课"陕西历史与中国文化"。此课程还被纳入陕西省干部教育培训体系，成为面向全省干部的历史文化培训课，课程引导广大干部了解、熟悉陕西文化，认识陕西历史文化作为中国历史文化源头及核心的重要地位。在此基础上，慎重开设为历史学专业课程。课程最终会形成通识课、特色专业课、干部培训课、国家精品课等不同课程体系，还将形成教材建设、课堂教学、实地考察、线上线下体系，不同的课程体系将在不同的领域发挥它构建中国文化自信的力量。

最后，重视实地考察。

有效利用陕西丰富的历史文化资源，结合各类历史文化遗存进行课程设计，开展实践教学活动。课程老师将会利用各种机会，如课程实习、暑期三下乡、大学生创新项目等，组织学生参观与课程相关的陕西历史重要遗存，让陕西丰厚独特的历史遗存成为鲜活的课本，让在西北大学求学的学生可以获得穿越历史的现场感，让他们可以在真实的地理环境中，适时转换角色，设身处地地还原历史。事实证明，实地考察的教学方式的确让学生们获得了独一无二的历史感受，将让他们以后的专业学习或者知识储备与众不同。

三 建设过程中的一些思考

在课程建设过程中，我们也遇到过一些具体问题，处理这些具体问题的过程让我们的课程更加完善，使我们的认识更加成熟。主要有以下四个方面。

其一，如何形成最优的课程架构。

不管是作为全校通识课、干部培训课，还是作为历史学专业课，"陕西历史与中国文化"课程的课时都有限，我们须在有限的课时内全面深刻讲述陕西历史以及陕西历史与中国文化的关系，且要根据授课对象对课程内容进行调整。通过不断思考、不断探索、不断实践，我们确立了纵横交错立体架构课程结构。即总体上按照历史纵向安排课程内容，在此基础上按照物质文化、制度文化、精神文化等横向模块安排小专题，这样纵横交错的安排，就使得课程体系既照顾到历史线索，又能兼顾到课程讲授的深度和广度，整体上呈现出立体态势。

其二，如何打造成熟稳定的课程授课团队。

周秦汉唐史和近代史是陕西历史的浓墨重彩，课程教学团队以周秦汉唐和近代史方向的老师为主，其他专业方向的老师为辅。教学团队定期进行课程交流和讨论，通过沟通交流，不断完善课程构架和内容，不断提高教学水平。同时，还配备了一定的互补和可替换资源，这一措施其实对老师既是压力也是动力，有竞争就有促进，也就能保证课程讲授的质量。

其三，如何针对不同的受众开发不同类型的课程内容。

随着课程建设的深入，在校大学生、历史专业学生、国家干部以及全国各行业历史文化爱好者，都将把不同的需求及要求摆在面前，这就需要课程团队针对不同的需求和要求设计不同的框架与内容，课程在建设过程中已经逐一做出了针对性的课程内容与授课方式的调整改进，今后这还将是更新完善的过程。

其四，如何用深入浅出的语言将陕西的历史文化事件讲得生动精彩。

"陕西历史与中国文化"特色课程是一个区域史课程，我们要在保证专业知识的基础上将课程讲得通俗、生动、引人入胜。我们除了在课程框架、内容设置上下功夫外，还要求每位主讲者更多地在实地调研、参加研讨、提高课堂教学技巧等方面多投入。世上无难事，只怕有心人。事实证明，经过大家不断地摸索、探讨，我们的课程也越来越受到不同类型受众的喜爱。

四　今后的建设规划与发展展望

第一，各类别学生反响良好。

"陕西历史与中国文化"这门课程授课对象主要是在校大学生、历史专业学生、国家相关部门干部。我们对前期反馈情况进行了调研，陕西省干部教育培训中心的学员认为此课程是浓缩了丰富内容的课程、深入浅出地对陕西历史上的重要时代、重大问题、杰出人物都有所讲述，是短期内系统了解陕西历史的优秀课程。作为全校通识课，亦得到了选课同学的好评。给本专业学生授课时，增加了更多专业性的知识以及学术界最新的研究成果，也常进行教学评估，学生热情很高并提出了一些继续改进的建议。

第二，授课再做优化调整。

授课教师可以再进行精练调整，防止多人多观点、多人多矛盾的现象；内容可以做统筹优化调整，尽量不出现重复内容；主线可以集中优化调整，紧紧围绕陕西历史与中国文化的关系这一核心，不出现游离现象；整体框架可以再优化调整，做到详略得当，防止头重脚轻、尾大不掉的现象。

第三，下一步目标。

"陕西历史与中国文化"是以专业标准为主，反映优势学科、特殊地域、特殊师资的特色课程。因为无论从人才培养目标出发，还是从我们所拥有的独特历史、师资、地域资源看，开设这门课程都是非常必要的。这门课程能够集中展示陕西区域地理与文化特色，突出陕西历史与中国文化的内在联系，具有系列完整体系和重视实地考察的特征。在打造这门课程时，我们不断思考如何形成最优的课程架构，如何打造成熟稳定的课程授课团队，如何针对不同的受众开发不同类型的课程内容，如何用深入浅出的语言将陕西的历史文化事件讲得生动精彩，因此截至目前，各类学生均反馈良好。我们也将不断优化调整，希望将这门课程建设为西北大学历史学院专业特色课程，甚至学校、国家精品课，使其辐射和宣传面更加广泛，成为国内学习认识陕西历史文化的必要门径，成为宣扬陕西历史与中国文化的主要载体之一。

原载于《西北大学学报》（增刊）2019年，有改动。

附录二

纸上得来终觉浅　绝知此事要躬行

——关于西北大学"陕西历史与中国文化"
课程社会田野考察的思考

赵万峰

为构建"一流人才培养新体系",提升本科教育教学质量,西北大学自2018级新生开始全面推行"完全学分制"培养模式。这对我们传统历史学科是一次挑战,但同时也是进行教学方法、教学管理、课程设置创新的良好机遇。在此之前,我们已经认识到本科生课程设置仍有调整改进的空间,并且进行了大量实际的调研和论证工作,不断对我们的课程设置和内容进行了有效的调整。时机成熟后,我们组织一批优秀教师组建了教学团队,开设了"陕西历史与中国文化"特色课程,既作为历史学院专业选修课,又作为面向全校本科生的通识课,并针对不同的授课对象内容进行了适当的调整。这门课程开设后,成为全校学生喜爱的课程之一。究其原因,主要是抓住了陕西历史的特色、突出了教学内容的现场考察环节。该门课程有效地利用了陕西丰富的历史文化资源,利用实习、暑期三下乡、大学生创新项目、自由调研等机会,组织学生实地考察与课程相关的陕西历史重要遗存,让陕西丰厚独特的历史遗存成为鲜活的课本。事实证明,实地考察的课程教学方式,的确让学生们获得了独一无二的历史感受，历史现场使学生们触摸到了中国历史的心跳，感受到了陕西历史的神秘气息，这样的感受将让他们以后的专业学习或者知识储备与众不同。

一 进行田野调查的必要性和可能性

第一，社会田野调查是历史学习的重要途径。

古人很早就提出"实践"对于"读书"的重要性。古人语"纸上得来终觉浅，绝知此事要躬行"，还有"行万里路破万卷书"，这都是对深入社会田野获取真知途径的肯定。历史学科的知识来源并不能仅仅局限于书本，要重视从社会田野实践中获得"活"的历史知识。近代以来，随着西方史学的传入，王国维提出了"二重证据法"，梁启超开设了以西方先进史学思想为指导的《中国历史研究法》课程，他们对历史知识学习的来源都进行了扩充，即不仅仅局限于书本文字材料，还有很多实物都可以成为获得历史知识的来源，这些观点推动了中国史学理论的进步。以后随着考古学科的发展，中国史学科又出现了一种通过研究横向地理关系从而获取纵向历史知识的方式，这就是以谭其骧、邹逸麟、侯仁之、史念海等为代表的历史地理学学科。最近几年，赵世瑜等人在此方向下又将田野调查做得风生水起，这其实也是扩大史学资料来源，用另一种方式获取真相、感知历史的方法创新。在当今信息化飞速发展的时代，学生获取知识的途径不能再局限于课堂，教师纯"课堂教学"方式已经逐渐丧失对学生的吸引力，我认为，我们的教学应该是课堂教学与实践教学相结合，教师带着课程、带着学生走进社会、走进田野，让学生真真切切感受到历史，并从中发现问题、分析问题、尝试去解决问题，这对实现我们的培养目标是非常有益的。

第二，陕西独特厚重的历史为实践教学提供了优越条件。

陕西作为中华民族古代文明的发祥地和华夏文化的摇篮，自秦朝开始，有十多个王朝在这里建立都城，悠悠历史中，留下了极其丰富和宝贵的历史资源，拥有许多中华文明、中国革命、中华地理的精神标识和自然标识，被称为"十三朝古都""天然历史博物馆"。可以说，陕西历史就是摊开在三秦大地上的天然的中国历史教科书，这是国内其他省份不可比拟的优势与特色，是生活在陕西大地上的先民留给我们独特的历史厚重。学习认识中国历史文化甚至世界历史文化，陕西这个地方绝对不能错过！在课程中增加学生实地考察陕西丰富历史遗迹的环节，使学生能有更加直观的感受，能够增强学生的民族自豪感和历史使命感，从而激发学生的学习兴趣，提高学习主动性，让学生成为学习过程的主角而不仅仅是参与者。

二 社会田野调查教学环节设计

"陕西历史与中国文化"特色课程的大框架为："陕西历史概论"安排一次课程，对陕西的历史与文化有一个全面的了解；"陕西的制度文化"安排两次课程，全面系统解读在陕西这片土地上发生的重要制度变革，并深入阐释其对整个中华文明的重要价值和意义；"西安古都的历史命运"安排两次课程，分别讲述周秦汉及隋唐时期长安城作为形胜之地在古都选址中的重要意义，同时细致介绍当时都城管理体系；"陕西宗教历史与文化"安排一次课程，重点介绍陕西在中国宗教文化史上具有的独特地位；"丝绸之路的历史与文化"安排一次课程，主要讲解作为丝绸之路起点的西安，在中西文化交流中的非凡地位；"陕西与中国革命"安排一次课程，重点讲解进入近代，尤其是中国共产党在陕北13年历史，陕西对中国革命的发展贡献；"陕西历史人物"安排一次课程，主要讲述陕西历史上的重要人物对中国历史发展进程的重要贡献。这些课程分别由擅长各个领域的老师主讲，保证整体上的质量与水平。

在设计与课程配套的社会田野调查环节时，我们根据不同的授课对象设计了不同形式和内容的社会田野考察方案。

针对历史学专业学生，我们将社会田野考察与课堂授课分开，教学学期内，专门进行课堂教学，暑假组织学生编成多个专题调研考察小组，由专业老师带队进行深度、专业的调研考察，并形成高质量的专业调研报告。从2015年开始，我们组织了大量的田野调查和实践活动，诸如《陕西石峁遗址现状及现实价值考察》（王军营指导）、

《陕西周人迁徙路线调查与研究》（赵万峰、阮明套指导）、《秦人迁都路线考察与研究》（赵万峰、单印飞指导）、《秦岭古道的历史研究与现状考察——以商於古道为例》（白立超指导）、《刘邦入关相关遗址现状调研》（白立超、王振华指导）、《陇山以东丝绸之路遗址调查研究》（贾志刚、赵万峰指导）、《西安明秦王墓考察》（赵万峰等指导）、《三原县古代书院遗址现状考察》（王军营、张峰、赵万峰指导）。这些考察调研活动是课堂教学的有益补充，极大地丰富了学生的见识，深受学生喜爱，收获了丰硕的成果。可以说，其价值是纸质文献资料和课堂教学不能代替的。

这门课程作为通识课开设时，因为授课对象是全校各专业不同年级的本科生，选课人数庞大，授课方式和内容都进行了适当的调整。鉴于无法统一组织学生外出进行实践活动，所以要求学生在课程开始前自主参观考察陕西历史文化遗存，要求有图有照片，有简短说明与感悟，在授课过程中，再组织大家分组讨论，展示分享参观收获，然后每组形成讨论报告，最后由老师点评。目前看来，这种方式与初衷还是有一定的距离，效果也并不是很理想。我们在考虑是否可以实行这种办法：限制选课人数与专业年级，选定有代表性的 2—3 个线路，由课程老师带队，利用周末带领学生进行复合型（由线路决定，涉及多个课程内容）考察与现场教学，学生在考察之后撰写简短考察感悟。

三　在陕西实地考察中国历史与文化的感受

每门学科都有登堂入室的密钥。历史学科的密钥在史学资料，陕西这座天然历史博物馆为中国历史研究留下了丰富的文献资料与文物遗存。实地考察过程中，我们经常有一种历史穿越感：陕西的每一脚下去，你踩到的可能就是周、召的足迹，每一口呼吸，你感受到的可能就是李、杜的气息！在配合"陕西历史与中国文化"特色课程进行历史考察调研的过程中，我们的确获得了与书本学习不一样的学习感受。有些可能困扰你很久的问题，一到历史现场马上解决；有些东西你在书本上百般搜求不得其解，但到历史现场一看，马上明白；有一些你永远不会想到的问题，到了历史现场，你自然会有新的想法……

明代的西安在全国版图上到底处于怎么样的位置？2015年《西安明秦王墓考察》（赵万峰指导）项目考察调研以后，每一位队员心中都有了明确的答案。考察团队对明代11代秦王的高大封土进行了考察，与方圆几公里内的明秦王陵守护人后代进行交流，认真测量陵墓前守护的瑞兽石人，仔细辨认一方方碑刻铭文，学生说，在现场，有时会不由自主去揣测陵墓主人与明代皇帝的血亲关系。而且通过调查，更加体会到西安这个地方的确不简单，正如明代何乔远《分藩记》所说，西安"兼殽、陇之险，周、秦都圻之地，牧垌之野，直走金城，以王秦……此九王者，皆塞王也"。① 通过考察明秦王陵墓主的身份，考察调研团队确定西安城（现在西安城墙的基本格局）就是明代秦王历代藩王们不断改造修整的杰作，正是在他们的经营下，西安城没有继续沿着宋元以后的衰落趋势滑落下去，而是被确定为明代西北地区的政治经济文化中心。另外，在考察中，这项工作还取得了一些具体成果：一是在实地考察过程中，学生们对每一座秦王陵墓的神道及相关石碑、石刻（具备测量条件）都进行了细致的测量，得到了较为精确的一手数据，填补了这方面的空白。二是调查引发了对于"简王""景王"身份的怀疑与考辨。三是通过对明秦王陵墓群的考察，溯及对西安历史、西安历代地位的历史考察。四是对明秦王陵墓群的保护工作提出了一些建议。这些都在考察撰写的研究报告中进行了深入的爬梳探讨，形成了分量颇足的调研报告。

周朝是中国传统社会国家治理制度和礼乐文明肇始的源发期，但周人作为一个原始农耕文明部族，立国前在关中北部泾渭之间的"Ω"形（周人从现在武功县渭水支流漆水河边高地邰出发，一路向北，到达泾水流域，现在沟壑纵横、环境条件远不如武功的豳

---

① 何乔远：《名山藏》卷三十六《分藩记一》，福建人民出版社2010年版，第926页。

州、旬邑一带，在此生活一段时间，又翻过岐山山脉，回到了渭水流域，今天的岐山、扶风一带，在此地开始立制建国。后来由于东进的战略需要，都城迁到渭水东的沣河岸边，就是丰镐古都。这个路线如果在地图上画出来就是一个大写的字母"Q"！）的迁徙路线，让人感到神秘费解。什么原因促使周人不断搬迁？为什么搬离渭水又回到了渭水？再次回到渭水，周人的变化有什么？这些是研究周代历史时我们不得不思考的问题。我们都知道，中国传统学术虽然以历史学最为擅长，但是中国历史真正有可靠的文字记载的年代并不长。以文字可靠与否为标准来看的话，西周前期还正处于整个文字光明时期的前夕——它仍然是黑暗的！因此，在读这一段历史的过程中，我们看到的多是间接的"材料"，大多时候甚至是判断猜想。渭水、泾水、漆水曾经留下过周人经过的倒影；邰地、豳地、周原曾经留下过周人劳作时洒下的汗水，我们何不去找寻他们的足迹，嗅一嗅他们留下的气息！经过对这个路线的行走查看，我们觉得有很多东西其实没有书本诉说的那么复杂：周人的不断迁徙当然是为了寻找更好的生活环境，以农耕为主的部族迁徙到了有大量野生动物的豳地（"豳"就形象地描述了豳地是山地为主，野兽数量充足），但失掉了可靠的农耕的生活，明天是否能猎到食物却是未知的。这是周人从豳地毅然决然返回更适合农业生产的周原的主要原因。回到周原，回到渭水流域，也就找到了周人最为擅长的农耕生活的节奏，生活有保障，闲暇时间可以磨砺思想与艺术，文明的曙光就是这样产生的！

有些问题只看书本资料，我们似乎很难想得明白清楚，但到了田野到了现场，答案就在那里！周人的迁徙之谜如此，秦人从甘肃秦邑（今张家川自治县）起步，经过西垂（西犬丘，在今礼县）、汧（今陇县）、汧渭之会（今宝鸡市北汧水、渭水交汇处）、平阳（今宝鸡陈仓区）、雍（今凤翔县）、泾阳（今泾阳县）、栎阳（今西安阎良区），最后建都咸阳的过程同样如此。在顺着时间轴依次参观现在这些都城所在地以及这些地方的出土文物时，我们发现了秦人不断强大，从西陲偏隅最终统一天下的原因，那就是马的使用、东西文明的交融、吸收和利用以及对中原地区的无比向往与执着靠拢的精神。在一座座遗址发掘现场，我们看到了各种车马的造型；在生活用具中，可以发现马的元素无处不在；在博物馆里，各种马车的原始铸件也诉说着马在秦人生活中的重要性，是马让秦人有了统一天下梦想的实力与底气。博物馆中展出带有丰富广阔的西至克里米亚半岛、北到北高加索贝加尔湖、东到胶州半岛风格的物件，告诉我们，秦人所走过的不断东进迁徙长征之途，并不短视促狭和愚昧，相反，由于处于多民族杂居并存的区域，秦人的血脉和文化中反倒融合了当时世界方方面面的优势因素，他们似乎并没有像春秋战国时中原诸侯所认为的那样愚昧落后！当我们站在礼县盐官川大堡子山秦公墓地旧址现场俯瞰四野，我们看到山下西汉水和永坪河成夹角围住了大堡子山城邦，而大堡子山居民前凭两河之险，后可依靠大堡子山之险峻为屏障获得安居，而西汉水和永坪河两河夹角成为一个箭头直指西部诸戎部族所在，时时向图谋不轨的异族发出了强硬不屈的信号！这种城邦的格局我们在张家川县城西北牛头河与樊河的交汇处内侧的李家崖的高台上眺望时也有同样的感觉。李家崖是一处向阳开阔的台坡地，它北依邽山，西北牛头河与东面樊河在南面交汇，台地至今还有丰沛的山泉水从邽山流过，李家崖就处在这样一个居住条件良好，能防御能对外发起攻击的有利地形。在汧渭之会、雍、咸阳宫遗址，我们都看到了这样的城邦格局，我们能不能称这种格局就是早期秦人的城邦建设经验和智慧的成果与传承，我看可以，因为我们在现场感受到了秦人先祖的气息！

这种现场的学习获得感，我们在其他考察过程中都有体会和感觉。

四　取得的成果与下一步的计划

通过考察调研，老师、学生对于历史和现实问题的关注，学生们形成了一份份颇有分量的调研报告。通过考察、并撰写报告的过程，丰富了大家的历史知识、扩展了历史思维，也增长了青年教师与学生进行历史专题社会田野调查的习惯与才干，报告成果也获得了各种领域和层次专家的肯定。2015 年《西安明秦王墓考察》（赵万峰指导）获得陕西省第十届西安高新"挑战杯"陕西省大学生课外学术科技作品竞赛特等奖，2018 年《陕西周人迁徙路线调查与研究》（赵万峰、阮明套指导）获得陕西省第十二届西安高新"挑战杯"陕西省大学生课外学术科技作品竞赛一等奖，《秦岭古道的历史研究与现状考察——以商於古道为例》（白立超指导）国家级大学生创新创业训练项目结项评选为优秀，学生依据调研报告撰写的论文《史书记注中历史地名的讹变探析——以先秦商於、武关地望为例》获得第十一届"全国史学新秀奖"论文二等奖，《刘邦入关相关遗址现状调研》（白立超、王振华老师指导）获得由中共西安市委组织部、共青团西安市委委员会颁发的全国大学生暑期西安研学实践活动团队"优秀团队奖"。

　　连续几年不间断的专题考察调研经历，让身在其中的老师学生获益匪浅，大家共同的感受是：历史学科的史料绝不能仅仅盯着书本文字材料，在社会田野现场，作为历史追寻者，用脚丈量、用眼观察、用心感受，这同样是获得史料的来源。行胜于言，有些历史问题，若从书本文字堆中去寻找，颇感吃力，但当你站到历史面前，身置历史的发生地，切身地体会和感受历史的脉搏，对于历史追寻者的史学思维塑造，对某一历史专题的理解，对有些问题的感悟，等等，将会具备完全不同的气质特色，这样的机会不可多得！

　　陕西是一个历史资源堆积的富集区，是一个历史优质资源的叠加区，在这个地区，只要愿意，随时随地都可以设计出来高层次、有价值的历史社会田野考察调研项目。我相信，只要参加这样的调查研究项目，就一定会有不一样的收获。我也相信，在陕西从事历史学习研究，只有参加了陕西历史的实地考察调研，方可配得上在陕西研究或从事过历史学习研究的履历！今后配合"陕西历史与中国文化"这门主干课程，面对不同的受众，我们还将不断加强陕西历史实地考察调研的力度，开拓更新颖、更有价值、更加集中的专题考察调研项目，并在考察调研过程中增加一些现场教学、视频拍摄等方面的尝试，争取让陕西历史的社会田野调查研究这种形式，在培养具有陕西特色的历史学人才目标的实践中，发挥更大的作用，取得更大的成效。

原载于《华夏文化》2019年第4期，有改动。

后　　记

　　经过前后长达五年的筹措准备、实地考察、撰写报告以及反复修订，这部《采撷自田野的历史——陕西历史文化社会考察报告选集》终于和大家见面了。

　　总体上，这还是一部出自本科生的成果集。各个项目的组织、实施以及报告的撰写和修订，主力是本科生，他们在专业老师的指导带领下，认真完成了任务，这对他们来说是一次难得的学术与实践经历。但也因为他们是本科生——年纪小，阅历浅，知识储备不够，在他们的报告成果中难免会出现稚嫩、偏颇的观点，我们指导教师及编辑教师对其中的有些内容做了修订，也保留了其中的一部分——稚嫩和偏颇也可以理解为诚实和正直，这或许正是他们成果的特点和优势。特别指出这一点，希望得到读者您的理解。

　　这部选集的出版，是由多方面的力量促成的。首先，要感谢西北大学教务处、团委和历史学院教务、团委相关教师的支持；其次，要感谢参与这些考察的历史学院的同学们，这些考察均在烈日炎炎的酷暑中进行，在经费非常窘迫的情况下，参与的同学能够克服困难，积极考察，认真完成考察报告；最后，还要感谢在考察活动中付出努力的历史学院的指导教师和带队教师，其中包括赵万峰副研究员、李军教授、贾志刚副教授、裴成国副教授、王军营副教授、曹循副教授、白立超副教授、樊涛讲师、阮明套博士、王振华博士、单印飞博士等，他们在考察前后悉心指导学生梳理材料、和考察团队一起前往考察地、指导学生反复修订考察报告，甚至部分教师还对学生进行经费上的支持。选集初稿请历史学院本科生唐瑾进行修订。在此一并表示感谢。

全书最终由主编、副主编统稿、多次修订并定稿。

是为后记。

编者
2020 年 12 月 26 日